TEORÍA SINTÁCTICA: DE LAS ESTRUCTURAS A LA RECCIÓN

LINGÜÍSTICA

Director
Francisco Marcos Marín

1. Introducción a la lingüística: Historia y modelos
   Francisco Marcos Marín

2. Lógica y lingüística
   Joaquín Garrido Medina

3. Los sonidos del lenguaje
   Juana Gil Fernández

4. Fundamentos de sintaxis general
   Juan C. Moreno Cabrera

5. Fundamentos de morfología
   Soledad Varela Ortega

6. Fonética experimental: Teoría y práctica
   Eugenio Martínez Celdrán

7. Teoría sintáctica: de las estructuras a la rección
   Violeta Demonte Barreto

8. Fundamentos críticos de la gramática de dependencias
   Valerio Báez San José

9. Análisis Contrastivo, Análisis de Errores e Interlengua en el marco de la Lingüística Contrastiva
   Isabel Santos Gargallo

10. Estructuras gramaticales desde el punto de vista histórico
    Emilio Ridruejo Alonso

11. Las categorías gramaticales. Relaciones y diferencias
    Ignacio Bosque Muñoz

12. Semiótica
    Carmen Bobes Naves

13. Sociolingüística
    Karmele Rotaetxe Amusategui

14. Retórica
    Tomás Albaladejo Mayordomo

15. La poética: Tradición y modernidad
    Antonio García Berrio
    M.ª T. Hernández Fernández

16. Lenguaje y cultura: la etnolingüística
    Manuel Casado Velarde

17. Lingüística aplicada
    Francisco Marcos Marín
    Jesús Sánchez Lobato

18. Manual de fonología histórica del español
    Manuel Ariza Viguera

19. La psicolingüística
    Ángel López García

20. Introducción a la semántica funcional
    Salvador Gutiérrez Ordóñez

TEORÍA SINTÁCTICA: DE LAS ESTRUCTURAS A LA RECCIÓN

Violeta Demonte

Editorial
SINTESIS

Primera reimpresión: octubre 1991
Segunda reimpresión: octubre 1994

Diseño de cubierta: ISIDRO ÚBEDA

Este libro ha sido compuesto mediante una ayuda concedida por el Ministerio de Cultura a la edición de obras que componen el Patrimonio literario y científico español.

Reservados todos los derechos. Está prohibido, bajo las sanciones penales y el resarcimiento civil previstos en las leyes, reproducir, registrar o transmitir esta publicación, íntegra o parcialmente por cualquier sistema de recuperación y por cualquier medio, sea mecánico, electrónico, magnético, electroóptico, por fotocopia o por cualquier otro, sin la autorización previa por escrito de Editorial Síntesis, S. A.

© VIOLETA DEMONTE

© EDITORIAL SÍNTESIS, S. A.
   Vallehermoso, 32. 28015 Madrid
   Teléfono (91) 593 20 98

Depósito Legal: M-16.822-1994
ISBN: 84-7738-074-0

Impreso en Lavel, S. A.
Impreso en España - Printed in Spain

A José Alvarez Junco

Índice

Páginas

Presentación 9
1. **La gramática y la representación del conocimiento** 13
   1.1. Sobre el mentalismo, la lengua y la gramática 14
   1.2. Ciertas precisiones conceptuales 17

PRIMERA PARTE

2. **La forma básica de las oraciones: la estructura sintagmática** 27
   2.1. Noción de estructura y conocimiento de las estructuras   27
   2.2. Las propiedades de las estructuras sintagmáticas. El módulo de la x-con-barras 33
   2.3. Categorías léxicas y categorías funcionales 50

3. **La representación de la estructura semántica de la oración: la teoría de los papeles temáticos** 61
   3.1. El Criterio Temático. Argumentos internos y externos   61
   3.2. Posiciones temáticas y posiciones de argumento 68
   3.3. Sobre los asignadores de papeles temáticos 73
   3.4. Sobre la representación abstracta de los argumentos. El Criterio Temático como condición de buena formación de las estructuras superficiales 87
   3.5. La proyección del léxico en la sintaxis. Algunas aproximaciones 89

4. **El movimiento de constituyentes. Las condiciones sobre su aplicación y sus efectos** 103
   4.1. Muévase α. Definición y tipos de movimientos 103

7

4.2.	Las condiciones sobre el movimiento y sobre sus efectos. La Subyacencia y el PCV	116
4.3.	Barreras, subyacencia y rección apropiada	127

SEGUNDA PARTE

5. La legitimidad de las estructuras-s. El Caso abstracto .. **135**
    5.1. El mando-c y la rección 135
    5.2. La teoría del Caso abstracto 140
    5.3. Caso abstracto y movimiento de SSNN. La correlación entre asignación de caso y atribución de papel temático 152
    5.4. Caso estructural y Caso inherente. Las restricciones temáticas en la asignación de caso 162
    5.5. Caso estructural como Caso por concordancia. Los verbos preposicionales 167

6. Restricciones sintácticas sobre la interpretación semántica: la teoría del ligamiento **173**
    6.1. Un paradigma de relaciones de significado determinadas por propiedades estructurales 173
    6.2. Los tres principios del ligamiento 178
    6.3. Algunos datos nuevos y nuevas precisiones 185

7. Las categorías vacías **197**
    7.1. El principio de proyección y la necesidad de categorías vacías 197
    7.2. Las huellas de SSNN: su naturaleza anafórica 199
    7.3. Las huellas CU y su condición de variable 202
    7.4. La categoría *pro* 205

Referencias 219

Índice analítico 229

Presentación*

La observación penetrante, la indagación sistemática en aspectos aparentemente triviales de los fenómenos naturales o sociales ha llevado en algunas ocasiones a dar pasos de gigante en el desarrollo del conocimiento científico; lo elemental puede tener a veces causas intrincadas y reveladoras. Pero las consecuencias de estos pasos han podido ser aún más trascendentes cuando una disciplina ha hecho suyas ideas o nociones de otra zona del saber supuestamente independiente de ella. A esta materia de las imbricaciones felices debemos el desarrollo, en la física, de la estructura del átomo por el influjo de los estudios sobre los elementos en la química del siglo XIX, la elaboración piagetiana de una teoría sobre el razonamiento concebida a partir de la lógica formal, o la biologización y computabilización, en años más recientes, del estudio del lenguaje.

En el estudio del lenguaje, en efecto, ha acontecido en las últimas tres décadas un cambio de singulares proporciones cuyo tronco contiene toda una reinvención de la lingüística y cuyas ramificaciones afectan a la ciencia cognitiva, la psicología y la filosofía, entre otras disciplinas, a la vez que se sirven de precisiones en ellas establecidas. Esta reconsideración de la ciencia del lenguaje —que lleva consigo un giro en la

---

* La investigación de la propia autora que subyace a varias secciones de este libro ha sido parcialmente financiada gracias a la subvención CICYT al proyecto «Configuración y papeles temáticos en la sintaxis y la morfología» (PB-85-0284) del cual es investigadora principal.

concepción del objeto de estudio, en la manera de formular proposiciones acerca de él, y en el contenido empírico de la disciplina llamada lingüística— parte precisamente de prestar atención especial a una serie de hechos en apariencia consabidos: la velocidad del aprendizaje del lenguaje (mejor diremos de su adquisición, por razones que el lector o lectora pronto advertirá), el que esa adquisición se realice sin esfuerzo ni refuerzo alguno y el que apenas guarde relación con las capacidades intelectuales generales.

La trama teórica que da razón de estos hechos de todos conocidos se funda sobre la suposición de que en la mente/cerebro del ser humano existe una facultad del lenguaje —en los términos propios del campo, una «gramática universal»— independiente (así parecen corroborarlo numerosos elementos de juicio) de los otros sistemas cognitivos y que formaría parte de la dotación genética intrínseca. Si esto es cierto, una de las tareas centrales de la actual ciencia del lenguaje habrá de ser la de caracterizar esa gramática interna, construir una representación abstracta de ella.

Esta última labor, que comienza hace ya algo más de treinta años con la obra de Noam Chomsky y sus colaboradores, ha dado origen a una subdisciplina concreta de la lingüística a la que se puede denominar de varias maneras: *gramática formal*, *teoría de la gramática*, *teoría de la sintaxis* o *teoría sintáctica*, *gramática generativa* (donde, como se ha indicado repetidas veces, generativo significa explícito —en el sentido de la matemática—) o —como le gusta decir a Carlos Piera— más llana pero tal vez más atinadamente, *gramática empírica*, puesto que a lo que aspira es a explicar a partir de principios generales por qué los hechos del lenguaje son como son y, en muchos casos, no pueden ser sino así.

En este libro pretendo presentar de una manera razonada —aunque necesariamente esquemática por la brevedad del objeto material que los contiene— los fundamentos y el desarrollo más reciente de esta nueva gramática. Específicamente: procuraré reconstruir y justificar el modelo de la *Rección y el Ligamiento* (nombre, por cierto, tan o tan poco afortunado como cualquier nombre semipropio) expuesto en Chomsky (1981, 1986a y b, y 1988). Este modelo, para invocarlo —que no caracterizarlo— anticipadamente ante el lector experto, es el que concibe a esa gramática abstracta como un *sistema de principios* (como una entidad «modular») y no ya como un sistema de reglas.

El texto que ahora se inicia intenta a la vez condensar nociones básicas y dar razón de hechos lingüísticos significativos, relacionados, en particular, con las lenguas romances. Es, en alguna medida, un libro de libros: la construcción de un argumento seguido y coherente a partir del trabajo particular, orfebreril, de los científicos de la gramática que se plantean paso a paso la viabilidad de los elementos del modelo abstracto y que buscan nuevos datos y problemas que permitan refinarlo.

Dice Borges que es «desvarío laborioso y empobrecedor el de componer vastos libros: el de explayar en quinientas páginas una idea cuya perfecta exposición oral cabe en pocos minutos» (*Ficciones*: Prólogo). Pero también es osadía comprometida la de resumir, reconstruir y reinterpretar. Por esa condensación y por la amplia gama de problemas que trata de una manera somera, la obra que presento tiene dos lecturas posibles. La lectura continuada de ella acaso permita conocer los fundamentos de la disciplina, adquirir algunas nociones técnicas básicas y atisbar cuáles son los problemas (y el tipo de problemas) que le conciernen hoy al estudioso del lenguaje humano. Si se prefiere la lectura discontinua, por el contrario, el lector tendrá ocasión de ir a las investigaciones básicas que se citan en el texto para profundizar allí en los argumentos que sostienen una propuesta, o estudiar las cuestiones que se mencionan e ilustran aquí —pero que no se desarrollan en todos sus detalles.

Tras un primer capítulo de introducción a las distinciones básicas sobre las que se apoya el estudio del lenguaje y a la caracterización de la noción de gramática, los seis capitulos restantes tratan del contenido esencial —conceptual y empírico— de cada uno de los «módulos» que conforman la gramática interiorizada y a cuya interacción se deben las oraciones que oímos y decimos. La presentación por separado, siguiendo pautas habituales, de todos y cada uno de los subsistemas del sistema general no significa —como el lector o lectora tendrá ocasión de comprobar de inmediato— que éstos sean por completo distintos entre sí o que haya una progresión absoluta de uno a otro: son interdependientes, y recurren a veces a los mismos principios. No obstante, el apartado final de casi todos los capítulos —el que contiene generalmente las observaciones críticas o las propuestas de revisión— suele tener una dificultad mayor y presuponer más el conocimiento del conjunto; por ello, su lectura podría posponerse, sin temor alguno, para la segunda vuelta. Hago estas salvedades para que no se descorazone el lector o lectora porque desde las primeras páginas se aluda a datos o conceptos de los últimos capítulos y viceversa. Este es un libro de idas y venidas, de elipses que se rozan porque se unen en un centro, pero que presenta, en última instancia, un sistema básico de una extrema simplicidad. Lo complejo son las interacciones, como casi siempre.

1.
La gramática y la representación del conocimiento

La *gramática*, esa parte del estudio del lenguaje que se ocupa de esclarecer cómo se forman —y cómo se entienden— las oraciones, es tan antigua como la historia misma de la vida civilizada. A lo largo de su no corta existencia, sin embargo, ha sido concebida de muy diversas maneras. Arte, reflejo de las leyes del pensamiento, código del buen hablar, lista más o menos sistemáticamente organizada de fenómenos lingüísticos, o parte de la teoría general del lenguaje englobada en la ciencia cognitiva son varias de las denominaciones que podrían reflejar las concepciones diversas sobre las que se ha fundado el estudio gramatical. Diversidad, empero, que se atenúa en parte porque en todos estos casos es la sustancia propia del lenguaje —aquello que no está en él puramente por efecto de otros fenómenos del mundo— lo que se intenta caracterizar por medio de los enunciados de la gramática.

Esta noción polisémica y esa disciplina antigua se han definido de una manera más precisa en los últimos años. Hablar hoy de gramática, por lo menos entre quienes se predican de una hipotética ciencia gramatical, es hacer referencia a una teoría sobre la formación de las oraciones inserta en una teoría general del lenguaje. En Chomsky (1965) se acuñó la expresión «*teoría de la competencia lingüística*» para la gramática entendida como la caracterización idealizada de un estado interno del sujeto, la representación abstracta del estado cognitivo que precede, por así decirlo, a la producción del lenguaje. En la historia próxima, como sabemos, esta manera de entender la gramática sucede a la que la concibe como la presentación ordenada de un conjunto de datos, la sistematización de una serie de fenómenos lingüísticamente relevantes.

¿Pero cómo surge esta concepción de la gramática?, ¿qué consecuencias tiene sobre la manera de trabajar del estudioso del lenguaje? y ¿cuáles son las distinciones conceptuales sobre las que se sustenta?

1.1. Sobre el mentalismo, la lengua y la gramática

1.1.1. La afirmación de que la gramática es la expresión abstracta o idealizada de una especie de órgano mental en el que se asienta una hipotética facultad del lenguaje no es nueva en la historia del estudio del hombre. Pero al retomarla en años recientes y hacer de ello un programa de trabajo se está realizando simultáneamente un movimiento hacia atrás y hacia adelante. Hacia atrás, porque el mentalismo —esto es, la suposición de que los fenómenos psicológicos (en nuestro caso, los lingüísticos) se deben estudiar haciendo referencia a los procesos subyacentes o no observables— es parte programática de casi toda la tradición intelectual concernida por la explicación de los hechos del lenguaje. Hacia adelante, porque la articulación de esa vieja idea se lleva a cabo con un mejor acercamiento a lo que se pretende caracterizar: una mayor adecuación entre la naturaleza del objeto de estudio y los dispositivos técnicos y la estructura del modelo por medio de los cuales se construyen explicaciones acerca de aquél. Pero vayamos por partes y volvamos a la génesis del mentalismo.

No es una generalización apresurada —si se hacen luego precisiones acerca de ella— aseverar que la mayor parte tanto de la reflexión filosófica sobre el lenguaje como del análisis concreto de éste a lo largo de los tiempos se ha llevado a cabo desde una óptica que parte de querer explicar lo que se ve a partir de lo que no es directamente accesible a la observación. Y no es extraño que haya sido así puesto que en el estudio del lenguaje, como en casi todas las ciencias del hombre, la herencia griega marca las líneas del pensamiento filosfico, lo que equivale a decir las líneas de la actividad científica. Señala Aarslef (1967), en este sentido, que «en el estudio del lenguaje tiene lugar un giro decisivo cuando se abandona el método filosófico *a priori* del siglo XVIII en favor del método histórico *a posteriori* del XIX. El primero empieza por las categorías mentales y busca su ejemplificación en el lenguaje, bien en la gramática universal bien en las etimologías que se basan en conjeturas sobre el origen del lenguaje. El segundo busca sólo hechos, elementos de juicio, y divorcia el estudio del lenguaje del estudio de la mente» (*op. cit.:* 127).

Dos son las variantes con que se ha manifestado la concepción mentalista del estudio del lenguaje. Por un lado, éste se ha entendido como una investigación acerca de la mente y el pensamiento porque se suponía —así lo explicaba Leibniz, por ejemplo— que las lenguas son el mejor espejo de la mente humana. Para ser más precisos, quienes consideraban que la ciencia del lenguaje era equivalente a la ciencia del pensamiento, bien postulaban que aquélla era una teoría epistemológica centrada en la razón y en sus procesos, bien conjeturaban que debía basarse en las sensaciones y las operaciones del alma. Gramática filosófica del primer tipo es la *Grammaire Genèrale* de Arnauld y Lancelot (1660) conocida como «Gramática de Port Royal»: «Parler est expliquer ses pensées par des signes que les hommes ont inventés ce dessein» (*op. cit.:* 77) se dice en el Prólogo de esta Gramática. Ilustración del segundo tipo (reforzada a partir de la aparición del *Essai sur l'origin des connaissances humaines*, Condillac, 1746) es, en alguna medida, la Gramática de Beauzée (1767).

Por otra parte, una segunda variante del enfoque mentalista se apoya en la suposición de que el lenguaje humano es el producto de una «facultad»: que revela un saber específico. En la evolución actual de esta vertiente —cuyo entronque cartesiano ha sido puesto de relieve repetidas veces, aunque la noción de mente no sea ya aquella de «segunda substancia», sino que resulte ahora indistinguible de la de cuerpo (cf. Chomsky, 1988: conf. 5)— el estudio del lenguaje se convierte en parte de la psicología y de la biología. Y, en esta perspectiva, se define como la indagación sobre el lenguaje-I(nteriorizado): el estado inicial común a toda la especie, el conjunto de condiciones que identifican los lenguajes a los que pueden acceder los seres humanos. Este lenguaje-I, por otro lado, es distinto del lenguaje-E(xteriorizado) o conglomerado de eventos lingüísticos producidos por los hablantes en las diversas lenguas conocidas.

Lo interesante del caso es que esta manera de entender el estudio de los fenómenos lingüísticos no parece ser sólo cuestión de gusto epistemológico sino que viene a resultar, en alguna medida, el único tipo de enfoque posible, el único realizable dentro de los cánones conocidos y satisfactorios para llevar a cabo progresos en el conocimiento.

En *Rules and representations* [«Reglas y representaciones» (1980)] propone Chomsky una distinción, reelaborada en Chomsky (1986a), que a veces provoca perplejidad cuando no se toma en sus justos términos: se trata de la diferenciación entre gramática y lengua. Ella puede ayudarnos a comprender la distinta concepción del estudio del lenguaje que lleva consigo el punto de vista que acabamos de esbozar. Se puede suponer, en efecto, que tenemos un objeto identificable llamado *lengua* (ese conjunto de hechos que denominábamos lenguaje-E) y que existen muchas gramáticas posibles para poner orden en él, de entre las cuales la preferida debería ser seguramente la que mejor identifique el objeto en cuestión.

Ahora bien, parece poco menos que indudable que las lenguas humanas son objetos heterogéneos, plenos de márgenes imprecisos, saturados de préstamos y de indefiniciones y que no constituyen, en este sentido, entidades reales del mundo sino construcciones arbitrarias y, hasta cierto punto, artificiales. Con otras palabras, si las cosas son de este modo, las lenguas han de verse como objetos derivados y complejos y por ello inaccesibles al conocimiento sistemático. A lo que sí parece que puede accederse, en cambio, es al mecanismo —al sistema del mundo físico— que conduce a ellas, a la gramática de las mismas (a lo que llamábamos antes lenguaje-I). Esta indagación sobre el «conocimiento del lenguaje», asimismo, sería, en parte —y sólo en parte—, una precondición para la reflexión sobre esa heterogeneidad (véase Chomsky, 1986a:cap.2, para más precisiones sobre el giro en la investigación lingüística de la consideración del lenguaje-E al estudio del lenguaje-I).

1.1.2. Cuando el lenguaje así definido se ve como un órgano cognitivo, análogo de alguna manera a los organismos físicos, resulta entonces que se convierte en algo que debe estudiarse de manera similar a como se estudian las ciencias físicas, comenta repetidamente Chomsky. En una entrevista realizada en 1978 nos dice lo siguiente:

> «Pienso que debemos estudiar (...) el lenguaje y la mente de forma similar al tratamiento de un problema cualquiera en biología. Podemos tomar como ejemplo la manera como se estudian los órganos o sistemas corporales. Si quisiéramos analizar el sistema visual humano intentaríamos en primer lugar abstraerlo de su contexto físico. Aunque aquél interactúe con el sistema circulatorio y con muchos otros, el científico intentará identificar y separar el sistema visual por medio de un proceso de idealización. Y siempre ha sido así en tanto en cuanto hemos podido denominar ciencia a este tipo de trabajo» (Chomsky, 1989a: 253).

Apurando e incluso forzando un poco la analogía con el estudio de los organismos, podemos afirmar pues que la tarea del lingüista es ahora descubrir los principios estructurales que hacen que ese organismo funcione de una manera y no de otra, su proceso de desarrollo, los mecanismos físicos que lleva consigo y acaso sus interacciones con otros sistemas. Se debe insistir también en que con este cambio de óptica se produce asimismo un giro drástico en la manera de trabajar del lingüista. Este no contará ya con fenómenos preestablecidos sino con problemas a veces muy indefinidos que se enlazan unos con otros, con hechos infradeterminados puesto que deben entenderse sólo como la punta de un complejo *iceberg* — y con datos, por lo tanto, voluminosos y resbalabizos cuyos límites no están fijados de antemano. Por lo demás, el cometido de este lingüista no será ya el formular generalizaciones inductivas, o el aproximar intuiciones, sino establecer hipótesis, formular leyes y enlazar unos principios con otros.

Lejos está aún la lingüística de haber cubierto ni siquiera mínimamente tan ambiciosos objetivos, sea en el terreno conceptual como en el metodológico, pero lo cierto es que se han dado ya pasos importantes en la caracterización idealizada del sistema lingüístico interiorizado. De esos descubrimientos vamos a hablar en la primera y segunda partes de este texto. Pero antes de entrar en ello quiero poner sobre el tapete ciertas precisiones conceptuales que han comenzado a establecerse en la medida en que ese extenso programa ha empezado a ponerse en marcha. La aproximación a estas distinciones básicas, por otra parte, tal vez permita llegar con una mayor labilidad mental a las disquisiciones algo más técnicas de los capítulos que siguen.

1.2. Ciertas precisiones conceptuales

La apelación a la noción clásica de *gramática universal*, la concepción de ésta como un *sistema de principios*, la distinción entre *principios y parámetros*, y la articulación de esos principios en un una estructura de *niveles* y *módulos* son algunas de las precisiones sobre las que se sustenta la actual teoría gramatical.

1.2.1. Si la gramática es una representación abstracta del conocimiento lingüístico interiorizado —una especificación de las condiciones que explican por qué las oraciones de las lenguas humanas son de una cierta manera y no de otra (o por qué sólo son posibles ciertas lenguas y no otras)—, entonces esta gramática se puede definir, de una manera laxa, como una teoría de las propiedades universales de las lenguas humanas y atribuírsele la denominación clásica de *Gramática universal*. Esta teoría articulada sobre el funcionamiento general del lenguaje, en efecto, entronca con las «gramaticas generales» de los siglos XVII y XVIII y, como ellas, permite derivar *gramáticas particulares* que son, en cierto sentido, una parte de aquélla.

¿Pero una gramática universal —incluyendo en ella a ésta de nuevo cuño— es meramente una construcción obtenida por extensión de las propiedades observables de las lenguas particulares?, ¿se trata, en suma, de dos momentos paralelos e interdependientes? La respuesta clasica a esta pregunta ha sido afirmativa y así de las gramáticas filosóficas que establecían una correlación entre el orden de las palabras y el orden «lógico» del pensamiento —y que postulaban que ciertos órdenes eran naturales o universales (cf. Condillac, 1746 o Diderot, 1751)— se podía deducir que algunas lenguas, el francés por ejemplo, eran más aptas «para instruir, esclarecer y convencer», mientras que otras (el latín, el griego o el italiano) servían mejor para «persuadir, emocionar y engañar» (cf. Diderot, *op. cit.*: 138).

Pero no hay que ir tan lejos ni a debates tan antiguos para buscar respuestas similares. Los universales inferenciales de Greenberg (1963), y toda la actual corriente universalista que se sigue de él, están basados en la misma suposición que, ciertamente, ha obtenido resultados de particular interés. No obstante, dada la condición de modelo del estado cognitivo —de modelo de un quasi organismo físico— que posee la gramática universal que aquí nos concierne, no será imprescindible que las propiedades de las que dé razón se encuentren necesariamente en el entorno lingüístico y deban, por ello, ser experimentadas de alguna manera.

Vayamos a un ejemplo. Parece ser que una cantidad importante de lenguas formulan la interrogación anteponiendo —colocando al comienzo de la oración— el elemento que se interroga (como en *¿Dónde piensas que guardé mi caja de los recuerdos?*) y esta exacta observación, por lo tanto, podría ser candidata a condensar un universal lingüístico. Si miramos a través de las lenguas con algo más de atención, sin embargo, nos encontraremos con que en algunas de ellas, en el chino por ejemplo, esto no sucede. El potencial candidato a universal quedaría así rápidamente descalificado.

Ahora bien, lo realmente interesante es que en el chino sí que existe interrogación —sí que se entiende un sentido interrogativo— aunque no se observe una consecuencia física de ese sentido. Con estos hechos por delante, algunos lingüistas afirman hoy que en esta lengua hay interrogación en el nivel de la Forma Lógica (cf. Huang, 1982), esto es, el hablante entiende que una palabra menos definida semánticamente que las otras (en este caso, el pronombre interrogativo *in situ*) actúa como un operador que tiene «alcance»: expresa la amplitud en la interpretación de una variable entre los elementos de un conjunto.

Lo que explica esta manera de ser del chino, y a la vez lo conecta con las lenguas mayoritarias que «mueven» el constituyente que interrogan, es la restricción mucho más abstracta y, en este sentido, no observable, de (1) (donde, precisamente, entendemos por operador el elemento que determina el alcance de las variables, sea éste un pronombre interrogativo, un cuantificador o cualquier otro elemento similar):

(1)
Toda variable debe estar ligada por un operador (y todo operador debe ligar una variable).

Los enunciados abstractos, e independientes de una fenomenología basada en la observación directa, del tipo del de (1), son hoy los candidatos a constituirse en piezas claves de la Gramática Universal que se pretende descubrir y caracterizar.

En suma, el estudio exhaustivo de aspectos específicos de las lenguas particulares, y de su correlación con propiedades generales, posee un interés indudable porque la recurrencia sistemática de propiedades —aparte de su intrínseco atractivo— tiene fuertes posibilidades de estar relacionada con algún factor de principio determinante de ellas. Lo que hemos pretendido señalar, sin embargo, es que éste no es el único ni el exclusivo camino de acceso a la gramática universal.

1.2.2. Una cuestión candente en la lingüística de las últimas décadas ha sido la de cuál es el mejor formato de esa Gramática Universal así concebida. Como seguramente sabe el lector especialista, durante bastante tiempo se supuso que los *sistemas de reglas* —de instrucciones muy explícitas acerca de la «formación» y de la «transformación» de construcciones específicas— eran el recurso idóneo para caracterizar la gramática interiorizada. Este conjunto de reglas iba acompañado de un procedimiento —de una medida de evaluación— que permitía elegir entre ellas.

Por razones tanto de hecho como de principio que sería prolijo analizar en esta Introducción [pero entre las que cabe enumerar el descubrimiento —a partir de Ross (1967)— de que es posible deducir de restricciones o condiciones generales ciertas estipulaciones específicas de las reglas transformatorias, o la comprensión de que existe una relación estrecha entre selección semántica y subcategorización, o la certeza de que hay aspectos del significado de las oraciones que sólo son analizables en la estructura superficial] esos sistemas han venido siendo sustituidos por lo que se suele denominar un *modelo de principios y parámetros*. En este modelo, que se expone por vez primera en Chomsky (1981) y se perfila más claramente en Chomsky (1986a y b y 1988), llámase principios, *grosso modo*, a un conjunto muy restringido de condiciones sobre la buena formación de las oraciones, que se asocia con un conjunto mínimo (quizá de un solo miembro) de reglas; y parámetros a los valores que pueden tomar esos principios.

En su (1989a) utiliza Chomsky una atractiva analogía para caracterizar este modelo; permítasenos reproducirla:

> «Se trataría de algo así como un sistema con un complejo e intrincado entrelazamiento de cables, algunas de cuyas conexiones no han sido establecidas todavía, y con, digamos, una caja de interruptores que deben estar en una de varias (quizá sólo dos) posiciones, para que así el sistema en su conjunto pueda comenzar a funcionar. A estos interruptores es a lo que denominamos «parámetros», y éstos tienen que ser fijados por la experiencia que es la que dice cómo deben colocarse esos interruptores» (*op. cit.:* 454).

El conjunto de los principios susceptibles de parametrización constituyen la gramática universal, pero los hablantes que «adquieren» una lengua en realidad ponen en actividad tales principios (como en cualquier proceso de maduración) sólo a través de la fijación de parámetros. Esta fijación se realiza en un medio lingüístico concreto, esto es, a través de la exposición a un conjunto reducido de datos y en un período relativamente breve, puesto que un niño de cinco años conoce ya a la perfección los parámetros que tipifican a su lengua (o sus lenguas nativas) frente a otras.

Con otras palabras, el sistema lingüístico inicial estaría sólo parcialmente especificado —como señala Chomsky (1989a: 586)— y a través de la interacción con el medio llegaría a convertirse en un sistema computacional específico. Es en este sentido en el que el aprendizaje de una lengua puede definirse como un proceso de fijación de parámetros. Una vez que éstos se han situado en alguna de las variantes permisibles podemos decir, en suma, que se ha adquirido una lengua particular. Por otra parte, ese subconjunto del conjunto de la gramática que surge cuando se han delimitado los parámetros es lo que se suele denominar *gramática nuclear.*

Un aspecto interesante del proceso que acabamos de describir —aunque no tendremos tiempo de profundizar aquí en ello— es que los giros en los interruptores (la fijación de parámetros) parecen llevar asociados movimientos en todo el sistema, porque según que se escoja una opción u otra se encuentran propiedades asociadas que aparecen o desaparecen. Un ejemplo conocido de variación paramétrica surge de la comparación entre el inglés y la mayoría de las lenguas románicas. En efecto, parece ser una cuestión de principios (concretamente del «principio de predicación») el que todas las oraciones deben llevar sujeto. Sin embargo, las lenguas pueden escoger entre tener que realizarlo físicamente de una manera obligatoria o poder dejarlo, en un cierto sentido, inexpresado. Concretamente, en inglés es obligatorio decir *He talked* 'él habló' y la oración sin sujeto expreso * *Talked* 'habló' es agramatical. Las dos formas, sin embargo, son posibles en español, italiano, portugués, hebreo y muchas otras lenguas.

De este segundo grupo de lenguas se dice que pertenecen al parámetro del *Pro drop*, llamado también del sujeto nulo, a saber, al grupo de las que pueden eludir el sujeto expreso fonológicamente. Como decíamos hace un momento, la opción por una u otra posibilidad trae consigo una serie de consecuencias: las lenguas de sujeto nulo, por ejemplo, pueden posponer el sujeto (colocarlo a la derecha del verbo) mientras que las otras no (*Talked John* 'habló Juan' es agramatical en inglés), y admiten asimismo pronombres reasuntivos o dejan vacía la posición del sujeto después de un *que* complementante, entre otras propiedades que no es éste el lugar de enumerar ni de analizar (pero v. Chomsky 1981: 4-5). En todo caso, volveremos en numerosas ocasiones a lo largo de este texto a los parámetros que, de momento, se han podido determinar.

1.2.3. Hemos definido la gramática —en línea con la tradición que estamos intentando caracterizar— como una teoría del conocimiento lingüístico y hemos indicado que la suposición más extendida en este momento es que esa teoría se conforma como un sistema de principios y parámetros. Una pregunta que ha surgido desde el comienzo mismo del desarrollo de esta hipótesis sobre el estudio del lenguaje es en qué medida ese sistema del conocimiento lingüístico forma parte o no del sistema cognitivo general.

Como es bien sabido, gran parte de la lingüística contemporánea, pero muy en particular la lingüística generativa, ha sostenido con considerable rigor la hipótesis de que el conocimiento lingüístico constituye un dominio específico independiente de los otros sistemas del mundo cognitivo. Esta suposición, que se patentó en un determinado momento con el rótulo de hipótesis de la «autonomía de la sintaxis» (cf. Chomsky, 1965), no se plantea, naturalmente, por ninguna razón de necesidad lógica sino que constituye un problema empírico con diversas ramificaciones. ¿Se necesita, por ejemplo, información semántica para construir los principios sintácticos y viceversa?, ¿el mecanismo de procesamiento (de la comprensión y producción) del lenguaje incorpora un componente sintáctico dominante e independiente o consta meramente de mecanismos generales de solución de problemas vinculados a representaciones del conocimiento general?

Entre los estudiosos del procesamiento del lenguaje hay ciertamente puntos de vista encontrados en cuanto al papel que en él puede desempeñar un componente gramatical independiente (pero véase Berwick y Weinberg,1984 para un modelo de procesamiento en el cual la gramática tiene un papel central e importante y J. Garfield, 1987, para un planteamiento general). Sin embargo, nadie pondría en duda que la investigación estrictamente lingüística ha revelado que existen propiedades y principios lingüísticos que parecen ser exclusivos y peculiares de este dominio. Así, aun cuando pueda suponerse que la jerarquía estructural, por ejemplo, no tiene por qué ser una característica exclusiva de los fenómenos lingüísticos es difícil imaginar en qué otras zonas del conocimiento podrían tener cabida principios como las restricciones sobre la *subyacencia* o las constricciones formales sobre el *ligamiento* de los que hablaremos oportunamente.

Desde Fodor (1983) se habla de la modularidad de la sintaxis (y de los «módulos» cognitivos, entre los que se encontraría el módulo lingüístico) para designar a los sistemas que configuran dominios específicos, están especificados innatamente y físicamente cableados, son autónomos y no tienen montaje («are hardwired, autonomous and not assembled», *op. cit.:* 36-37). Desde Chomsky (1981) se identifica más o menos laxamente sistema de principios con sistema de módulos para indicar el hecho de que los fenómenos lingüísticos parecen resultar de la interacción de principios independientes de naturaleza no homogénea —en el sentido de que unos tienen que ver con relaciones temáticas o semánticas, otros con restricciones formales u otros con dependencias referenciales— y que reaparecen de manera más o menos indeterminada en esos diversos fenómenos.

Para ser más precisos, el sistema de principios es un conglomerado de varios subsistemas (o «teorías» o «módulos») y una única regla, «Muévase α» (donde *alfa* es igual a cualquier constituyente), que se manifiestan en cuatro *niveles de representación* de las propiedades de las oraciones, los que se mencionan en el esquema de (2) (a nuestros efectos en este momento no es demasiado importante el significado de la denominación de cada uno de esos niveles, podríamos llamarlos también 1, 2, 3 y 4):

(2)

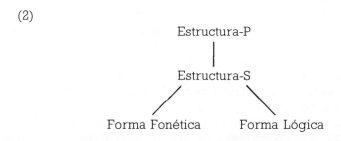

Conviene tener presente, eso sí, que en cada uno de estos niveles se representa un conjunto de propiedades empíricamente observables, y que todos ellos están conectados entre sí por una especie de superprincipio, el Principio de Proyección, del que hablaremos en varios momentos a lo largo de este libro. Se debe señalar asimismo —aunque de momento no se entienda esto en su verdadera dimensión— que para que este Principio pueda satisfacerse en todos los niveles, para que puedan conservarse las relaciones básicas, será necesario contar no solamente con categorías plenas, con formas fonéticamente realizadas, sino también con *categorías silenciosas o vacías*, invisibles fonéticamente pero plenamente activas desde el punto de vista sintáctico.

El nivel de la Estructura-P [=EP] es aquél en el que las oraciones aparecen en su forma más básica o pura (que, probablemente, es un reflejo directo del léxico), y se supone que en la determinación de esa estructura básica intervienen dos subsistemas del conocimiento lingüístico, el *Módulo o Teoría de la X-con-barras* y el *Módulo o Teoría temática*.

Se postula asimismo la existencia de un segundo nivel, el de la Estructura-S [=ES], en el que aquella estructura básica puede haber sufrido modificaciones porque haya sido afectada por la regla «Muévase α». En el correcto establecimiento de esta representación «derivada» parece que inciden el módulo que da razón de la «visibilidad» de los argumentos (la *Teoría del Caso abstracto*), el que regula las «dependencias referenciales» (la *Teoría del Ligamiento*), así como los principios estructurales de la *Rección* y de la *Rección apropiada* que garantizan, respectivamente, la legitimidad de las categorías susceptibles de recibir Caso y de las que han sido afectadas por el movimiento sintáctico.

Este segundo nivel de representación se relaciona de manera independiente con los niveles que engloban las propiedades de la estructura fónica de las oraciones (el de la *Forma Fonética*) y el que representa las propiedades de significado determinadas por la estructura sintáctica (el de la *Forma Lógica*); este último, a su vez, una estructura derivada obtenida por la aplicación de la regla de «Muévase α».

Todos los subsistemas —o teorías o módulos— que hemos mencionado son autónomos —aunque algunos principios estructurales parecen ser recurrentes en varios de ellos—, y no están ensamblados o montados en el sentido doble de que se interconectan libremente para dar origen a los diversos fenómenos lingüísticos y de que suscitan la aparición de distintas propiedades —como indicábamos anteriormente— según la parametrización que escojan. Todos ellos, por último, parecen ser exclusivamente lingüísticos con excepción del que da cuenta de cómo las exigencias léxicas de las palabras presentes en la oración inciden en la configuración sintáctica de ésta: el que hemos llamado «Módulo temático». En la medida en que la estructura conceptual conecte con otros subsistemas del sistema cognitivo general, el

Módulo Temático haría esa labor de mediación entre el conocimiento lingüístico y el conocimiento general.

En lo que queda de este libro nos dedicaremos exclusivamente a explayar esta condensada última página de nuestra Introducción. Volveremos repetidamente a los principios, reglas, superprincipios y parámetros. Esperamos que el lector o lectora, tras esas disquisiciones más especializadas, pueda regresar a estas consideraciones generales y cerciorarse de hasta qué punto tan perspicuo programa se está llevando o no a cabo.

Primera Parte

2.
La forma básica de las oraciones: la estructura sintagmática

2.1. Noción de estructura y conocimiento de las estructuras

Cuando el artista lego en cuestiones de lingüística o el simple mortal deseoso de obtener un determinado efecto quieran expresar de una manera nítida la pérdida o la alteración de la capacidad para el lenguaje es probable que recurran a dos procedimientos bastante sencillos: o traerán a colación series de palabras carentes de sentido, o concebirán secuencias de palabras conocidas en las que, no obstante, las transgresiones de las reglas sobreentendidas de construcción de la frase hagan que esa expresión deba ser considerada como ajena al lenguaje común. La apelación espontánea a esos dos recursos deja bien claro que, aunque nadie nos lo haya explicado nunca, los hablantes sabemos que las palabras tienen significado y sabemos también que las unidades mayores que la palabra (o que las partes significativas de la palabra) poseen asimismo estructura.

En realidad, gran parte del estudio del lenguaje a lo largo de los tiempos se ha concentrado —además de en lo concerniente a las propiedades sonoras de las expresiones— en la consideración de las dos cuestiones que acabamos de mencionar: la especulación sobre las palabras, su esencia, sus clases y sus accidentes o, en un momento más reciente, el análisis de las *estructuras* lingüísticas.

Como arquetipo de este último acercamiento, el término «estructuralismo» identifica un período concreto de la lingüística del siglo XX —una fase típicamente operacionalista— en el que se intenta dilucidar cuáles son los procedimientos que permiten identificar las unidades que forman las estructuras lingüísticas. La fijación de pares mínimos u «oposiciones significativas», el establecimiento de las «distribuciones» y restricciones de coaparición entre los elementos del sintagma, y de los constituyentes sintagmáticos en la oración, y el empleo de la «commutación» para especificar varios tipos de dependencias entre los elementos del plano del contenido y de la expresión fueron, *grosso modo*, los mecanismos propuestos para el reconocimiento de las unidades lingüísticas.

La preocupación por la estructura y el sentido de esta noción en la teoría sintáctica son, sin embargo, en este momento, considerablemente diferentes porque se inscriben en un programa de trabajo de mayor alcance y en unos presupuestos distintos acerca de la naturaleza del lenguaje. En efecto, si «los enunciados de la gramática son enunciados de una teoría de la mente/cerebro concernida por el lenguaje I(nteriorizado)», (Chomsky, 1986a: 23) —como recordábamos en el capítulo inicial— entonces la pregunta crucial no será cómo se identifica una estructura sino qué es una estructura gramatical posible y, asimismo, cuál es el conocimiento básico (el conjunto de principios y reglas) que lleva a formar correctamente estructuras de un determinado tipo y no de otro.

Pero qué sabemos de las estructuras lingüísticas y qué diferencia hay entre meramente reconocer las partes de una estructura y hacer explícitos los principios y las reglas que llevan a formarla adecuadamente. Vayamos a algunos ejemplos que pueden ilustrar esa alternativa y ayudarnos a entender qué está hoy por debajo de la noción de estructura.

Consideremos el sintagma de (1) (donde el uso del paréntesis indica opcionalidad, o sea, que en esa construcción *interesante* puede estar o puede faltar):

(1)
La (interesante) demostración del profesor.

Si lo que nos preocupa como lingüistas es tan sólo determinar cuáles son los elementos de (1), muy probablemente nos ceñiremos a formular generalizaciones del tipo de «donde concurre *demostración* puede también aparecer *presentación* o *casa* pero no *comía* o *rica*» o «en el lugar de *interesante* podemos tener *extensa* mas no *muy*» lo cual indica, respectivamente, que el primero es un sustantivo y el segundo es un adjetivo. Por ese camino podríamos saber también que *la* sólo puede preceder al sustantivo en cuestión y que forma una clase o un paradigma con elementos como *este* o *mi*, o que (1) en su totalidad puede ser sustituido por *esto*, en ciertas condiciones.

Frente a esa misma construcción y dados los hechos y generalizaciones que acabamos de consignar —que son obviamente ciertos—, el lingüista preocupado por el conocimiento implícito que lleva a la existencia de (1) podría preguntarse, por ejemplo, si son sólo principios relativos al *orden*, la *precedencia* o la *coaparición* los que regulan su buena formación.

Cuando el problema se plantea en estos términos, el repertorio de nuevas preguntas y la naturaleza de los datos complementarios que ahora necesitaremos para avanzar en la especificación de los principios se hacen mucho más densos e intrincados. La existencia de la variante (2) de la construcción (1), por ejemplo, sugiere que la formación de una estructura es algo más que principios de *coaparición*, *orden*, o *precedencia* (esto es, que las estructuras son algo más que palabras en secuencia):

(2)
La demostración del teorema del profesor.

(2) es una expresión ambigua que significa bien que un profesor demuestra un teorema *x*, bien que alguien demostró un teorema que había sido descubierto por un profesor. (3a) representa la primera acepción, (3b) la segunda y (2) es un ejemplo clásico del fenómeno de ambigüedad estructural (de momento, damos nombres convencionales a los miembros del sintagma y omitimos muchas precisiones acerca de las relaciones internas):

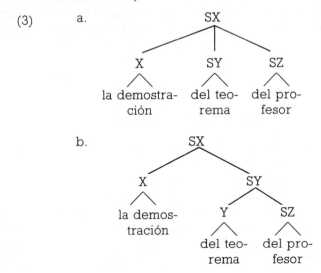

Lo que pone de manifiesto la existencia de ambigüedades estructurales como la de (2) es que en una estructura no sólo hay relaciones de orden o precedencia sino que se da también una *jerarquía estructural*, esto es, *dependencias* o *ramificaciones* alternativas que expresan relaciones gramaticales distintas.

(2), por otra parte, puede aparecer inserto en una secuencia mayor como la que tenemos en (4):

(4)
La demostración del teorema del profesor duró cinco minutos.

Es obvio que (4) no es meramente una secuencia de nueve palabras autónomas. Allí, *la demostración del teorema del profesor* podría ser sustituida, por ejemplo, por el pronombre *eso*, lo que daría lugar a una oración como la de (5), y esta posibilidad nos indica que la expresión antes mencionada es una unidad centrada en torno a la palabra *demostración*:

(5)
Eso duró cinco minutos

No hay, por el contrario, nada que pueda sustituir en (4) a la secuencia *del teorema del profesor duró*. La noción, pues, de ser o no ser un *constituyente* es una parte esencial del conocimiento de las estructuras.

Si prestamos atención, luego, a una expresión como la de (6a), externamente idéntica a la de (2), veremos que ésta no da lugar a ambigüedad alguna; lo que sucede en (6) es que la alteración del orden entre los dos complementos causa agramaticalidad (préstese atención a (6b) donde el asterisco indica que la oración es considerada como no gramatical por un hablante nativo):

(6)
a. El estudiante de periodismo de Valladolid.
b. *El estudiante de Valladolid de periodismo.

La estructura interna de (6) debería ser como la de (3a) puesto que los dos complementos son independientes entre sí. Ahora bien, el hecho de que (6b) no sea posible sugiere con bastante fuerza que la estructura interna de un constituyente probablemente no es plana sino que tiene *niveles internos*. Para expresarlo en términos aún informales: el contraste de (6) nos dice que ciertos complementos tienen que estar más cerca del término complementado, mientras que otros deben permanecer en la periferia.

Es interesante darse cuenta también de que las ramificaciones y dependencias internas son cruciales para la determinación de las *relaciones estructurales* que hacen posible que ciertos principios pueden satisfacerse o no satisfacerse en un determinado dominio. Obsérvense las oraciones de (7). En ellas, nos interesa fijarnos en si el nombre subrayado en primer lugar puede tener o no la misma referencia del pronombre que aparece en segundo lugar:

(7)
a. *Juan lo* quiere mucho.
b. El hijo de *Juan lo* quiere mucho.

En (7a) esa referencia en común, o correferencia, es completamente imposible (el pronombre *lo* siempre se referirá a otra persona distinta de *Juan*), en (7b), por el contrario, la correferencia es posible, aunque no sea obligatoria. En ambos casos, sin embargo, *Juan* precede a *lo* y la única diferencia visible entre las dos construcciones estriba en que, en la segunda, *Juan* está en una posición más interior o subordinada. Podemos decir, en suma, que un elemento estará en el dominio de otro para la relación de correferencia si y sólo si ostenta también una determinada jerarquía estructural en la configuración.

Otra propiedad llamativa de las series de constituyentes es lo que podemos denominar metafóricamente su *densidad estructural*. En efecto, desde hace algunos años se sabe que cuando ciertas posiciones cruciales de una oración o un sintagma nominal están ocupadas por un elemento léxico, esa estructura se convierte en una especie de barrera que impide que ciertos procesos gramaticales puedan llevarse a cabo. Más específicamente, la presencia de un sujeto explícito hace opacas a ciertas construcciones. Fijémonos en los contrastes de (8), (9) y (10). Estas tres estructuras son muy diferentes entre sí: en (8) tenemos dos oraciones complejas en las que un verbo toma una completiva como complemento directo; en (9) el verbo matriz tiene significado causativo y está complementado por una claúsula de infinitivo, (en estas estructuras no se han aplicado aún otras reglas que dan origen a las construcciones causativas en su forma canónica) , en (10) encontramos dos sintagmas nominales:

(8)
a. Quiero [que Juan *lo* coma.]
b. Quiero [comer*lo*]

(9)
a. Hizo [a Juan comer*lo*.]
b. Hizo [comer*lo*.]

(10)
a. Me enseñaron [la traducción del libro de Valverde.]
b. Me enseñaron [la traducción del libro.]

La principal diferencia entre los casos (a) y (b) de las oraciones precedentes es que en los primeros los complementos encerrados entre corchetes contienen un sujeto explícito (para entendernos por el momento —ya hablaremos de ello más adelante—, convengamos en denominar sujeto tanto al sujeto semántico o lógico como al sintáctico o configuracional, e incluso al morfológico: las desinencias de concordancia), mientras que en las segundas tal sujeto no aparece, al menos en forma léxica. Fijémonos en lo que sucede cuando aplicamos a estos pares de oraciones un proceso gramatical que consiste en «extraer» un constituyente, en llevarlo fuera de la estructura en cuestión. En (8) y (9) lo que desplazaremos será el pronombre clítico, en (10) formularemos una interrogación que desplaza el objeto del nombre derivado (entiéndase que *de Valverde* no es un complemento de *libro* sino que designa al autor de la traducción). Los efectos son muy homogéneos a pesar de las diferencias que estas estructuras guardan entre sí: las oraciones de (a), aquellas que contienen un sujeto léxico, siempre dan resultados agramaticales, las de (b), por el contrario, sirven de base a formaciones correctas (el elemento **e** identifica el sitio desde el que se ha realizado el desplazamiento):

(11)
a. *Lo quiero que Juan coma *e*.
b. *Lo* quiero comer *e*.

(12)
a. *Lo hizo a Juan comer *e*.
b. *Lo* hizo comer *e*.

(13)
a. ??*¿De qué libro* te enseñaron la traducción *e* de Valverde?
b. *¿De qué libro* te enseñaron la traducción *e*?

Para que existan ambigüedades como las de (2) y restricciones como las de (6) y (7), para que haya tanta uniformidad por debajo de la aparente diversidad como se ve en nuestra última serie de ejemplos, y para que estas propiedades tan complejas de analizar sean sin embargo absolutamente obvias y nítidas para un niño de cuatro o cinco años que posee ya un completo dominio gramatical tiene que haber una formulación muy precisa de las nociones de *dependencia*, *constituyen-*

te, *nivel interno*, *dominio* o *barrera* o cualesquiera otros principios que regulen la formación y la producción de las estructuras.

En lo que sigue de este capítulo, nos dedicaremos precisamente a explorar los resultados de investigaciones recientes acerca de la naturaleza de la estructura sintagmática. Estas hipótesis son las que dan entidad al módulo o teoría de la x-con-barras (o x-barrada) cuya existencia parece estar estrechamente relacionada, acaso condicionada, por el módulo temático.

2.2. Las propiedades de las estructuras sintagmáticas. El módulo de la x-con-barras

Una consecuencia del carácter fundamentalmente biológico de los hechos del lenguaje —como hemos venido señalando— es que las reglas y principios abstractos que conforman la capacidad lingüística no son de una naturaleza uniforme sino que parecen corresponder a módulos o subsistemas relativamente autónomos e idiosincrásicos. En el ámbito del lenguaje, estos subsistemas están ligados entre sí por un conjunto mínimo de superprincipios entre los cuales es primordial el llamado «Principio de proyección» que enunciamos en (14):

(14) *Principio de proyección*

Los requisitos categoriales de las piezas léxicas deben satisfacerse en todos los niveles de representación de la oración.

El Principio de proyección condensa la idea de sentido común de que una palabra, en virtud de su propio significado, impone los elementos que van a ir con ella formando una secuencia; esto es, que si un determinado elemento léxico, por ejemplo el verbo *comer*, requiere *x* como su complemento, entonces ese verbo seleccionará dicho constituyente en todos los niveles de representación gramatical: la estructura-P, la estructura-S y la F(orma) L(ógica). Así pues, (14) establece como condiciones mínimas para la buena formación de las oraciones el que se tengan que satisfacer restricciones categoriales y que esas restricciones sean inalterables aunque se produzcan cambios en la forma de la oración.

(14) presupone, por lo tanto, que existe una estructura categorial y que tal estructura es la forma básica de la oración. Esa representación básica es precisamente lo que se suele denominar estructura-P.

¿Cómo se representa esa estructura-P? o ¿qué tipo de principios y reglas caracterizan más adecuadamente el conocimiento que el hablante tiene sobre la estructura de constituyentes? La idea de sentido común a la que aludíamos más arriba se materializa en la teoría gramatical afirmando que la representación del nivel básico de las oraciones —la representación de la estructura-P— es una asociación de condiciones formales (especificadas por la teoría de la X-barrada) con condiciones semánticas (especificadas por la teoría de los papeles temáticos o semánticos). Más concretamente, la hipótesis que desarrollaremos en este y en el siguiente capítulo es que estas estructuras básicas son una proyección directa de las propiedades de subcategorización de las piezas léxicas, proyección en la que median las constricciones formales impuestas por la subteoría o módulo de la X-con-barras.

2.2.1. El esquema universal de estructura sintagmática

El elemento fundamental del subsistema antes mencionado es la fórmula de (15a), postulada por Chomsky (1970), que explicita un esquema canónico de estructura sintagmática, común a todas las categorías que tienen elementos léxicos como núcleo [o sea, N(ombre), V(erbo), A(djetivo) y P(reposición)] (pero volveremos de inmediato sobre la afirmación de que sólo los núcleos léxicos dan lugar a unidades sintagmáticas). Si (15a) se entiende como una secuencia de dos reglas, la aplicación de ellas da lugar a la configuración (15b). (15b) se glosa afirmando que un X" (una *proyección máxima*) domina a un Especificador opcional y a un X', que domina a su vez al núcleo de la proyección y a un complemento también opcional con el que éste mantiene una relación de *fraternidad estructural*.

(15)
a.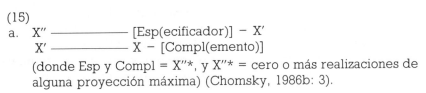

(donde Esp y Compl = X'''*, y X'''* = cero o más realizaciones de alguna proyección máxima) (Chomsky, 1986b: 3).

b.

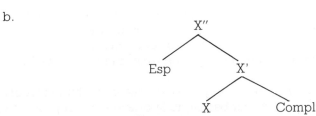

(15a) surge de la suposición fundamental de que todos los sintagmas son semejantes en estructura interna y de que en ciertos casos (por ejemplo, en el par verbo-nombre deverbal derivado de él, e.g. *traducir, traducción*) es conveniente adoptar una representación sintáctica neutral respecto de dos o más categorías léxicas, si se quiere dar cuenta adecuadamente de sus comunes regularidades. Chomsky (1970), que es la primera exposición de esta concepción de los sintagmas, aduce asimismo que para obtener esas representaciones comunes las categorías sintagmáticas deberán interpretarse también como el reflejo de un conjunto de rasgos. En ese mismo trabajo se postula que los rasgos [+/−N] y [+/−V] son suficientes para subclasificar a las categorías léxicas ya que permiten distinguir entre las cuatro categorías siguientes:

(16)
a. [+V,−N] (verbo)
b. [−V,+N] (nombre)
c. [+V,+N] (adjetivo)
d. [−V,−N] (preposición)

El sistema de rasgos se justifica empírica y teóricamente en que hace posible el establecimiento de clases naturales de categorías sintácticas. Esas clases son perfectamente encontrables, en efecto. En algunas lenguas africanas (cf. Siegel, 1976) no existe distinción entre adjetivos y nombres y ello daría razón al sistema de (16) que permite hablar de ambas categorías como la subclase de elementos [+N]. En ruso, la clase de los predicados está formada por todos los verbos y un subconjunto de los adjetivos, las llamadas formas breves (cf. Siegel, 1976), que se comportan como verbos intransitivos y no toman marca de caso —a diferencia de las largas—. Esta clase natural se puede identificar por medio del rasgo [+V].

El rasgo [−N] que agrupa a los verbos con las preposiciones, tiene su justificación gramatical —como estudiaremos en el cap. 5— en que distingue a los típicos asignadores de Caso estructural. (Pero véase Jackendoff, 1977, para la propuesta de un sistema de rasgos alternativo al de (16), van Riemsdijk, 1978: 3.7.4, para un examen de la hipótesis de que los rasgos hacen predicciones respecto de clases naturales de categorías, y Stowell, 1981, para una revisión crítica).

La fórmula de (15a), por otra parte, es la expresión formalizada de un conjunto de propiedades teóricas y empíricas de las estructuras sintagmáticas. A través de ese esquema se afirma, en primer lugar, que los sintagmas son endocéntricos, en segundo lugar, que existen niveles internos dentro de los sintagmas, luego, que el núcleo se sitúa en uno de los extremos del nivel interno formado por el núcleo y su complemento y, por último, que todo x^n domina a un x que corresponde al nivel inmediatamente inferior, o sea a un x^{n-1}. Veamos con algo más de detenimiento el contenido estricto y las implicaciones de las propiedades que se explicitan a través de (15) (v. también Stowell, 1981: cap. 2, para la primera consideración de estas propiedades). Al analizar cada una de ellas, tendremos ocasión de mostrar en qué medida los principios que conforman la gramática interiorizada son susceptibles de variación paramétrica.

2.2.2. Las propiedades básicas de los sintagmas

2.2.2.1. Si (15a) es una representación correcta de las estructuras sintagmáticas, será entonces verdad que el núcleo de un sintagma SX es siempre X, esto es: estaremos afirmando que la expansión máxima de un núcleo N será un SN, la de un V un SV y así sucesivamente; diremos, con otras palabras, que los sintagmas son endocéntricos. Ese esquema anticipa, en efecto, que estructuras como la de (17) son comunes en las lenguas naturales, y que no existen representaciones del tipo de la de (18) en la que un adjetivo da lugar a (proyecta) un sintagma nominal:

(17)
$_{N''}$[la $_{N'}$[$_{N}$[mesa] $_{P''}$[de pino]]]

(18)
*$_{N''}$[la $_{A''}$[$_{A}$[dudosa]]]

El hecho, por otra parte, de que (18) sea una estructura con la que nos podemos encontrar no contradice la tesis de la endocentricidad: basta con suponer que en (18) hay un núcleo nominal aunque no esté fonéticamente realizado. La conjetura de que existen categorías ausentes o vacías —que deben postularse por razones independientes— permitirá dar cuenta de éste y otros hechos similares.

2.2.2.2. Una importante ventaja descriptiva del sistema de la X-con-barras respecto del clásico de *Estructuras sintácticas* (Chomsky, 1957) y *Aspectos de la teoría de la sintaxis* (Chomsky, 1965) proviene del hecho de que proponga de manera explícita que los sintagmas no son planos o lineales sino que tienen niveles internos.

El principio (15a) afirma que los sintagmas se articulan en dos niveles: el formado por el Esp. y X′ (léase X-prima o X-con-una-barra) y el constituido por el núcleo X y su complemento subcategorizado. El conjunto X″ se denomina una *proyección máxima*. Para empezar por lo menos problemático, antes de ilustrar las estructuras sintagmáticas a las que (15a) puede dar lugar en castellano y lenguas similares, veamos cómo se puede justificar empíricamente la existencia de tales estructuras jerárquicas.

2.2.2.2.1. Uno de los argumentos clásicos con el que se motivan los niveles de (15) (cf. Hornstein y Lightfoot, 1981 y Radford, 1981) está basado en el contraste en el orden permisible de los complementos de ciertos nombres, que ilustrábamos en (6) y repetimos a continuación:

(6)
a. El estudiante de periodismo de Valladolid.
b. *El estudiante de Valladolid de periodismo.

Hornstein y Lightfoot (1981) hacen ver que esta restricción sobre la libre ordenación de esos constituyentes se debe a que los dos complementos de N se encuentran situados en distintos niveles dentro de N''; específicamente, proponen (19) como representación posible de (6a), donde un complemento modifica al núcleo y el otro a N' (volveremos luego sobre la cuestión de que N' domine a N', esto es, sobre las estructuras de adjunción básica o iteración):

(19)

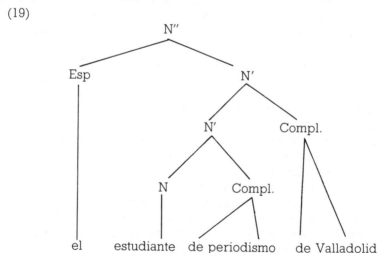

Los autores mencionados fundan su análisis en razones semánticas, pues a su juicio cada uno de esos niveles especificará una relación de significado distinta. Y, en efecto, si comparamos el contraste de (6) con el de (20) podemos refinar, aceptándola, la propuesta de Hornstein y Lightfoot:

(20)
a. El estudiante de Valladolid con gafas.
b. El estudiante con gafas de Valladolid

En (20) la alteración en el orden de los complementos no produce ningún efecto de inaceptabilidad, aunque (20) sea una estructura en apariencia paralela estructuralmente a la de (6). Ahora bien, si aceptamos que (19) representa la estructura básica de (6), lo que cabe pensar es que en el caso de (19) los modificadores de N no se sitúan en niveles distintos. En realidad, como tendremos ocasión de tratar en el próximo capítulo, existen fundadas razones por las que conviene distinguir entre constituyentes *subcategorizados* por un núcleo (los complementos, en sentido estricto, que aparecen con el núcleo en su mismo nivel, todos los cuales están, a su vez, *semánticamente seleccionados*) y los *adjuntos* o modificadores opcionales no seleccionados. Un nombre como *estudiante* tiene, entre otras, una acepción deverbal en la que el núcleo selecciona un objeto que designa lo que se estudia. Esta acepción es la que se representa en la estructura de (19); en (20) sólo tenemos un nombre concreto que toma dos modificadores no exigidos por su propio significado. Así pues, las restricciones en la colocación de ciertos modificadores respecto de su núcleo parecen proporcionar pruebas en favor de los dos niveles del esquema de (15). Conviene recordar, no obstante, que en lenguas como el español los argumentos de orden no podrán tomarse como decisivos ya que en ella opera una regla ulterior de «batido» *(scrambling)* de los constituyentes y sólo en condiciones muy restringidas se pueden deducir jerarquías internas a partir de los efectos de orden.

Una pregunta crucial a propósito del esquema de (15a) es qué realidad sintáctica tienen los niveles que hemos caracterizado, más concretamente, si existen procesos gramaticales que deban hacer referencia directa al nivel intermedio formado por el núcleo y el complemento seleccionado semánticamente. Hay bastantes elementos de juicio que fundamentan una respuesta positiva a esa pregunta. En español y otras lenguas, por ejemplo, tenemos un proceso sintáctico que podríamos denominar de «Sustitución por *otro*»; tal proceso, como muestra la agramaticalidad de (21c) frente a (21b), ha de hacer alusión a la unidad N + complemento que es la que debe ser reemplazada por *otro*:

(21)
a. Me saludó la señora con un libro en la mano pero la *señora con un bolso marrón* no me saludó.
b. Me saludó la señora con un libro en la mano pero la *otra* no me saludó.

c. ??Me saludó la señora con un libro en la mano pero *otra* no me saludó.

Asimismo, los procesos de «Incorporación» estudiados por Baker (1988), que caracterizan estructuras en las que aparentemente cambian las funciones gramaticales sin que se modifiquen las relaciones semánticas, tienen como una de sus condiciones la de adjuntar a los núcleos sólo aquellos elementos que están marcados temáticamente por ellos. Por esta razón, y si consideramos la formación de ciertos compuestos como un caso de incorporación, sólo son posibles compuestos como los de (22a) en los que el SN hermano de V en V' se incorpora a este núcleo; por el contrario, no se encuentran palabras derivadas en las que el elemento incorporado sea un objeto indirecto: una meta, un locativo o un benefactivo, que se generarían más lejos de V, en un nivel en el que no quedarían adyacentes a él:

(22)
a. *tocadiscos, guardacoches, rompecorazones*, etc.
b. **regalaaniños, guardaengarajes, ponenlamesa*, etc.

Las pruebas en favor de la postulación de niveles intermedios y, por consiguiente, en apoyo del Principio de (15a) resultan pues bastante concluyentes. (Véase asimismo Radford, 1981 y 1988 para nuevos elementos de juicio que corroboran la realidad lingüística de la noción de constituyente sintagmático así como la existencia del nivel X-prima.)

Otra cuestión importante en relación con el principio (15) es que éste, como muchos otros, parece susceptible de variación paramétrica. Quienes defienden la existencia de un parámetro relacionado con las jerarquías internas (pero véase Alexander, 1969, y las referencias allí mencionadas para una matización de esta hipótesis) sostienen que las lenguas que pertenecen al parámetro de las denominadas no-configurativas —como el japonés (estudiado por Farmer, 1984), o el warlpiri (estudiado por Hale 1983)— optan por un sistema en el que parece que no tiene sentido definir o identificar configuracionalmente las relaciones gramaticales.

Las propiedades que se suelen asociar con esa variedad tipológica de lenguas —las «propiedades diagnosticadoras» a juicio de Hale (1983)— son «el orden de palabras libre, el uso de expresiones sintácticamente discontinuas y el empleo extendido de la anáfora nula» (Hale,1983:5), así como la frecuente ausencia de pronombres, la presencia de un rico sistema de casos, la falta de SSNN pleonásticos o la aparición de palabras verbales complejas.

Aceptadas estas coordenadas para una lengua como el japonés, se puede hacer notar entonces que una oración simple de esta lengua debe satisfacer un único requisito propio de una estructura sintagmática, a saber: el que núcleo o cabeza (e.g. el verbo) debe colocarse al final; los otros constituyentes pueden aparecer en el orden que se quiera a la izquierda del núcleo. Se puede poner de manifiesto también que en las estructuras causativas con verbos complejos del tipo de *hacer-comer 'tabe-sase'* parece difícil distinguir configuracionalmente el sujeto del objeto; o que la anáfora reflexiva *zibun* 'sí mismo' tiene como única restricción el que ha de ser ligada por un «sujeto», sin que la jerarquía estructural del antecedente tenga relevancia alguna, como sucede en las lenguas configurativas (cf. cap. 6 a este respecto).

Por todo ello, Farmer (1984) —siguiendo a Hale (1983)— propone que las reglas de estructura sintagmática adecuadas para el japonés no proyectan categorías X^n, X^{n-1} sino nudos X' sin contenido categorial. La parametrización de la fórmula (15) para las lenguas no configurativas da origen al esquema de (23a) (de Chomsky, 1981) (véase Farmer 1984: 11 para otra versión) donde W* representa una secuencia de cero o más proyecciones máximas (situadas todas, por tanto, a un mismo nivel) y donde X es la cabeza de la proyección máxima X'. (23a) generaría estructuras como la de (23b):

(23)
a. X' → W* X
b. $_0$[SN_1 SN_2 ... V]

2.2.2.2.2. Regresemos ahora a (15) y a las consecuencias empíricas de aquel esquema. Las reglas de (24) (que omiten muchas precisiones y tienen una finalidad meramente ilustrativa) ejemplifican las estructuras que podrían generarse en castellano si (15a) es la formulación correcta del esquema de los sintagmas. En (24), por otra parte, adoptamos la propuesta de Chomsky (1981 y 1986a) de que el sistema de la X-con-barras se puede hacer extensivo a a las categorías no léxicas Infl(exión) y Comp(lementante): Infl es el núcleo que da lugar a la proyección máxima Infl'', esto es, a la oración simple, que se convierte así en una categoría sintagmática endocéntrica; Comp es la cabeza de la proyección superior a Infl''. Chomsky (1986a: 161) asevera que Comp es una categoría defectiva ya que sólo se proyecta hasta Comp', en Chomsky (1986b) se indica ya que Comp' podría asimilarse a X'', aquí adoptaremos por el momento la propuesta de Chomsky (1986a):

(24)
a. N'' → Det N'
   N' → N P''/C'...

b. V″→ Aspectual V′
      V′ → V N″/C′...
   c. A″→ Int A′
      A′→ A P″
   d. P″→ Int P′
      P′→ P N″
   e. I″→ N″ I′
      I′→ I V″
   f. C′→ C I″

(donde N″ = SN, V″ = SV, A″ = SA, P″ = SP, I″ = SInfl, C′ = SComp, Det = Determinante, Int = Intensificador, Aspectual = auxiliares de perfectivo y progresivo y probablemente auxiliares modales —pero véase Zagona (1988) para una completa y razonada revisión de la propuesta de que los aspectuales son especificadores de V‴).

Pero si (24) es el conjunto de expansiones posibles de las categorías léxicas y no léxicas permitidas por (15) es fácil ver que ese principio plantea muchos problemas tanto descriptivos como conceptuales. Parece claro, por ejemplo, que el SN (24a) tiene mucha más configuración que los restantes sintagmas ya que son numerosos y variados los elementos que pueden concurrir en Esp (artículos, demostrativos, posesivos, cuantificadores estrictos, cuantificadores con valor y estructura partitiva, etc.) como se ilustra en (25):

(25)
 a. Los/ estos/ mis/ muchos amigos.
 b. Algunos de mis amigos.

En Jackendoff (1977) —que estudia fundamentalmente los constituyentes SN y SV— este problema se resuelve en sus aspectos descriptivos extendiendo el número de niveles posibles de dos a tres. Jackendoff (1977) supone, en realidad, que todas las proyecciones son de tres niveles —de tres barras— y que dos de ellos son para los especificadores.

Más importante aún es el hecho de que los supuestos sintagmas nominales generados por (24a) no tienen el mismo comportamiento en diversos procesos sintácticos, pongamos por caso, en las extracciones, y ello parece depender crucialmente de la presencia del determinante (volveremos en 2.3. sobre esta cuestión que ha sido estudiada por Torrego, 1985.)

Otra limitación de (24a) es que tampoco permite dar cuenta del lugar de los adjetivos en el SN, que generalmente son funciones semánticas externas al núcleo: funciones no requeridas por el marco de subcategorización,como se ve en (26a). (26a) debe compararse con (26b, c y d) donde el adjetivo predicativo —que en virtud de la conspiración de diversos factores tiende a ir inmediatamente pospuesto al N (cf. Hernanz y Brucart, 1987)— coexiste con un argumento externo en sentido estricto (un sujeto) y por ello debe anteponerse (cf. también Demonte, 1982). Cuestión digna de ser tenida en cuenta es también la de que si los adjetivos calificativos situados en un SN están semánticamente seleccionados sólo pueden ser argumentos externos: el adjetivo étnico de (26e) nunca podría designar «lo que es invadido» (véase Giorgi y Longobardi, en prensa, para una interesante propuesta acerca de estos asuntos):

(26)
a. El tren de madera maravilloso.
b. La prolija exposición de María.
c. ?La exposición prolija de María.
d. *La exposición de María prolija.
e. La invasión alemana de Francia.

En relación con lo que acabamos de señalar, asimismo, el sistema (24) de reglas derivadas de (15a) no explica por qué SN y SI son las únicas proyecciones que admiten sujeto, en sentido tanto configuracional como semántico: compárese *El diputado irrumpió en la sala* y *La irrupción del diputado en la sala* —aunque tal elemento sólo sea obligatorio en el SI como consecuencia del principio de predicación. (Pero véase Stowell, 1981 y 1983 para una propuesta distinta). Jackendoff (1977) resolvía esta cuestión de nuevo descriptivamente usando el rasgo [+/− Sujeto] para distinguir a estas categorías de las restantes.

Frente a la condición de clase abierta y a la multiplicidad estructural de los especificadores de N″ e I″, llama la atención, por contraste, el carácter casi cerrado y de subclase categorial de los especificadores de A″, V″ y P″. Recuérdese que los especificadores del SA y del SP son sólo *muy, tan, verdaderamente, realmente* y algunos pocos adverbios de ponderación, mientras que los especificadores de SN son los variados determinantes, y los especificadores del SI son todos los sujetos. La conclusión más aséptica que puede sacarse de este hecho es que si el sistema de categorías sintagmáticas es el de (24), Esp no identifica una clase sintácticamente natural, esto es, una posición afectada por procesos sintácticos semejantes.

Como razonaremos en la sección 2.3 la mayor parte de los inconvenientes que acabamos de señalar se superan adecuadamente si el sistema de la X-con-barras se extiende no sólo a las categorías no-léxicas (o funcionales) I y C sino a todas las categorías funcionales, y si se supone que todas las categorías no son uniformes en sus condiciones formales.

2.2.2.3. Un punto de vista generalmente aceptado es que los complementos de un núcleo no están ordenados entre sí y que si en una lengua dada se impone un orden específico ello se deberá a la interacción del módulo sintagmático con otros sistemas o principios, tales como el sistema del Caso abstracto. Un ejemplo mencionado frecuentemente es la exigencia de un orden estricto, en inglés, entre el verbo y su complemento directo. Ningún elemento puede interponerse entre ellos como ilustra (27)

(27)
*John read in the bed the novels.
'John leyó en la cama las novelas'.

Stowell (1981) deriva esta constricción del hecho de que en inglés el Caso se asigna en condiciones de *adyacencia* estricta entre el asignador (el verbo) y el asignado (el sintagma nominal), requisito que no se exigiría en castellano. Como, por otra parte, el estatuto categorial y el número de complementos de un núcleo léxico son una consecuencia del Principio de Proyección (cf. Chomsky, 1981), podemos afirmar que el esquema (15a) sobre las propiedades de las estructuras sintagmáticas contiene los enunciados mínimos acerca de éstas, inderivables de otras partes del sistema total y, por lo general, susceptibles de variación paramétrica.

En estrecha relación con estas cuestiones generales hay otra característica importante de las secuencias de constituyentes que la fórmula de (15a) expresa de una manera implícita: se trata del hecho de que el núcleo o cabeza de la frase se sitúa casi siempre en uno de los extremos de X'. Es decir, (15a) la razón de una propiedad que distingue tipológicamente a unas clases de lenguas frente a otras: la de ser de núcleo inicial o núcleo final. En los estudios sobre universales tipológicos —como los clásicos universales de implicación de Greenberg (1963)— enunciados similares a (28) expresan la generalización de que las lenguas, uniformemente a lo largo de sus categorías, tienden bien a anteponer o a posponer sus núcleos:

(28)
Universal 2 En las lenguas con preposiciones, el genitivo casi siempre sigue el nombre regido, mientras que en las lenguas con posposiciones casi siempre precede (Greenberg, 1963: 78).

Universal 3. Las lenguas con order dominante VSO son siempre preposicionales. (Greenberg, 1963:78).

Universal 4. Con una frecuencia abrumadoramente más grande de la que se daría por mero azar, las lenguas con orden SOV son posposicionales. (Greenberg, 1963: 79).

Si estas aserciones son correctas, el principio (15a), pues, es susceptible nuevamente de variación paramétrica; con el parámetro que emerge como consecuencia de (15a) podemos afirmar que el español, el inglés o el quechua adoptan la variante de núcleo inicial mientras que el japonés, el holandés, el misquito (cf. Chomsky, 1989) el turco o el hindú son de núcleo final.

Si repasamos ahora los datos fundamentales del español, veremos, en efecto, que la precedencia del núcleo es tajante a pesar de que el orden entre los complementos pueda ser muy libre. Los pocos casos en que un complemento precede a su núcleo son fácilmente analizables como estructuras de movimiento; mejor dicho, a pesar del aspecto superficial de tales casos podemos pensar que el orden básico se ha respetado en la estructura-P. En (29a), por ejemplo, donde el objeto directo precede a su núcleo, ha habido tematización de ese constituyente. Cuando un adjetivo referencial aparece antepuesto [como en (29b)] está allí en condiciones muy restringidas —la más llamativa, la de no poder tener complementos propios (29c)— que llevan a pensar que se trata de una especie de clítico (cf. Stowell, 1981 y Giorgi y Longobardi, en prensa):

(29)
a. Novelas históricas leeré este verano.
b. Su francesa cortesía nos deslumbró.
c. *Un sobrio de maneras vendedor. (cf. Un sobrio vendedor).

Algunas lenguas, no obstante, parecen ser menos estrictas en cuanto a la posición del núcleo y pueden usar ambas posiciones: van Riemsdijk (1978) hace notar que en holandés el adjetivo y las preposiciones tanto preceden como siguen a sus complementos, y señala también que el que se adopte una u otra opción depende de propiedades léxicas de ambas categorías.

Esta observación perspicaz cobra un sentido claro en trabajos recientes, en particular en Koopman (1984) y Travis (1984), en los que se muestra que el parámetro del núcleo inicial-final estaría a su vez vinculado con la dirección en la «asignación de Caso» (véase capítulo 5) y en la «asignación de papel temático» (véase capítulo 3). No todas las lenguas emplean la misma dirección para ambas asignaciones —ni la misma dirección para todas las categorías— y ello explicaría que en un grupo menor pero significativo de aquellas los núcleos no sean uniformemente iniciales o finales.

La propuesta concreta de Koopman (1984) es que el parámetro sobre la posición del núcleo es en realidad una emergencia de dos parámetros independientes sobre la «asignación de caso» y sobre «la asignación de papel temático». Si suponemos que estos últimos se fijan indicando sencillamente que los núcleos léxicos asignan caso (o papel temático) o hacia la izquierda o hacia la derecha se pueden concebir cuatro clases posibles de lenguas:

(30)
a.

	Tipo I	Tipo II
Dirección del Caso	D	I
Dirección del Papel-θ	D	I

b.

	Tipo III	Tipo IV
Dirección del Caso	D	I
Dirección del Papel-θ	I	D

(Koopman, 1984: 121)

Los tipos I y II corresponden, respectivamente, a las lenguas de núcleo inicial y final que mencionábamos más arriba en las que coinciden la dirección en la asignación de caso y en la asignación de papel temático. El chino, según el análisis de Koopman es del tipo III y el Mahou, una lengua hablada en la Costa de Marfil correspondería al IV.

Veamos someramente la caracterización del chino, que Koopman desarrolla tomando como base datos de Huang (1982). Las generalizaciones significativas a nuestros efectos en lo que respecta al orden núcleo-complemento son las siguientes: (i) el chino es una lengua preposicional pero, a la vez, el núcleo del SN es estrictamente final, como se ilustra en (31a) y (31b), respectivamente. Por otra parte, cuando el objeto directo es un SN sin modificador entonces sigue al verbo, cuando tiene determinante lo precede pero lleva obligatoriamente la partícula *ba*, compárense (32a) y (32b):

(31)
a. dui   zheijian shiqing
   hacia este   asunto

b. ta dui   zheijian shiqing de liaojie
   su hacia este   asunto DE comprensión
   'su comprensión de este asunto' (Koopman, 1984: 122)

(32)
a. wo zai chufang yong daozi   qie   cai.
   yo en cocina   con   cuchillo corto comida
   'yo corto comida con un cuchillo en la cocina' (Huang, 1982: 76)

b. ta ba neijian shiqing tuoyen le   san nian
   él BA este   asunto   retrasó ASP tres años
   'él retrasó este asunto durante tres años' (Huang, 1982: 54)

La razón de ser de estos patrones de orden en apariencia contradictorios se encuentra en la confluencia de los dos parámetros a los que aludíamos en (30). Convengamos, dice Koopman (1984), en que en chino el papel temático se asigna siempre hacia la izquierda y, por lo tanto, que en la estructura-P el orden de todas las construcciones anteriores es «complemento-núcleo». ¿Cómo se explican entonces (31a) y (32a)? Si analizamos atentamente nuestras generalizaciones veremos que el orden inverso «núcleo-complemento» sólo se encuentra con los verbos y las preposiciones que son, por definición, los elementos asignadores de Caso. Así las cosas, la suposición paralela de que el parámetro de asignación de Caso escoge en chino la dirección hacia la derecha nos permite explicar las dos oraciones antes mencionadas: en ellas los SSNN que aparecen a continuación del núcleo se habrían desplazado a esta posición en la estructura-S para recibir Caso. Por último, la partícula BA que se une a los objetos antepuestos sería un elemento insertado específicamente para asignar Caso.

2.2.2.4. El principio (15a) está constituido por dos enunciados que, vistos como una secuencia de reglas aplicadas estrictamente, llevan consigo la afirmación de que que todo X^n domina a un elemento que tiene exactamente un nivel menos, esto es, a un X^{n-1}. Si esta afirmación se interpreta de manera categórica, en la estructura-P no podríamos generar constituyentes iterados o adjuntos; esas configuraciones sólo se formarían por la aplicación de reglas transformatorias. En las estructuras de adjunción, como es sabido, un X_i cualquiera (bien un núcleo, un complemento o un especificador) domina a otro X_i, y se supone que los constituyentes así configurados tienen un mismo rango sintáctico y semántico. La representación de (19) concibe como adjunciones una secuencia de complementos del N, (33) postula que los complejos prepositivos del tipo de *por entre las ramas* o *para contigo* son adjunciones o iteraciones de núcleos:

(33)

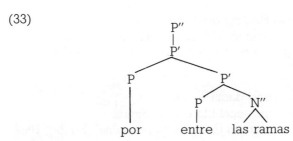

En (34) lo que se itera o adjunta son especificadores de un A":

(34)

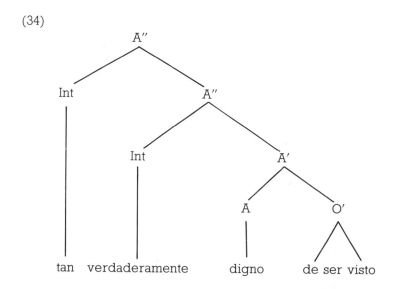

La formulación clásica de la teoría-de-la-X-con barras permite, en efecto, la expansión iterada de los tres elementos fundamentales de los sintagmas (recuérdese el contenido del paréntesis de (15a)) y, en general, se ha recurrido de manera razonada pero con bastante libertad a las estructuras de adjunción para generar ciertas secuencias de núcleos o de complementos (cf. Radford, 1981 y 1988 y Hernanz y Brucart, 1987, para su utilización en el análisis de fenómenos del español). Jackendoff (1977), no obstante, es una excepción a esta corriente general ya que entiende que la fórmula $x^n \rightarrow x^{n-1}$ es una propiedad básica del sistema de la X-con-barras. Ahora bien, para poder generar adecuadamente las complejas secuencias de especificadores y complementos, Jackendoff (1977) propone extender a tres los niveles jerárquicos de las estructuras sintagmáticas y adoptar lo que denominó la «Hipótesis de los tres niveles uniformes».

Puesto que, por definición, los especificadores y los complementos también son proyecciones máximas, el sistema de Jackendoff (1977) tiene un poder descriptivo más que considerable ya que prevé muchas posiciones sintácticas posibles. A modo de ilustración presentamos en (35) tres configuraciones propuestas por este lingüista ((35a) puede compararse con (19), (35b) con (33) y (35c) con (34)):

(35)

a.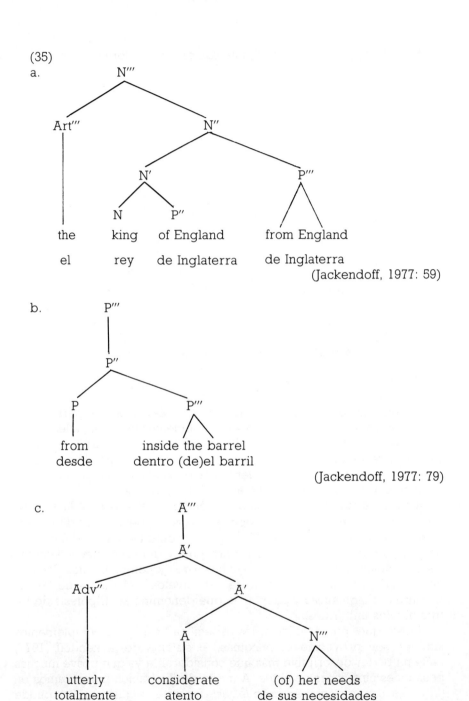

(Jackendoff, 1977: 59)

(Jackendoff, 1977: 79)

(Jackendoff, 1977: 77)

El problema conceptual y de adecuación explicativa que tienen tanto la interpretación categórica como la más flexible del principio (15a), en lo que concierne al número de barras de los constituyentes sucesivamente dominados, es que en ninguna de las dos concepciones da razón de las considerables diferencias que, a este respecto, tienen las varias proyecciones. ¿Por qué, pongamos por caso, el único complemento posible de Infl es N″ y el de P V″ (salvo si aceptamos la formulación de Jackendoff para los complejos prepositivos) y, en todo caso, ambos núcleos no pueden tomar más que un solo complemento? ¿Por qué el Esp de N″ parece tener tanta estructura (cf. *Los varios desasosegantes días del verano*) mientras que el del N″ o P″ casi carecen de ella? ¿Por qué ciertos especificadores se pueden iterar de manera bastante irrestricta (recuérdese (34) o *el tan francamente verdaderamente soso postre*) cuando otros rechazan esta posibilidad (cf. *el este libro, *los mis amigos o *It John went to Nigeria)? Por otra parte, si dos de las subpropiedades expresadas por (15): la aserción sobre los niveles jerárquicos y la relativa a la posición del núcleo, son susceptibles de variación paramétrica, ¿por qué no se obtiene con el sistema descrito hasta aquí ninguna variación paramétrica en lo que respecta a la naturaleza de los especificadores, cuando las lenguas parecen diferir considerablemente en ese sentido?

Como la precisión descriptiva no es el único objetivo que persigue quien se propone caracterizar el conocimiento que subyace a la actividad lingüística, ni el esquema más sencillo de Chomsky (1970) ni la amplia reelaboración de él de Jackendoff (1977) —que, en realidad, nunca se vio como la mejor extensión posible de (15a)— han resistido intactos a las consideraciones críticas.

El núcleo conceptual sobre el que se funda no ha sido, ciertamente, cuestionado: no se pone en duda la idea de que la subteoría de la X-con-barras debe ser formulada de manera tal que pueda caracterizar propiedades teóricas y empíricas de las estructuras sintagmáticas como las que hemos venido analizando hasta aquí, y que de esa formulación deberán deducirse reglas y parámetros. Sin embargo, en las observaciones y preguntas que siguen a nuestro estudio somero de (15a), hemos sugerido P que existen generalizaciones interesantes de las cuales el sistema clásico no puede dar razón.

Por todo ello, en los últimos años, se está llevando a cabo el más profundo ajuste y revisión del sistema de la X-con-barras habido desde que el propio esquema se concibe. Esta reconsideración consiste, fundamentalmente, en llevar hasta sus últimas consecuencias una idea que constituía hasta ahora una mera estipulación: la suposición de que existen proyecciones tanto de núcleos léxicos como de núcleos funcionales.

2.3. Categorías léxicas y categorías funcionales

2.3.1. La teoría revisada de la buena formación de las estructuras-P que vamos a exponer en esta subsección se asienta sobre una premisa esencial —contraria a uno de los supuestos clásicos antes examinados—: la de que existe una asimetría fundamental entre los dos tipos de categorías que proyectan unidades con estructura interna, esto es, entre las *categorías léxicas* y las *categorías funcionales*. Esa asimetría, que ha sido sugerida ya de manera informal en algunas observaciones de la sección precedente, se encarna ahora en la hipótesis de que los núcleos léxicos se proyectan sólo hasta X', mientras que las categorías funcionales (en ciertas condiciones de las que hablaremos de inmediato) pueden «cerrar» las proyecciones, y dar origen a un sintagma X". Entre los varios trabajos que elaboran tal extensión de la teoría X pueden destacarse Abney (1986), Fukui (1986) y Fukui y Speas (1986), que tomaremos como base para nuestra exposición.

Pero antes de entrar en el meollo de ésta, conviene recordar que se denomina categoría funcional (o categoría «menor» o «no léxica») a todos aquellos núcleos que no poseen significado léxico; que forman parte, pues, de clases cerradas y que, por consiguiente, no toman «argumentos» y no llevan asociados «redes temáticas» *(theta-grids)* o estructuras «léxico-conceptuales» (v. cap. 3 para todas estas nociones).

Interesa mencionar, asimismo, que para Fukui y Speas (1986) el conjunto de las categorías funcionales está formado por Infl, Comp y Det, que dan lugar, respectivamente, al SInfl (sintagma inflexión = I"), SComp (sintagma complementante = C") y SDet(erminante = D"); Abney (1986) incorpora a esa serie las palabras de grado que —al igual que los determinantes respecto de los SSNN— son núcleos que toman sintagmas adjetivos como complemento. Como veremos, con independencia de su falta de rasgos léxicos, las categorías funcionales tienen, no obstante, rasgos *f*(uncionales) lo que les permite entrar en relaciones de «concordancia», y entre ellas, de manera especial, asignar Caso.

La asimetría entre ambas clases de categorías se concreta, según Fukui (1986) y Fukui y Speas (1986), en que las categorías léxicas, si bien se proyectan sólo hasta X', admiten que este X' pueda iterarse indefinidamente, tantas veces como lo permita el Principio de Proyección.

Estas últimas categorías, por otra parte, —y esta es la cuestión fundamental— no tienen necesariamente posición de Especificador y pueden no llevar complemento si no lo requiere el Principio antes mencionado. Frente a ellas, las categorías funcionales poseen todas *una* posición de especificador, que se llena en la estructura-S tras el desplazamiento de un constituyente, y admiten sólo *un* complemento, que es obligatorio. De la presencia forzosa (en ciertas condiciones) del especificador en las categorías funcionales se va a seguir la condición de «barrera» para la rección de estos constituyentes.

Por otra parte, la anterior distinción lleva consigo el que en la estructura-P no habrá, en sentido estricto, proyecciones máximas: éstas se formarán en la estructura-S. (35) ilustra la estructura posible de un SV de doble objeto (omitimos por el momento la cuestión de la posición del argumento externo de V, pero volveremos sobre ello), de un SN con dos complementos y de una estructura con un núcleo adjetivo, según las precisiones que acabamos de hacer; (36) representa la estructura abstracta de las tres proyecciones funcionales que mencionábamos anteriormente:

(35)

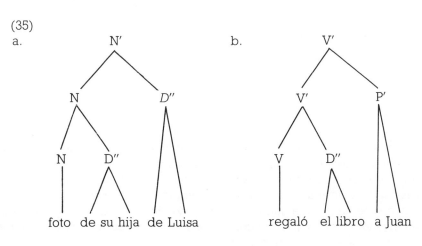

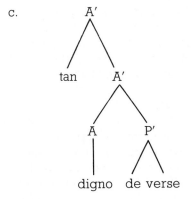

(36)

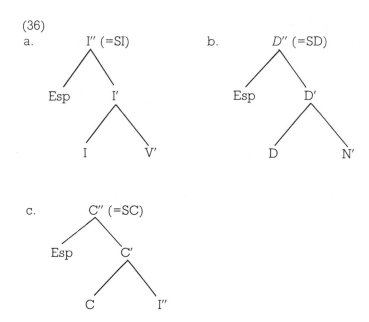

Presentadas las distinciones fundamentales entre las dos clases de categorías, se impone ahora que hagamos ver cómo su postulación permite superar algunas de las limitaciones de la teoría X en su versión clásica. Consideraremos luego, brevemente, las consecuencias del nuevo sistema para la subteoría del movimiento, para la asignación de papeles temáticos y para la configuración de los parámetros que intervienen en la adquisición del lenguaje.

2.3.2. Simplificando mucho, podemos afirmar que el cambio sustancial que se realiza con esta revisión de la teoría de la estructura sintagmática está centrado en haber precisado y refinado mucho más la naturaleza del elemento relacional (el hermano de X′ dominado directamente por X″, el «sujeto» de todas las categorías para Stowell, 1982) denominado especificador. Por ello, nuestro análisis de la capacidad empírica de los esquemas de (35) y (36) se centrará sobre todo en consideraciones acerca de este constituyente.

Señalábamos en 2.2.2, en efecto, que la suposición de que todas las categorías llevan uniformemente especificadores convertía en un hecho fortuito y misterioso el que algunos de ellos pudiesen ser múltiples —o estar iterados— (tal es el caso de los adjetivos antepuestos a N —en realidad, meros modificadores externos— o el de los intensificadores del adjetivo en un SA) mientras que otros fuesen necesariamente únicos (como los determinantes de N, que se excluyen entre sí). Decíamos también que la hipótesis de la uniformidad categorial no daba razón de la distinta condición sintáctico-semántica de esos especificadores: los del SN e I podían ser todos los «sujetos», los del verbo o el adjetivo eran los conjuntos cerrados de los verbos modales y los adverbios de grado o intensificadores, respectivamente.

La hipótesis sobre la estructura de los sintagmas expuesta someramente en 2.3.1 da razón de esta asimetría de una manera bastante sencilla: los adjetivos antepuestos son modificadores de un núcleo léxico y, por consiguiente, son iterables; los determinantes no son en realidad especificadores sino núcleos de la proyección SD y de ahí que se excluyan entre sí. (37) representa la estructura de un N con adjetivos antepuestos, (38) es el SD del cual (37) forma parte:

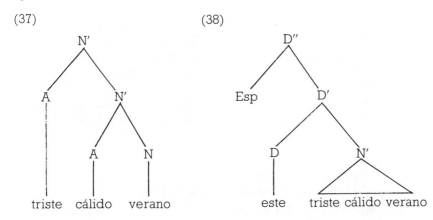

Más interesante aún que el garantizar una mejor adecuación descriptiva —tal como acabamos de ilustrar— es que la hipótesis de la no uniformidad de las categorías en lo que respecta a su proyección máxima nos permite dar razón del comportamiento paradójico de ciertos supuestos especificadores.

En (39), por ejemplo, se hace patente que el hecho de que en el SN (en sentido clásico) aparezca o no un determinante posesivo con significado de Agente o de posesión material permite o elimina, respectivamente, el movimiento posible de un complemento del núcleo nominal. Este contraste no puede comprenderse si ese determinante es simplemente un especificador en el sentido de la teoría precedente, puesto que otros especificadores en principio equivalentes a él (por ejemplo, los intensificadores del adjetivo) no producen efectos similares. La explicación surge nítida, en cambio, si el constituyente de (39) es un SD que se ha cerrado al ocuparse su especificador y con ello se ha convertido en una barrera que impide la rección de la huella del elemento desplazado. Más específicamente, si se acepta que, por hipótesis, los constituyentes que se desplazan desde el interior de un SN salen por el Especificador (cf. Torrego, 1985, para un exhaustivo análisis, en estas líneas, del SD del español, Demonte, 1987b:3.2 y Eguren, 1987, para otras precisiones) la razón de que ese desplazamiento no se pueda realizar en (39b) deberá atribuirse a que en esta estructura el Especificador está ya ocupado por el posesivo:

(39)
a. De qué personajes$_i$ compraste [retratos antiguos t_i]
b. *De qué personajes compraste [sus retratos t_i]

Paradoja similar suscitan las oraciones de (40). Obsérvese, a propósito de ellas, que la idea planteada por Stowell (1983) de que los especificadores son sujetos de sus proyecciones tampoco nos permite dar razón de fenómenos de desplazamientos desde el interior de ciertos constituyentes, aunque se considere que los sujetos están presentes en todas las categorías. En (40a) se ve que se puede extraer el sujeto de una frase adjetiva pero no el del sintagma nominal: (40b); por otra parte, sí se puede mover la frase nominal completa: (40c), aunque no la frase adjetiva (40d) (los ejemplos ingleses son de Fukui y Speas, 1986: 131):

(40)
a. ¿A quién consideras [t astuto]
b. *Whose did you see [t book]
    ¿De quién (gen. sajón) viste tú (un) libro?
c. Whose book did you see t?
    ¿Qué (lit: cuyo) libro viste tú?
d. *Quién astuto consideras t?

Este constraste se puede justificar ahora con la conjetura de que en (40a) no ha habido en realidad movimiento del sujeto lógico hacia la posición de Esp y, por tanto no se ha formado una barrera para la rección. (40b), por el contrario, sería, para Fukui y Speas, una proyección cerrada por un Esp que impide la reacción de la huella.

La innovación más radical de esta revisión: la suposición de que los determinantes que se encuentran en los SSNN son cabezas funcionales tiene el atractivo adicional de permitir explicar ciertos paralelismos entre los SSNN y las oraciones, si se supone, claro es, que los núcleos selectores de aquéllos (los determinantes) tienen propiedades similares a la inflexión.

Abney (1986), que razona ampliamente este paralelismo —razonamiento que tiene varios precedentes en los estudios lingüísticos— recuerda que en numerosas lenguas (el turco, el y el húngaro, entre otras) los sintagmas nominales contienen nombres —incluso nombres concretos— que concuerdan con el posesor de la misma forma en que un verbo concuerda con su sujeto, y donde este posesor recibe el mismo caso que el sujeto de la oración, en vez de caso genitivo. En los ejemplos del húngaro de (41) (de Abney, 1986: 44, cf. Szabolcsi, 1984) se ve que el posesor va en nominativo —al igual que el sujeto de la oración—y que el núcleo de la frase nominal concuerda con el posesor, concordancia que es morfológicamente equivalente a la concordancia sujeto-verbo:

(41)
    Mari   vendeg-e-b
(el) Mari-nom. invitado-posesor-3SG
'El invitado de Mari' o 'Mari's (en nominativo) guest'

Datos como éste (cuya complejidad eludimos aquí, pero véanse las referencias citadas) hacen pensar que en estas frases nominales hay un núcleo que, como la inflexión, tiene capacidad de asignar Caso y de suscitar la concordancia con el especificador. A ese núcleo es a lo que se va a llamar ahora D(eterminante), denominación que, como se ve, tiene un alcance bastante mayor que en la terminología tradicional.

2.3.3. Para concluir la presentación de la teoría revisada de la estructura sintagmática es importante que reparemos en lo que constituye, probablemente, el aspecto más interesante de ésta, a saber, en el hecho de que su formulación lleva consigo consecuencias interesantes para la teoría del movimiento, la de la rección y la del marcado temático. Más específicamente, parece que la adopción de principios como los que hemos reseñado permitiría una considerable simplificación de estos subsistemas y, por lo tanto, podría conducir a una mejor formulación de los parámetros que se siguen de ellos. De la rección hemos tratado informalmente líneas más arriba, centrémonos, pues, en las restantes cuestiones.

Señalábamos hace unos momentos que las categorías funcionales, a diferencias de las léxicas, no seleccionan argumentos, no asignan papel temático, pero sí pueden, por ejemplo, marcar a un argumento con caso genitivo o con caso nominativo. Fukui y Speas (1986) generalizan esta capacidad y afirman que las categorías funcionales satisfacen la siguiente regla:

(42)
Las categorías funcionales asignan rasgos de *f*(unción),

que se complementa con un principio de dirección, probablemente parametrizable:

(43)
Los rasgos-f se asignan hacia la izquierda.

De (43) se sigue que los rasgos en cuestión se atribuyen a los especificadores y que las categorías funcionales, por lo tanto, no pueden asignar marca alguna a sus complementos.

Ahora bien, ¿qué elementos entran dentro de los rasgos-f? Si tomamos como tales a los afijos visibles o invisibles que identifican la función gramatical del elemento al que se unen, serán rasgos-f todas las marcas, en términos generales, de *concordancia,* en particular las de Caso, pero también la de complementante puesto que el tipo de complementante define la función completiva o interrogativa de la oración.

Particularizando mucho y volviendo a nuestras estructuras de (36), podemos decir que en (36a) el núcleo I asignará al Esp caso nominativo siempre que él mismo tenga rasgos de Concordancia (volveremos sobre esto en el capítulo 5) o, con otras palabras, que el verbo no sea infinitivo. D asignará también caso —genitivo o nominativo, según la lengua que se trate— salvo que sea un determinante en sentido estricto. En inglés, por ejemplo —y seguramente también en español— los artículos no asignan caso alguno, como se deduce del hecho de que no susciten el movimiento de un SN hacia el especificador: en inglés no existe, en efecto, *Mary's the guest.* Comp, por último, asigna el rasgo [+CU] si es el mismo un CU (esto es, si no está ocupado por el complementante *que*). Esta última asignación es la que permite que (44a) y (45a) estén bien formadas, frente a las correspondientes (44b) y (45b):

(44)
a. Me preguntó [quién había pintado la cúpula de Santa María del Fiore]
b. *Me preguntó [que el tren no llegaba hasta las cinco]

(45)
a. Deseo [que me digas la verdad]
b. *Deseo [quién te dio esa noticia]

En los tres casos anteriores, en suma, el núcleo funcional puede ser un elemento portador de rasgos-f o puede carecer de ellos. Sólo cuando sea del primer tipo va a satisfacer las reglas (42) y (43) y sólo en esos casos, asimismo, se producirá el movimiento de un constituyente a la posición de Esp para encontrar allí su legitimación.

Con estas precisiones, el especificador se puede definir ahora como la posición que se crea para el aterrizaje de los elementos desplazados para recibir rasgos de función. Así las cosas, la posición del especificador será por definición una posición A' (=no argumental, volveremos sobre esta noción en el capítulo 3, pero v. Koopman y Sportiche, 1988 para el razonamiento de que ciertos especificadores son posiciones A) y habrá una clara disociación entre la asignación de Caso que realicen los núcleos léxicos y la que llevan a cabo los núcleos funcionales.

Esta disociación es la que expresa en el enunciado de (46), cuya formulación variará dependiendo de cómo fijen las respectivas lenguas el parámetro relativo a la posición del núcleo (véase *supra* 2.1.2.3):

(46)
Las cabezas funcionales asignan Caso hacia la izquierda; las léxicas hacia la derecha.

De manera paralela, si Esp es una posición A', que aparece en la estructura-S, Esp es, por lo tanto una posición θ' (=no temática). Una consecuencia inmediata de este conjunto de supuestos es que el sujeto temático de las estructuras oracionales clásicas, el especificador de SI, deberá generarse en el interior de la proyección léxica V'. La estructura-P de una oración como *Irene estudia inglés* será la que se desarrolla en (47), donde el sujeto temático es un hermano de V' en V':

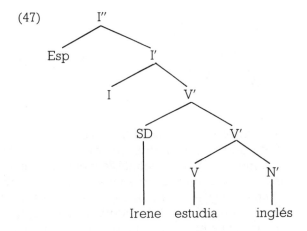

Lo importante a nuestros efectos es que al adoptarse esta configuración que, como acabamos de señalar, se sigue lógicamente del conjunto de presupuestos acerca de la naturaleza de las categorías funcionales, se puede simplificar considerablemente la noción de asignación de papel temático. Como veremos oportunamente, la suposición clásica es que el sujeto recibe papel temático de una manera composicional, por medio del SV en el que se encuentra el verbo que lo selecciona semánticamente. Ello debe ser así porque el sujeto se genera, en realidad, en una posición *externa* a la proyección de su predicado.

No obstante —y aquí se ve la complejidad intrínseca a esta visión de la asignación de papel temático a los sujetos—, obsérvese que desde el momento en que O se considera una proyección de la Inflexión, la asignación de papel temático tiene que eludir la presencia de las proyecciones de INFL si quiere satisfacer el requisito de que el asignador sea hermano del asignado (cf. Chomsky, 1986a). Si se adopta (47), en cambio, la asignación de papeles temáticos se uniformiza, ya que ahora todos los argumentos recibirán papel temático dentro de la proyección de los núcleos léxicos. Como hacen ver Fukui y Speas (*op. cit.:* 147), el principio de asignación de papeles temáticos podrá ahora realmente afirmar que éstos se asignan en condiciones de *hermandad estructural* con un núcleo léxico, quedando así considerablemente simplificado. Más precisamente, dada una configuración como la de (48), diremos que el verbo marca-theta *directamente* al argumento que es su hermano estructural e *indirectamente* al que es hermano de V':

(48)

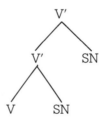

Por enfatizar aún más el interés de esta nueva hipótesis acerca de la posición canónica del sujeto de O conviene que recordemos que tal propuesta no parece ser un mero corolario ineludible y circular de los supuestos generales acerca de los especificadores y su derivación. En efecto, Koopman y Sportiche (1988) —entre otros— han presentado razones tanto teóricas como concretas que dan asidero a esta propuesta. En el trabajo antes citado muestran estos autores que la Inflexión —así como los verbos modales y los auxiliares— tiene las propiedades sintomáticas de los verbos de ascenso. Más crucial, empero, es su sugerencia de que hay lenguas como el árabe estándar cuyas propiedades se explican mejor si se adopta la hipótesis en cuestión.

El árabe es una lengua que admite, en las oraciones simples, tanto el orden VSO como SVO. Ahora bien, cuando el sujeto sigue al verbo éste presenta sólo una especie de concordancia por defecto (3PS), pero cuando está antepuesto hay plena y rica concordancia. En el análisis que glosan Koopman y Sportiche (*op. cit:* 10) se conjetura que el orden básico del árabe es Infl S V O; la secuencia VSO y la concordancia escueta se siguen, entonces, del hecho de que en esas estructuras sólo se ha movido el verbo para unirse a la Infl y el sujeto ha permanecido en su posición original. Cuando hay plena concordancia, cabe pensar que la concordancia ha actuado en efecto como un verbo de ascenso, que se ha ocupado la posición de Esp del SI y que, en esas condiciones, el núcleo funcional I ha asignado caso nominativo hacia la izquierda como es habitual.

En suma, parece probable que todas las lenguas tengan la estructura básica de (47) y que en lo que puedan variar a partir de ahi sea no solamente en el orden núcleo-complemento sino en la obligatoriedad u opcionalidad de desplazar el sujeto temático a la posición de Esp. Las tres categorías funcionales tendrían, pues, una conducta sintáctica sorprendentemente uniforme y unas posibilidades muy restringidas de variación, tal como cabe esperar si la hipótesis de la gramática interiorizada es una aproximación correcta a los problemas del conocimiento lingüístico.

Al hablar de las variaciones o parámetros a que puede dar lugar el nuevo esquema sobre la buena formación de las estructuras sintagmáticas hemos dejado deliberadamente para el final la mención de la variación paramétrica fundamental entre las que posiblemente se siguen de la hipótesis que estamos desarrollando. Es sabido, en efecto, que no todas las lenguas tienen categorías funcionales. El japonés —que carece de artículos, aunque no de demostrativos y no posee signos sintácticos de inflexión (cf. Fukui, 1986), si bien emplea algunas marcas temporales— podría ser un ejemplo de ello. Con hechos de este tipo, y si son correctas las consideraciones esbozadas hasta aquí, debemos esperar que en esa lengua se satisfaga la siguiente condición:

(49)
Las lenguas que carecen de categorías funcionales no tienen especificadores.

Fukui (1986) elabora detenidamente esta posibilidad a partir de las condiciones que antes mencionábamos. Su conclusión, en efecto, es que en japonés no hay núcleos D y C y que el elemento I, que sí parece existir, tiene un comportamiento defectivo desde el punto de vista sintáctico. La prueba clara de que las frases nominales no tienen especificadores está no sólo en la carencia de artículo sino en que en japonés —a diferencia del inglés o del español— los demostrativos pueden aparecer conjuntamente con un posesivo:

(48)
John-no ko-no hon
john-pos este   libro   (Fukui, 1986: 205

Estas construcciones muestran, a juicio de Fukui, que «los demostrativos del japonés se comportan igual que los modificadores prenominales del inglés y no tienen la propiedad de clausurar la proyección de la categoría como hacen los demostrativos de esta lengua» (*op. cit:* 206).

En cuanto a los otros elementos: los complementantes *ka* (para las oraciones interrogativas) y *to* (para las oraciones declarativas), deben considerarse, respectivamente, como un nombre y como una posposición. *Ka*, por ejemplo, a diferencia de los complementantes de las lenguas que conocemos, suscita el que la oración que ellos acompañan deba llevar marca de Caso, propiedad, por lo general, característica de los SSNN. Las marcas de temporalidad del japonés, por otra parte, no parece que puedan equipararse al núcleo funcional I. Fenómenos como la concordancia sujeto-verbo, la inversión Aux-Sujeto, la asignación de Caso nominativo o los efectos de la Isla nominativa, todos ellos vinculables a la existencia de un elemento que asigna rasgos-f, están ausentes en japonés. Fukui (1986) argumenta que, en realidad, los marcadores de tiempo presentes en esa lengua son parte de la proyección de una cabeza verbal y que, por consiguiente, las oraciones japonesas son proyecciones de V y no de I.

El desarrollo exhaustivo del subsistema de los principios formales que constriñen la buena formación de la estructura básica de las oraciones requeriría mucho más espacio del que hemos podido concederle en este texto. Querría que hubiese quedado claro, no obstante, que con muy pocas distinciones primitivas (la diferencia entre núcleos, especificadores y complementos, de una parte y, en lo que respecta a los núcleos, la distinción entre cabezas léxicas y cabezas funcionales) más ciertas principios generales acerca del orden entre ellos y de sus posibilidades de cerrar proyecciones o de ramificarse sobre sí mismos, se pueden aprehender generalizaciones no triviales acerca de las estructuras lingüísticas. Con estos elementos, por otra parte, la posibilidad de establecer diferencias tipológicas entre las lenguas parece un desideratum no demasiado remoto. El que estos resultados estén ya al alcance de la mano y tengan un grado razonable de elaboración permite pensar que el camino seguido hasta el momento puede ser el adecuado.

El capítulo siguiente completará lo que hemos elaborado en éste puesto que en él hablaremos de los principios, reglas y parámetros que subyacen a la buena formación semántica de las estructuras básicas.

3.
La representación de la estructura semántica de la oración: la teoría de los papeles temáticos

3.1. El Criterio Temático. Argumentos internos y externos

3.1.1. Conocer la estructura básica de una oración no es sólo asignar estructura de constituyentes a una secuencia de categorías. Es también saber cuáles son las *relaciones semánticas* —aquí las llamaremos *temáticas* por continuar con la terminología inaugurada por Gruber (1965-1976)— que se establecen entre esas categorías. Algunos autores, paradigmáticamente Jackendoff (1972), y por razones que espero salten a la vista de inmediato, denominan a este conjunto de relaciones la *estructura funcional de la oración*.

La naturaleza de estas relaciones, los actores de las mismas, los principios que las regulan y la importancia, por asi decirlo, ontogenética de ellas, constituyen el contenido básico del módulo o Teoría de las Papeles Temáticos, conocido también como *Teoría θ* o *Teoría Temática*.

En una primera aproximación informal, diremos que la Teoría temática pretende dar razón de la noción de «ser un argumento de», más específicamente, de la idea de que el valor semántico de una expresión referencial situada en el interior de un sintagma —el más extenso de ellos, la oración— está determinado no sólo por su contenido intrínseco sino también por el valor relativo (i.e. *funcional*) que le añada el ser regida por un determinado elemento que la conecta, a su vez, con los restantes miembros del sintagma. A ese valor relativo es a lo que se le suele llamar *papel semántico* o *temático*.

Así, en las construcciones que siguen, la expresión *la ciudad* tiene un sentido y una referencia identificables con independencia de su papel en esas oraciones. Pero, en ellas, a ese sentido previo se añaden otros valores semánticos: en (1) el de designar el *paciente* de la acción de *conquistar*, en (2) el de ser lugar de procedencia (porque *venir* y *desde* requieren precisamente que se exprese ese valor), en (3) el ser la razón, causa o tema del estado designado por el adjetivo:

(1)
La ciudad fue conquistada por los bárbaros.

(2)
Vino desde *la ciudad*.

(3)
Regresó harto de *la ciudad*.

Afirmaremos, pues, que estos sintagmas nominales son *argumentos* en una relación de selección semántica y que, por lo que parece, existen diversos tipos de selectores o asignadores de papel semántico que *determinan* el valor de ese argumento en cuanto tal.

El funcionamiento gramatical de esta relación selector-argumento en el nivel que aquí nos concierne, el de la estructura-P, se expone en el *Criterio Temático*, condición de la buena formación semántica de las oraciones básicas. Veamos en (4) una primera formulación de éste; más adelante en este mismo capítulo propondremos una revisión de este Criterio tras plantearnos la posibilidad de una representación más abstracta de los argumentos,

(4) *Criterio Temático*

Todo *argumento* tiene por lo menos un papel temático.
Todo *papel temático* se asigna a uno y sólo un argumento.

A la vista de (4), podemos ahora pedir más precisiones acerca de qué es, hablando estrictamente, esto de ser un argumento y qué lo de asignar papel temático; quiénes lo hacen y cómo lo hacen.

Por lo que dice (4), un argumento es una entidad a la que se le puede asociar un papel temático o semántico, o que puede tener una relación semántico-funcional con un asignador de papel temático. Basándonos en la lógica podríamos también caracterizar a un argumento como uno de los términos de la relación de predicación, más específicamente, aquél que *satura,* en sentido fregeano, una relación de predicación (cf. Rothstein, 1983 y los antecedentes allí mencionados), pero ya veremos que esto es sólo una parte del problema. Así las cosas, y si buscamos una traducción gramatical de estas nociones, podemos considerar como argumentos por antonomasia a los SSNN en todas sus variantes (nombres, pronombres, anáforas y similares). Pero naturalmente, no todo elemento con aspecto y función de SN es un argumento en la acepción que aquí nos concierne: el *it* presente en (5), por ejemplo, no lo es:

(5)
It rains.
θ' llueve.

Puesto que esta forma no tiene contenido semántico (ya que el verbo *to rain* es impersonal), no puede ser un argumento en cuanto que «posible receptor de papel temático». Tener referencia, pues, parece ser una parte central de la noción de argumento.

Por otra parte, los núcleos de las categorías léxicas: V, P, A y N (con salvedades que haremos oportunamente en 3.3) son quienes asignan papel temático a los elementos argumentales que ellos seleccionan o escogen. La noción de «asignar papel temático», pues, aspira a representar el hecho de que ciertas piezas léxicas eligen a sus complementos, así como a sus sujetos, en tanto en cuanto, exigen ir acompañados por SSNN que, en estas funciones, adquieren asimismo un cierto valor semántico, como ilustrábamos en (1) a (3).

3.1.2. A los argumentos directamente vinculados a un núcleo selector, a los que, de hecho, se generan con éste dentro de su misma proyección los denominaremos *argumentos internos* de ese núcleo (cf. Williams, 1980 y 1981). Más adelante, en 3.4, estableceremos nuevas precisiones acerca de posibles subclases de argumentos internos.

Los argumentos internos, pues, están regidos por su núcleo si llamamos, informalmente aún, relación de *rección* (pero véanse caps. 4 y 5 para más precisiones) a aquella que se establece entre un núcleo léxico y un constituyente situado en su misma proyección, y donde el primero rige al segundo si lo manda-c. Con estas precisiones, podemos postular, pues, que la asignación de papeles temáticos se realiza bajo rección.

En línea con las distinciones habituales, por otra parte, llamaremos *estructura argumental* de una pieza léxica a la lista de papeles temáticos correspondientes a los argumentos que deben necesariamente proyectarse con ella cuando ella se realiza sintácticamente. Y que tienen que ser mencionados, por lo tanto, en la correspondiente entrada léxica. En (6) —y a modo de mera ilustración— se desarrolla la estructura argumental (hasta aquí, con sólo los argumentos internos) de varias unidades léxicas. Quiero hacer notar que adoptaré, de una manera provisional y, por el momento, sin definirlos, la lista de papeles temáticos propuesta por Gruber (1965-1976) y revisada por Jackendoff (1972), a saber, *Actor* o *Agente, Tema* o *Paciente, Experimentante, Meta, Procedencia,* etc.; en 3.5 retomaremos la cuestión de la justificación última de los papeles temáticos,

(6)
a. *conquistar*: (Tema)
b. *regalar*: (Tema, Meta)
c. *llegar*: (Tema)

Llegados a este punto se nos puede hacer ver con toda razón que la estructura argumental de (6a) y (6b) está incompleta, puesto que estos dos verbos escogen asimismo un argumento Actor o Agente que, generalmente, aparece como su sujeto gramatical. Como este argumento —en la representación de la relación sujeto-predicado más comúnmente aceptada— se realiza sintácticamente fuera de la proyección máxima en la que se encuentra su selector (i.e. si el núcleo es V, el sujeto no está en SV sino bajo INFL" —pero recuérdese lo señalado en 2.3), lo denominaremos, siguiendo a Williams (1980 y 1981), *argumento externo*.

El argumento externo, entonces, corresponde aproximadamente al sujeto de una relación sujeto-predicado, pero por mor del paralelismo y porque la noción de sujeto no tiene una entidad configuracional clara, se prefiere caracterizarlo en virtud de su posición respecto del núcleo. Si adoptamos ahora la convención propuesta por Williams (1981) de subrayar al argumento externo en la representación de la estructura argumental, podremos reelaborar como en (7) las entradas léxicas de *conquistar* y *regalar*; [(6c) no experimenta cambio alguno porque *llegar* es un verbo inacusativo que, por lo tanto, no toma un argumento externo, volveremos sobre esta cuestión]:

(7)
a. *conquistar*: (Agente, Tema)
b. *regalar*: (Agente, Tema, Meta)
c. *llegar*: (Tema)

Tras estas consideraciones sobre los argumentos externos, es de rigor preguntarse quién les asigna en realidad papel temático si la asignación de papel temático (el *marcado temático,* suele también decirse) se realiza bajo rección, como indicábamos más arriba. La suposición más aceptada (cf. Chomsky, 1981, entre otros) es la de que el asignador de papel temático al argumento externo podría ser el SV en su totalidad. Esto es, en una configuración simplificada como la de (8) —con el núcleo léxico *conquistar*— V no rige al argumento externo SN_2, pero sí lo rige el SV; éste sería pues quien marcaría temáticamente a tal elemento. Esta suposición, como es obvio, debe refinarse si O es una proyección de Infl:

(8)

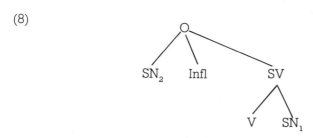

En esencia, aunque sea el verbo quien escoja semánticamente al argumento externo, no le asignaría en cambio papel temático de manera directa, lo haría indirectamente, unido a los otros elementos del SV. La agramaticalidad de una oración como (9a), debida precisamente a que en ella el verbo no va acompañado de los otros elementos de su proyección, sugiere que esta suposición podría ser acertada:

(9)
a. *Juan se partió.
b. Juan se partió la pierna.

Habiéndonos acercado a la noción de «ser un argumento» y de «asignar papel temático» podemos volver ahora al Criterio Temático de (4). La claúsula primera de éste, en efecto, es la que explica por qué está mal la oración (10a), la segunda da razón de (10b): obsérvese que en (10a) *la mesa* carecería de papel θ puesto que el verbo no tiene más que uno y ya lo ha asignado, en (10b), por el contrario, el núcleo verbal no habría podido asignar papel temático a su argumento interno porque éste no aparece en la configuración sintáctica:

(10)
a. *Juan llegó la mesa.
b. *Los bárbaros conquistaron.

A la vista del carácter mandatorio de las clausulas de (4), parece que debe esperarse que si un núcleo asigna *n* papeles temáticos, los *n* argumentos correspondientes deban estar presentes en la configuración. La evidencia inmediata sugiere que no es así, los argumentos internos —arquetípicamente los objetos directos e indirectos— pueden faltar en ciertas condiciones sintácticas y con determinados selectores. Ante la pregunta —¿*Bebió Luis cerveza?* lo normal es contestar —*Sí, bebió* y no —*Sí, bebió cerveza*; expresiones como *Este niño no come* o *El verano incita a dispersarse* son completamente habituales, aunque en la primera faltaría el argumento Tema y en la segunda el Experimentante. Hay muchas pruebas, no obstante, de que esos argumentos están presentes sintácticamente, aunque no sean visibles fonéticamente. En el capítulo 7, cuando estudiemos los objetos nulos o vacíos, retomaremos ejemplos como éstos.

Pero si un predicado puede no tomar argumentos internos —situación arquetípica, naturalmente, es la de los verbos intransitivos—, con los argumentos externos no sucede lo mismo: el sujeto de un predicado no puede faltar. Las lenguas en las que este sujeto debe explicitarse fonéticamente (recordemos la referencia, en el cap. 1, al Parámetro del Sujeto Nulo) dejan bien claro lo que acabo de señalar ya que una oración sin sujeto expreso es agramatical:

(11)
a. She came.
Ella llegó.
b. *Came.

La presencia obligatoria de ese sujeto es requerida tanto si el predicado es primario, como en (11), como si el predicado es secundario, como en (12) (v. Williams, 1980 para la distinción entre predicación primaria y secundaria y Demonte, 1988a, para el estudio de la segunda subclase de predicados):

(12)
a. Luisa siempre toma [el café] [caliente]
 toma caliente [el café]
b. *Luisa siempre toma caliente.

Esta conducta peculiar de los argumentos externos se sigue de que su presencia en la configuración no es requerida sólo por el «Principio de Proyección» [v. (14) del cap.2] —como les pasa a los argumentos internos— sino asimismo por el «Principio de Predicación», cuyo contenido se expone en (13):

(13) *Principio de Predicación*

Todo predicado ha de tener un sujeto.

Una prueba crucial de que los argumentos externos sujetos son obligatorios en virtud del Principio (13) la proporciona la diferencia que, en este sentido, existe entre oraciones y sintagmas nominales. Algunos SSNN, en particular los nombres deverbales, poseen una estructura argumental semejante a las de sus homólogos verbales (pero véase Zubizarreta, 1987, y Grimshaw, en prensa, para un punto de vista no totalmente coincidente con éste) y parecen tener también una clara configuración sintáctica (cf. el trabajo seminal de Cinque, 1980, el amplio análisis de Giorgi y Longobardi, en prensa, y Demonte, 1985, para el español). Efectivamente, se puede postular que en los SSNN hay, por ejemplo, movimiento sintáctico y ello explicaría la prominencia sintáctica del posesivo en construcciones como la de (14a) frente a la de (14b) (cf. Anderson, 1983). Por otra parte, en los SSNN nos encontramos con objetos directos e indirectos asimétricos sintácticamente (en tanto en cuanto sólo el segundo puede ser una anáfora), como en las oraciones plenas; esta asimetría es la que está en la base del contraste entre (14c) y (14d) (cf. Giorgi, 1987, y Demonte, 1985):

(14)
a. The government's construction of the bridge.
La del-gobierno construcción del puente.
b. The construction of the bridge by the government.
La construcción del puente por el gobierno.
c. La consagración [de María] [a sí misma]
d. *La consagración [de sí misma] [a María]

Ahora bien, pese a estas semejanzas estructurales con las oraciones, existe una diferencia fundamental entre ambas categorías: los SSNN no requieren obligatoriamente un sujeto o argumento externo. Ello se ve, por ejemplo, en que las construcciones de (15) están bien formadas a pesar de carecer de sujeto:

(15)
a. La construcción del puente.
b. The construction of the bridge.

La explicación de esta diferencia resulta sencilla una vez que sabemos que los argumentos externos surgen en virtud del principio de (13). En efecto, los núcleos de los SSNN no son predicados, no pueden serlo en realidad puesto que la proyección que nuclean es, en todo caso, un argumento. Por ello no pueden tener sujetos en sentido estricto aunque tengan posiciones prominentes sintácticamente, desarrollen una estructura argumental (cf. más adelante 3.3) y posean «sujetos» en el sentido relevante para la teoría del ligamiento (cf. cap. 6).

3.2 . Posiciones temáticas y posiciones de argumento

3.2.1. En Chomsky (1981) se estipula que el Principio de Predicación de (13), unido al Principio de Proyección —que, según creo haber indicado ya, establece que los complementos de los núcleos deben representarse categorialmente en todos los niveles de representación— configuran el «Principio de Proyección extendido» [PPE]. Por el PPE todas las oraciones han de tener un sujeto, incluso si las condiciones semánticas de los verbos (i.e. el Principio de Proyección a secas) así lo requieren.

Con otras palabras, tener un sujeto y asignar papel temático a la posición externa no son dos hechos simultáneos y esto pone de manifiesto que el Principio de Predicación es una condición de buena formación independiente del Criterio Temático, aunque a veces se roce con éste. Si no se diera este desajuste no se explicaría la presencia de sujetos expletivos como el que presentábamos en (5).

En efecto, en virtud, aparentemente, de su significado intrínseco o porque hayan sido sometidos a procesos léxicos específicos —como en el caso de la morfología pasiva de la que hablaremos en otros lugares— los verbos pueden tener «destematizada» la posición del argumento externo y requerir, pues, sujetos sin papel temático. Un ejemplo característico de la primera clase son los verbos impersonales del tipo de *parecer* y *ser necesario* en español; la versión inglesa y francesa, respectivamente, de las oraciones castellanas de (16) (recuérdese que estas lenguas no pertenecen al parámetro del sujeto nulo) hace explícita la condición de expletivo de los sujetos de los verbos impersonales:

(16)
   a. $-\theta$ Parece [que Luisa llegó tarde]
   b. It seems that Luisa arrived late.
   c. $-\theta$ Es necesario [que se dispare bien]
   d. Il faut qu'on se tire bien.

Esta manera de ser de las oraciones de (16) se puede caracterizar afirmando que con los verbos impersonales la posición del argumento externo es una posición $-\theta$ (=no temática) aunque sea una posición argumental. Volveremos en 3.2.2. sobre la diferencia entre posiciones θ y posiciones A (=posición de argumento), pero antes de llegar a ello conviene que añadamos algunas precisiones acerca de los verbos que tienen destematizada la posición del argumento externo.

El problema fundamental es si la clase de predicados que da origen a estructuras como las de (16) está sólo léxicamente determinada —como sugeríamos hace un momento— o si se origina a su vez en una propiedad más abstracta. Para abordar este interrogante nos vamos a fijar en las varias clases de verbos sin sujeto temático que han sido examinadas en la literatura gramatical.

La primera observación importante —y el descubrimiento clave— acerca de esta clase se predicados se debe a Burzio (1981 y 1986) quien, basándose en Perlmutter (1978), pone sobre el tapete que existe una subclase de los verbos intransitivos del italiano: los que denominará ergativos o inacusativos, que contrastan sintomáticamente con los restantes verbos intransitivos. Tal contraste consiste en que admiten que su sujeto se cliticize por medio del clítico partitivo *ne* [compárese (17) con (18)] y en que, en los tiempos compuestos, seleccionan el auxiliar *essere* en vez de *avere* [cf.(19), los ejemplos son de Burzio, 1986: 20]:

(17)
a. Giovanni arriva (ergativo)
    Giovanni llega
b. Giovanni telefona (intransitivo)
    Giovanni telefonea

(18)
a. *Ne* arrivano molti.
    de-ellos llegan muchos
b. *Ne telefonano molti.
    de-ellos telefonean muchos.

(19)
a. Giovanni é arrivato.
    Giovanni ha llegado
b. Giovanni *ha* telefonato.
    Giovanni ha telefoneado

Ahora bien, *ne* es típicamente el clítico que aparece en lugar de los objetos directos (cf. *Giovanni ne inviterá molti* 'G. de-ellos invitará a muchos'); *essere*, por otra parte, es el auxiliar seleccionado en la construcción pasiva (*Maria é stata accusata* 'María ha sido acusada'), en varias construcciones con *si* (*Maria si é accusata* 'M. se ha acusado') y en alternancias anticausativas del tipo de *L'artigleria ha affondato due navi nemiche* 'La artillería ha hundido dos naves enemigas'— *Due navi nemiche sono affondate* 'Dos naves enemigas (se) han hundido' (cf. Burzio, 1986: 54).

Como bien observa Burzio, lo que estos elementos de juicio dicen implícitamente es que el sujeto de los verbos ergativos aparece en las mismas circunstancias sintácticas en que concurren los objetos directos. Si se quiere aprehender esta generalización, se deberá suponer entonces que los sujetos de los verbos ergativos o inacusativos son en realidad objetos en la estructura-P y que, en la estructura-S, tienen la condición de sujetos «derivados», desplazados a esa posición por medio de una transformación de movimiento. Volveremos en el cap. 4 a las condiciones sobre el movimiento y en el cap. 5 a las causas de ese movimiento, relacionadas con la teoría del Caso. (20) es la estructura-P propuesta por Burzio (1981, 1986) para la oración (17a):

(20)
$_O[_{SN}[$ e $] _{SV}[_V[$ arriva $] _{SN}[$ Giovanni $]]]$

En el mismo Burzio (1981, 1986) y en estudios posteriores, se ha mostrado que la clase de los verbos inacusativos que tienen la estructura subyacente de (20) comprende un conjunto muy extenso de formas: construcciones pasivas (Burzio, 1981, 1986), construcciones de ascenso y con verbos existenciales (Belletti, 1987), oraciones con verbos psicológicos como *preoccupare* más no con *temere* (Belletti y Rizzi, 1987) y construcciones con verbos preposicionales de la clase de *abundar en* (Demonte,1989 y cap. 5).

Belletti y Rizzi (1987) han condensado las varias pruebas propuestas en la literatura para distinguir los sujetos profundos: sujetos temáticos a nuestros efectos, de los derivados: los que poseen un sujeto movido desde una posición interna a una posición externa destematizada. Sólo los sujetos profundos, por ejemplo, pueden aparecer en ciertas ocasiones representados por un *pro* de tercera persona del plural con interpretación arbitraria (cf. Jaeggli, 1986b y cap. 7), sólo ellos asimismo forman construcciones con *se* impersonal (cf. Burzio, 1981, 1986 y de Miguel, 1989) y pueden incrustarse en una construcción causativa (cf. Burzio, 1981 y 1986).

En (21), (22) y (23) comparamos el comportamiento respecto de estos tres procesos de una oración transitiva, una ergativa, otra con un verbo de ascenso, una cuarta con el verbo psicológico *preocupar* y, la última con un verbo preposicional . Como cabe esperar después de lo que acabamos de señalar, sólo la oración transitiva (con sujeto temático en la estructura-P) es gramatical en estos contextos. Obsérvese que el asterisco de las oraciones de (21) quiere sólo decir que no son aceptables en la lectura en la cual el sujeto se refiere a personas indeterminadas y de número indefinido; la lectura de sujeto definido plural con valor anafórico es perfectamente posible en todos esos casos, claro es:

(21)
a. pro_{arb} no encuentran al niño perdido.
b. *pro_{arb} llegan al límite de sus fuerzas.
c *pro_{arb} parecen encontrar al niño perdido.
d. *Aquí pro_{arb} preocupan a los vecinos.
e. *Aquí pro_{arb} abundan en improperios.

(22)
a. *Se* encontró al niño perdido en el bosque.
b. **Se* llegó tarde a la fiesta.
c. **Se* parece haber sido sorprendidos por la noticia.
d. *Aquí *se* preocupa a los vecinos.
e. *Aquí *se* abundó en insultos.

(23)
a. Juan ha hecho a Irene preparar la barca.
b. *Pepe ha hecho a Marta llegar al límite.
c. *Luis ha hecho a Alfredo parecer cantar.
d. *Esto ha hecho a Mario preocupar(se) más por la noticia.
e. *Esto ha hecho a los niños abundar más en los malos hábitos dietéticos.

Las oraciones de (21), (22) y (23) sugieren en esencia que el conjunto de los predicados con sujeto no temático es tan extenso como heterogéneo. Por lo que parece, sin embargo, esa heterogeneidad es sólo aparente. Burzio (1981), en efecto, estableció una generalización (la que reproducimos en (24), con una modificación debida a Belletti, 1987) según la cual la asignación de papel temático a los sujetos está inextricablemente ligada a la capacidad para asignar Caso acusativo a los argumentos internos; de ahí la denominación de *inacusativos* para los verbos antagónicos con tal generalización:

(24) *Generalización de Burzio*

Sólo los verbos que asignan papel temático al sujeto pueden asignar Caso (estructural) a los objetos (Burzio, 1986: 178).

A juzgar por el conglomerado de hechos que apuntábamos más arriba parece que la generalización de Burzio debe entenderse como un bicondicional y que, por consiguiente, no sólo es verdad (24) sino también que un verbo asignará papel temático a su sujeto si y sólo si asigna también Caso estructural a su argumento interno. Los verbos que dan lugar a construcciones agramaticales en (21), (22) y (23) comparten todos esta propiedad de no ser asignadores de Caso estructural.

Cuando estudiemos los procesos de asignación de Caso, pues, tendremos ocasión de profundizar en el contenido empírico y en las implicaciones teóricas de esta generalización. Por mencionar ahora sólo lo que aquí hace al caso, basta con que hagamos notar que si bien el Principio de proyección extendido tiene consecuencias importantes sobre la constricción de la forma de las oraciones en la Estructura-P, su incidencia no es exclusiva y las propiedades de los núcleos léxicos —su capacidad para asignar Caso o el tipo de papel temático que asignen— serán también decisivas para esa buena formación.

3.2.2. Hemos hablado en 3.2.1 de la posibilidad de que las posiciones sintácticas previstas por el Principio de Proyección y por el Principio de proyección extendido puedan ser temáticas ($+\theta$) o no temáticas ($-\theta$) dependiendo de las propiedades léxicas de los predicados que las proyectan. La teoría, sin embargo, opera con una distinción paralela a ésta, la que se establece entre posiciones de argumento (posiciones A) y posiciones no argumentales (posiciones A').

Una posición argumental es una posición interna a la oración en su forma canónica, una posición en la que un argumento, si lo hay, puede desempeñar una función gramatical. Por consiguiente, las posiciones argumentales son los lugares en los que se asigna papel temático, si ello es posible.

Una posición no argumental, en contrapartida, es una posición externa a la proposición, en la que si concurre un argumento no puede recibir allí papel temático. El corolario de esta última proposición es que todas las posiciones A' son posiciones $-\theta$. No obstante, y como consecuencia del Principio de predicación, no todas las posiciones A son posiciones θ. Las oraciones con expletivos como los de (5) y todas las estructuras con predicados inacusativos similares a (20) contienen, por el contrario, una posición argumental: la del sujeto gramatical, que es, sin embargo una posición $-\theta$ en virtud de las propiedades idiosincrásicas del núcleo verbal.

En suma, la correlación entre los valores positivos y negativos de las posiciones argumentales y de las posiciones temáticas no es absoluta y de ahí que la diferenciación entre ambas clases de posiciones sea imprescindible (pero véase 2.3 y las precisiones de Fukui y Speas (1986) acerca del carácter no argumental de los especificadores de las categorías funcionales).

Las posiciones A', por último, pueden ser generadas como tales por las reglas de la gramática y el caso más característico es el de la posición de Comp en las estructuras producidas por la regla (24f) de 2.2. Otro ejemplo típico de posición A' es la correspondiente al elemento dislocado en una estructura de dislocación izquierda como la que tenemos en (25); vemos en ella que la correspondiente posición A, la del objeto directo, está ocupada por un pronombre clítico.

(25)
[Este disgusto] no me lo des en vacaciones.

3.3. Sobre los asignadores de papeles temáticos

Hasta ahora hemos ilustrado sólo con los verbos la noción de que ciertos elementos asignan papel temático, marcan temáticamente o seleccionan semánticamente (empleamos las tres expresiones de manera indistinta) a sus complementos. Ahora bien, ¿todos los núcleos léxicos asignan papel temático? y, de ser así, ¿en qué circunstancias lo hacen? Examinaremos con un cierto detenimiento los adjetivos, las preposiciones y los nombres.

3.3.1. Aun siendo como ellos intrínsecamente predicados, los *adjetivos,* a diferencia de los verbos, no parece que establezcan una relación de predicación en todas sus funciones sintácticas y de ahí que tampoco asignen papel temático a un argumento externo en cualesquiera construcciones en que aparezcan. Son indudablemente predicados en sentido pleno en las oraciones copulativas predicativas como las de (26) y en ellas asignan papel θ a la posición externa sujeto, probablemente los mismos que asignan los verbos (cf. Longobardi, 1987 para diversas pruebas de la naturaleza predicativa de estas construcciones y de sus diferencias con las oraciones copulativas de identidad):

(26)
   a. Enrique es heterodoxo. *(Tema)*
   b. José es atrevido con las máquinas. *(Agente)*
   c. Marta está feliz de verte. *(Experimentante)*

Más aún, porque los adjetivos son intrínsecamente predicados (ya que enuncian modos de los estados y de las acciones) eligen a sus complementos tal como lo hacen los núcleos verbales. La prueba más clara de que los adjetivos seleccionan semánticamente a sus complementos la proporciona el hecho de que son muy estrictos en las preposiciones que admiten y en que cuando pueden coaparecer con dos o más preposiciones, no lo hacen simultáneamente (cf. Bosque, 1983). Las siguientes entradas léxicas (escogidas de la cuidadosa ejemplarización de Bosque, 1983, quien remite a Cuervo, 1953) ilustran opciones bien definidas de adjetivos españoles que pueden escoger una única preposición:

(27)
cercano *a*, propicio *a*, oriundo *de*, enamorado *de*, cortés *con*, solidario *con*, ventajoso *para*, hábil *para*, abundante *en*, soluble *en*, impaciente *por*, etc.

Como los verbos, asimismo, los adjetivos pueden ser transitivos o intransitivos, o sea, seleccionar o no un argumento interno. Sabemos bien que existe un conjunto amplio de adjetivos que no toman complemento alguno:los más característicos, los que designan cualidades físicas como *alto, amarillo* o *gordo*. Cuando son transitivos, asimismo, su complemento puede a veces faltar, salvo en el grupo de los denominados adjetivos «simétricos» como *parecido, similar* u *opuesto* y en el de algunos derivados de verbos transitivos que no pueden tampoco tener vacía la posición del argumento interno, del estilo de *propenso, anexo, atentatorio* o *falto* (los datos nuevamente son de Bosque, 1983). El paralelismo con los verbos, pues, es abrumador.

No todo concluye ahí, no obstante. Hay varios problemas interesantes pendientes de esclarecimiento en lo que respecta a la selección semántica del adjetivo. Uno de ellos es si los subconjuntos de adjetivos que seleccionan una misma preposición constituyen clases semánticas naturales. Cuervo (1953) sugiere que así podría ser cuando recuerda, por ejemplo, que «rigen *a* los adjetivos que indican favor, disfavor, utilidad o conveniencia» o que con *para* van los adjetivos que indican suficiencia, utilidad y disposición». Una cuestión consiguiente a ésta es si existen papeles temáticos específicos que deban ser asignados por los adjetivos. Pero la pregunta más importante es la de hasta qué punto son formas primitivas los adjetivos que seleccionan preposiciones, ¿no se tratará en todos los casos de adjetivos deverbales, con independencia de que exista o no la forma verbal específica? Esta posibilidad, que constituiría la hipótesis nula, es ciertamente más que plausible. Ahora bien, de confirmarse no deberíamos hablar más que de selección semántica por parte de los elementos [+V] y prescindir de la diferencia entre verbos y adjetivos tanto en el módulo temático como en la especificación de las entradas léxicas. La existencia de alternancias como las que se enumeran en (28) da fuerte soporte a esta conjetura:

(28)
a. Juan es *igual a* María en sagacidad y buen decir. — Juan *iguala* a María en sagacidad y buen decir.
b. Fernando es *atrevido con* las carreteras en mal estado. — Fernando *se atreve* con las carreteras en mal estado.

Como hemos venido diciendo, si bien los adjetivos son intrínsecamente predicados no parece, empero, que en todas sus funciones pertenezcan al módulo temático. Rizzi (1985), en una discusión acerca de las estructuras lingüísticas que pueden ser integradas por los sujetos que padecen una afasia de Broca, sugiere que los adjetivos atributivos o modificadores del N del tipo de los que tenemos en (29) no pertenecen a este módulo:

(29)
Los sastres *expertos en corte a la francesa* fabrican *buenos* trajes.

La cuestión es compleja, no obstante. Si la mayor parte de estos adjetivos —aunque no todos ellos, como se ha mostrado en Luján (1980) y Demonte (1982)— son equivalentes a adjetivos predicativos situados en oraciones de relativo, (29) sería una versión reducida de (30) y cabría esperar que, por analogía, los adjetivos *expertos* y *buenos* asignasen allí papel temático de la misma forma que lo hacen aquí:

(30)
Los sastres [que son expertos en corte a la francesa] hacen trajes, [que son buenos]

Hay dos razones, sin embargo, por las cuales esa asignación de papel temático no es posible en (29). La primera es que si ello sucediera los nombres modificados recibirían dos papeles temáticos independientes: el que les asigna el núcleo verbal *fabricar* y el que les otorga el correspondiente adjetivo. Así las cosas, se violaría el Criterio Temático que establece que los argumentos deben recibir *un* papel temático, que bien puede ser descargado por un único asignador, o por dos que actúen de una manera composicional, como sucede en las estructuras con predicados secundarios semejantes a (31) (cf. Demonte 1988a):

(31)
a. Mi hermana come la carne *cruda*.
b. Vivimos como soñamos, *solos*. (J. Conrad).

Comer cruda o *vivir solo* son estructuras susceptibles de constituir una unidad léxica; *fabricar experto* o *fabricar bueno* no parece que lo sean, y de ahí que no quepa pensar en una asignación composicional de papel temático.

La segunda razón por la cual los adjetivos atributivos no son candidatos a formar parte del grupo de los asignadores de papeles temáticos tiene que ver con el hecho de que éste es un proceso que se realiza bajo reacción. Más claramente aún: el asignador debe regir al receptor de papel θ, y sólo los núcleos léxicos tienen capacidad de rección. Si (32) es la representación básica de *los sastres expertos en corte a la francesa*, vemos claramente que el núcleo adjetivo no rige al núcleo nominal sino que, antes bien, es regido por éste:

(32)

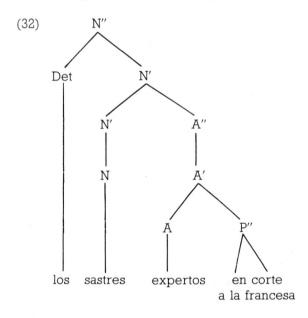

Giorgi y Longobardi (en prensa) conjeturan que los adjetivos modificadores del nombre se proyectan siempre como funciones externas al núcleo (en una configuración parcialmente semejante a la de (32), si bien ellos proponen estructuras de tres niveles), puesto que su presencia no es requerida por la subcategorización. Esta restricción, a su vez, es la que explica que los escasos adjetivos claramente referenciales —los que no predican una propiedad de algo—, y de manera especial los adjetivos étnicos o de nacionalidad del tipo de los de (33), sólo puedan funcionar como argumentos externos. En (33) nunca podría entenderse que los austriacos invaden Alemania:

(33)
La invasión alemana de Austria.

Esta condición general acerca de la naturaleza sintáctica de los adjetivos modificadores del núcleo nominal nos permitiría dar razón del hecho de que no pertenezcan al módulo temático ni como asignadores ni como receptores de papel temático.

Por lo que hemos elucubrado hasta aquí no parece problemático, en suma, mantener la conclusión de que sólo asignan papel temático los elementos [+V] y que así lo hacen si y sólo si satisfacen el Criterio Temático y están en relación de rección con el receptor de papel temático.

3.3.2. Una afirmación general en los tratados sobre esta materia es que los asignadores de papel temático son singularmente los verbos y las *preposiciones*. Esta afirmación se puede aceptar sin asomo de sospecha en tanto en cuanto en los argumentos no seleccionados semánticamente (los denominados adjuntos) como en el complemento de Tiempo de «Visitamos la exposición de Dalí *en un día soleado*», ese valor temporal se expresa exclusivamente por medio de la preposición. En este sentido, se puede suponer que las preposiciones se consignan en el léxico, al igual que los verbos, con una estructura argumental como las de ((34), similar a las de (6):

(34)
a. *en*: (Locación).
b. *desde*: (Procedencia)
c. *a*: (Meta)

Por otra parte, en estructuras como las de (35) donde aparecen argumentos en sentido estricto, con valor semántico-funcional de «instrumento», (35a), de «compañía», (35b), o de «meta o beneficiario», (35c), podemos estar de acuerdo en que tales valores se transmiten, respectivamente, por medio de las preposiciones *con* y *para*:

(35)
a. Darío quitó el barniz *con* una espátula fina.
b. Yo bailé un tango *con* Eloísa.
c. Traje las medicinas *para* mi madre.

La situación es paradójica, no obstante, porque contrariamente a lo que sucede con los verbos y los adjetivos deverbales, no puede en este caso afirmarse que la proyección de esos papeles temáticos dependa exclusivamente de que las preposiciones tengan especificados, en su correspondiente entrada léxica, un conjunto de papeles temáticos que deban proyectarse necesariamente si ellas se proyectan. De hecho, el papel temático instrumental, comitativo o benefactivo estará asociado al verbo y la preposición en cuestión aparecerá si y sólo si aparece el verbo que así lo determina.

Viendo las cosas de este modo, parece posible convenir con la intuición de que las preposiciones más que asignar papel temático lo que hacen es mediar en la proyección de un determinado papel, ser las transmisoras de él. Argüiremos brevemente en esta subsección que las preposiciones no son siempre núcleos léxicos equivalentes a los verbos o los adjetivos y que, en este sentido, no «asignan» siempre papel temático. Las preposiciones son elementos gramaticales que bien sirven para asignar caso, bien funcionan como un operador, bien constituyen la marca ostensiva de un papel temático, circunstancia en la cual pueden interpretarse como un predicado de dos argumentos. Sólo en la segunda y tercera de esas posibilidades las preposiciones dan lugar a una proyección SP.

3.3.2.1. Desde la gramática tradicional es corriente distinguir entre las preposiciones llenas o verdaderas —dotadas de pleno contenido léxico— y las falsas o vacías, cuya función es puramente la de marcar una relación gramatical. Ejemplos de la primera clase son las preposiciones que tenemos en (35), casos clásicos de la segunda son la preposición *a* que precede a los objetos directos animados (v. (36a)) o la preposición *de* que precede al complemento de un nombre deverbal (v. (36b)):

(36)
a. Visité [*a* mi prima Beatriz] a las cinco.
   (cf. Visité [la exposición] a las cinco.)
b. La construcción [*de* la presa] en cuatro meses.
   (cf. Construyeron [la presa] en cuatro meses.)

Más allá de las razones semánticas que llevan a afirmar que las preposiciones de (36) difieren de las de (35) de una manera significativa, existen pruebas estructurales que dan apoyo a esta distinción. Se puede establecer una comparación, en efecto, entre el comportamiento de la *a* que precede a los objetos directos animados y la forma idéntica que encabeza los complementos dativos con valor de Meta. En (37a), por ejemplo, podemos ver que el complemento dativo no admite ser sujeto de un predicado secundario, predicación que sí es posible cuando se trata del objeto directo (véase (37b)):

(37a)
a. *Le regalé un libro [a mi prima] muy cansada.
b. Encontré [a mi prima] muy cansada.

En (38a) puede observarse que los complementos de los dativos preposicionales no pueden ser objeto de interrogación mientras que sí es posible la interrogación del complemento de un objeto directo preposicional [véase (38b)]:

(38)
a. *[De qué amigo]$_i$ le regalaste un libro [a la hija e_i]
b. [De qué amigo]$_i$ entregaste [a la hija e_i] a la policía.

La prueba de la conjunción distingue, una vez más, entre las dos construcciones con *a*. (39a) muestra que la preposición con significado de Meta se puede omitir en las estructuras de coordinación de constituyentes, mientras que la omisión de la *a* del objeto directo produce mayor agramaticalidad; Jaeggli (1982) señala que sólo las preposiciones verdaderas son susceptibles de ser omitidas:

(39)
a. ?Les regalaron un reloj a la secretaria y el director.
b. *Visité a mi hermana y tía Enriqueta.

Prescindiendo de detalles técnicos que no son relevantes en este momento (pero véase Demonte, 1987, para una más amplia elaboración de estas cuestiones), podemos concluir que las diferencias de (37), (38) y (39) tienen una explicación paralela relacionada con el hecho de que en los casos de los dativos la preposición cuenta como tal, da lugar a una proyección específica SP, y es la existencia de esta proyección la que impide o permite que los procesos gramaticales mencionados tengan lugar. En las construcciones con objetos directos, en cambio, la preposición es un mero marcador gramatical, probablemente adjunta a la proyección SN a la que singulariza.

3.3.2.2. Otra manera de parafrasear la conclusión del apartado precedente es decir que las preposiciones que materializan un papel temático específico dan lugar a una proyección máxima que bloquea ciertas relaciones estructurales. Cuando las preposiciones no pertenecen al módulo temático, en cambio, no configuran una proyección SP.

Un caso de estructura sintagmática preposicional perteneciente al módulo temático es el que aparece en ciertas construcciones de predicación. Por decirlo de una manera elemental, numerosos SSPP son predicados que en conjunto asignan papel temático a un SN argumental. Hay varios subcasos de estructuras con SSPP predicativos que han sido tratados en estudios recientes. (40) ilustra el caso de un SP equivalente a una proposición independiente con significado adverbial, esta proposición se expresa por medio de una cláusula mínima [*small clause*] en la que o bien sólo el predicado o los dos términos de la relación de predicación son SSPP (cf. cap. 5 y Contreras, 1987):

(40)
a. [Sin ninguna explicación sobre tu silencio] no esperarás que te trate con ternura.
b. [[Con Joaquín] [en ese puesto]] ya podemos pedir que nos arreglen la fuente de la plaza.

Naturalmente un SP puede ser el predicado de una cláusula mínima no independiente sino subcategorizada, es el caso que se ilustra en (41):

(41)
a. No concibo [[a Estrella] [de oficial del ejército de tierra]]
b. Tiene [[las manos] [con manchas azules]]

Asimismo, un SP puede también contribuir a que se realice una predicación holística en la que el verbo de la oración principal predica de una pluralidad expresada bien por una coordinación de SSNN bien por un SN plural modificado precisamente por ese SP, que le añade el sentido de conjunto. Esta construcción —que ha sido estudiada minuciosamente por Rigau (1988a)— se ilustra en el ejemplo catalán de (42a); (42b) y (42c) hacen patente que la predicación holística es parafraseable por una coordinación de dos elementos en posición de sujeto y que el sintagma preposicional externo es parte del sujeto; (42d) pone de manifiesto, por último, que el SP inicial no está en el SV puesto que no admite ser representado por el pronombre reasuntivo *hi* como sucede con otros complementos adverbiales del catalán (los datos catalanes son de Rigau, 1988a). (43) es un ejemplo castellano equivalente al de (42), aunque debe hacerse notar que no todos los hablantes admiten estas construcciones:

(42)
a. Amb en Pere ens casarem pel febrer.
   Con (el) Pedro nos casaremos en febrero.
b. En Pere i jo ens casarem pel febrer.
   Pedro y yo nos casaremos en febrero.

c. *Amb en Pere nosaltres ens casarem pel febrer.
   Con Pedro nosotros nos casaremos en febrero.
d. *Amb en Pere ens *hi* vam casar pel febrer.
   Con Pedro nos CL vamos a casar en febrero.

(43)
Con Magda nos equivocamos muchas veces de carretera en el viaje a la sierra.

La consideración de algunas propiedades de estas construcciones de predicación holística nos permitirá precisar algo más —por contraste— el papel de las preposiciones en el módulo temático, y refinar también la idea intuitiva expresada al comienzo de esta subsección de que las preposiciones «median» entre el predicado primario y los argumentos internos por él seleccionados.

Rigau (1988a), siguiendo a Parsons (1972), señala que en construcciones como las de (42a) y (43) «la preposición es un *operador* que añade un argumento al predicado que modifica» (*op. cit:* 11) y que «gracias al operador *amb* el sintagma (regido por esa preposición) participa, en la forma lógica, del papel temático de Agente que el verbo otorga a su argumento externo» (*op. cit.:* 12)

Esta situación es algo diferente de la que tenemos en (35). Obsérvese que siempre que un verbo lleva un complemento interno preposicional lo toma como segundo complemento (volveremos sobre esta cuestión que puede ser chocante a primera vista), idea que se ha formalizado en la teoría gramatical diciendo que lo rige «indirectamente» o «composicionalmente». Ahora bien, si maximizamos la comparación con el funcionamiento lógico de las preposiciones, podemos suponer que en (35) la preposición media en la asignación de papel semántico en tanto en cuanto la preposición es un predicado que toma dos argumentos, el interno regido directamente por ella y el externo que es siempre el complemento directo del verbo. Es en este sentido en el que la preposición-predicado sería la encarnación del papel temático. Con este análisis, por otra parte, no hay demasiada diferencia entre las preposiciones de (36) y las de los SSPP con valor de predicado de (40) y (41).

Existen, naturalmente, datos adicionales que permiten afianzar la hipótesis de que las preposiciones «asignadoras» de papel temático son en realidad predicados de dos argumentos: su argumento directo y otro externo regido a su vez por el verbo principal. En Demonte (1989) se estudian dos subclases de los verbos de régimen preposicional, la de *abundar en* y *constar de*, por una parte, la de *abusar de* y *prescindir de*, por otra. Las pruebas que aducíamos más arriba a propósito de (21) a (23) —retomadas del trabajo antes citado— permiten afirmar que los verbos de la clases de *abundar en* tienen destematizada la posición del argumento externo, y que, por consiguiente, lo que en la forma visible parece un predicado con un sujeto y un complemento preposicional es, de hecho, un predicado con dos argumentos internos. La cuestión clave es qué forma tienen y cómo se distribuyen esos dos argumentos en la Estructura-P. Numerosas razones que se examinan detenidamente en Demonte (1989) —en particular datos de extracción, orden y posibilidad de formar nombres derivados— llevan a concluir que la oración superficial (44a) tiene la representación de estructura-P (44b). Es decir, los dos argumentos de ese verbo forman una claúsula mínima en la que el posterior sujeto derivado es el argumento externo de un predicado SP:

(44)
a. El periódico abundaba en malas noticias.
b. [[$-\theta$] $_{SV}$[$_V$[abundaba] $_{CM}$[$_{SN}$[el periódico] $_{SP}$[en malas noticias]]]]

Con la distinción pues entre preposiciones nulas y plenas más la consideración de las segundas bien como operadores o como predicados de dos argumentos, y el supuesto de que sólo estas últimas «asignan papel temático» —de acuerdo con las cualificaciones establecidas para tal función—, parece que se puede unificar el paradigma de las estructuras proposicionales y concebir de una manera más simple el lugar de las preposiciones en el módulo temático.

3.3.4. A simple vista, los *nombres* o *sustantivos* parecen divergir de las tres categorías léxicas estudiadas hasta este momento en que no son intrínsecamente predicados. Son, en efecto, argumentos, lo que viene a querer decir receptores («saturadores») y no asignadores de papeles temáticos. De esta afirmación podría deducirse lisa y llanamente que los nombres quedan fuera del módulo temático en lo que a la asignación de papeles temáticos respecta.

3.3.4.1. Los hechos y los elementos de juicio teóricos, sin embargo, no son tan nítidos como a primera vista podría parecer. Nótese, para empezar, que existe un grupo importante de nombres deverbales y deadjetivales como *destrucción, inundación, llegada, participante* o *belleza* —denominaremos a éstos, globalmente, nombres abstractos para distinguirlos de los referenciales o concretos, los que designan entidades del mundo. Puesto que los verbos y los adjetivos proyectan una estructura argumental, la hipótesis mínima o nula —tal como señalábamos en la situación paralela de los adjetivos deverbales— es que los nombres abstractos deben tener la misma entrada léxica que los correspondientes verbos o adjetivos y, por consiguiente, que proyectarán una estructura argumental idéntica a la de sus homólogos. Esto es lo que parece ocurrir, en efecto, en las construcciones de (45):

(45)
a. La traducción de Borges de T. S. Elliot
                          Agente   Paciente

b. El regalo de Juan de un libro a María
              Agente   Tema   Meta

c. El cruce del Ebro del ejército republicano
              Tema   Agente

en la guerra de España.
Adjunto-Locación

Ahora bien, como ha sido puesto de manifiesto en numerosos trabajos recientes (cf., en particular, Zubizarreta, 1987, Safir, 1987 y Grimshaw, 1988 y en prensa), lo cierto es que sólo algunos nombres abstractos proyectan una estructura argumental. Según puede verse en los ejemplos de (46), muchas nominalizaciones tienen, por así decirlo, reducida esta estructura y ampliadas las posibilidades de coexistir con otros constituyentes. Con Grimshaw (1988) acordaremos que «esta clase de nombres tiene participantes pero no argumentos» (*op. cit.:* 3):

(46)
a. [El cruce del río (*por el ejército)] está bordeado de álamos.
b. [El regalo de Juan (*de un libro)] estaba envuelto en papel azul.
c. [El examen de matemáticas (*por el profesor Gómez)] es demasiado largo.

Zubizarreta (1987) y Grimshaw (1988) ponen de manifiesto que este comportamiento contrastivo guarda relación con una diferencia semántica entre las dos clases de nombres. Las que desarrollan una estructura argumental son nominalizaciones eventivas o de proceso (esto es, describen el acontecimiento en su desarrollo); frente a ellas: las de (46) son nominalizaciones de resultado y caracterizan el final de un proceso o evento. Este contraste semántico se percibe con toda nitidez si buscamos continuaciones de los SSNN nominales de (45) y establecemos una comparación con los de (46): *El regalo de Juan de un libro a María estaba envuelto en papel azul*, por ejemplo, es agramatical.

Esta diferencia semántica, además, se ha tomado como punto de partida para explicar el diferente comportamiento en lo que respecta al desarrollo de una estructura de papeles temáticos. Se ha dicho, por cierto, que las formas de (46) y sus equivalentes son, en realidad, nombres concretos, a diferencia del carácter deverbal abstracto de las primeras. Esta aserción que, en definitiva, es sólo una manera de redesignar el contraste proceso-resultado se ve apoyada en el hecho de que existen muchas propiedades sintácticas y morfológicas que correlacionan con la distinción concreto-abstracto.

Así, por ejemplo, sólo los nombres de resultado pluralizan (*los exámenes de los profesores a los estudiantes duraron varias horas*), admiten modificadores demostrativos (*este cruce del Ebro por el ejército fue muy emocionante*) o aparecen en estructuras de predicado nominal [cf. (46)].

La cuestión interesante, de todos modos, es si podemos conocer la causa de este comportamiento divergente y, ciertamente, se han ensayado varias explicaciones al respecto. Sin pretender escoger entre ellas y por mencionar sólo algunas de las más recientes, recordemos que Safir (1987) aduce un principio de «relatividad de la función gramatical» según el cual la noción de argumento externo sólo se puede definir en un contexto estructural, concretamente, sólo se puede definir en relación con un argumento interno. Esta condición explica la agramaticalidad de una forma como *La construcción por los obreros*, donde un explícito argumento externo —a juicio de Safir— no podría ser reconocido porque falta el interno. O da razón también de que sea posible una forma como *John's walk* (porque el único argumento de un intransitivo se interpretaría libremente desde un punto de vista temático) pero no la muy parecida *John's walk drunk*; ello se debería a que ciertos adjuntos sólo se licencian si se ha desarrollado la estructura argumental y esto no sucede en la estructura antes mencionada puesto que carece de argumento interno. Como veremos en 3.5 al tratar de los principios que rigen la proyección del léxico en la configuración sintáctica, las constricciones del tipo de la de Safir no son comunes en esta regulación y, más allá de que dé cuenta o no de los hechos, no resulta del todo plausible porque cabe esperar alguna razón de fondo acorde con principios más generales.

Grimshaw (1988), y Grimshaw y Vikner (1989), en el —por lo que sé— más comprehensivo estudio realizado hasta el momento sobre la sintaxis y semántica de las nominalizaciones, sitúan las restricciones para el desarrollo de la estructura argumental de los nombres derivados en el marco más general del tipo de evento que éste caracteriza.

Anticipemos que para Grimshaw —como tendremos ocasión de volver a ver en 3.5— la estructura argumental de un predicado está compuesta no sólo por la enumeración de los papeles temáticos asociados con él sino también por el análisis aspectual (la estructura de evento) de ese predicado. En el caso de los nombres que estamos considerando, señala esta lingüista que lo central y que no debe perderse de vista es que el hecho de que unos nombres tengan estructura argumental y otros carezcan de ella no es una cuestión de mera opcionalidad.

En efecto, la distinción relevante a su juicio es la que se establece entre nombres que tienen asociada una estructura eventiva («nominalizaciones de evento complejo») y los que carecen de ella y, por tanto, no pueden tener estructura argumental (las «nominalizaciones de evento simple y las de resultado»). Hay varias pruebas de que la distinción correcta tiene que ver con el tipo de evento que describe el nominal. Así, en (47), donde tenemos un nominal ambiguo, se advierte que la interpretación del posesivo depende de como se concibe el acontecimiento: el *su* de (47a) posee la ambigüedad característica de los modificadores de nombres concretos, el de (47b) sólo puede ser el Agente. Es decir «la presencia de un posesivo interpretado como sujeto obliga a la lectura de evento complejo» (Grimshaw, en prensa: 9) y viceversa Si a estas estructuras, como se ve en (48), se les añade un adjetivo orientado hacia el Agente se reitera nítidamente la anterior intercepción:

(47)
a. Su relato llevó más de tres horas.
b. Su relato de lo sucedido llevó más de tres horas.

(48)
a. Su (*voluntario) relato llevó más de tres horas.
b. Su voluntario relato de lo sucedido llevó más de tres horas.

3.3.4.2. Si damos por buena la explicación de Grimshaw acerca de las variedades aspectuales de los nombres y de sus posibilidades consiguientes de tener estructura argumental y, por ende, de asignar papel temático, tenemos que concluir que los nombres comunes concretos como *mesa, árbol, gato* o *color* no asignan papel temático: puesto que carecen de estructura de evento, carecerán también de red temática asociada a ella.

Esta es una suposición que intuitivamente parece más que plausible ya que, en efecto, la relación semántica entre un nombre concreto y su complemento canónico o complemento genitivo (en el caso del español el complemento introducido por *de*, en el inglés el complemento prenuclear unido a la marca *'s*) es sumamente variable tal como se deduce de un examen cuidadoso de (49):

(49)
a. La casa *de María*.   Mary's house.
b. El pie de Luis.   Luis' foot.

85

c. El traje del niño.   The child's dress.
d. El tiempo de mañana.   Tomorrow's wheather.
e. La noche de José.   José's night.
f. El dibujo de Carlos.   Carlos' drawing.

Locación posesiva, (49a), posesión inalienable, (49b), propiedad, (49c), relación de conexión (49d y e), autoría, (49f), etc. son algunos de los valores del llamado «genitivo posesivo». Ahora bien, a pesar de estas propiedades de la construcción en cuestión algunos autores han aseverado que, si bien los nombres concretos no asignan papel temático, la marca de genitivo sí asigna papel temático al argumento regido por ella. Anderson (1984), entre otros, propone que el morfema 's — necesario por razones independientes y que se inserta léxicamente en la estructura-P— asigna el papel temático Locación posesiva (cf. Gruber, 1965 y Demonte, 1988c) en nombradores como los de (49a).

Los datos del español parecen dar razón a esta conjetura en tanto en cuanto se puede detectar un considerable contraste entre genitivos como los de (49) y los genitivos correspondientes a los papeles temáticos que se asignarían en virtud de la proyección de la estructura argumental: Agente y Paciente, por ejemplo. En Demonte (1985) y (1987b) se argumenta que el genitivo de posesión presente en las oraciones de (50) tiene trazas de ser un verdadero SP, a diferencia de los otros dos. A partir de ello, se puede aducir que en el último complemento de (50a y b) hay una preposición asignadora de papel temático (recuérdese lo señalado en 3.3.3 respecto de estas preposiciones frente a las puramente marcadoras de caso):

(50)
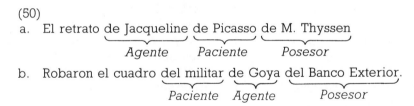
a. El retrato de Jacqueline de Picasso de M. Thyssen
              Agente   Paciente   Posesor
b. Robaron el cuadro del militar de Goya del Banco Exterior.
                      Paciente   Agente   Posesor

Queda fuera de los límites de un texto como éste la invocación detallada de esas pruebas, que el lector o lectora encontrará en los lugares antes mencionados. A modo de síntesis, recordemos simplemente que el genitivo de posesión tiene restricciones de orden (debe ir siempre al final), y que —a diferencia de los otros genitivos— no es extraíble en ninguna circunstancia y puede ser predicado nominal de una oración de relativo restrictiva.

A pesar de lo esquemático del examen de datos tan complejos realizado en esta subsección no parece haber dudas en la observación general de que los nombres bien desarrollan una estructura argumental (y, en este caso asignan papel temático a esos argumentos), bien toman modificadores, generalmente adjuntos. En este segundo subgrupo parece que debe singularizarse, no obstante, el caso de los genitivos de posesión que, sin pertenecer a la estructura argumental del núcleo nominal recibirían papel temático a través de la preposición *de*.

3.4. Sobre la representación abstracta de los argumentos. El Criterio Temático como condición de buena formación de las estructuras superficiales

Habiendo ilustrado cómo se configuran redes temáticas en torno a todas y cada una de las categorías léxicas, y habiéndonos sólo aproximado (esto será la cuestión central de 3.5) al asunto de cómo la representación básica de los sintagmas correlaciona con tales redes, podemos preguntarnos si la relevancia del Criterio Temático se agota en el nivel que estamos considerando, es decir, en la estructura-P.

La pregunta no es ociosa y su razón de ser proviene del propio Principio de Proyección. En efecto, si aquellos complementos que la unidad léxica exige configuracionalmente en virtud de su significado se deben representar en *todos* los niveles del análisis sintáctico, entonces se puede conjeturar que la asignación y recepción de papeles temáticos (el desarrollo de la estructura argumental) concernirá también a la estructura-S. Con otras palabras, si de tal Principio se deduce la agramaticalidad de (51a), donde no se satisface el requisito de presencia del argumento locativo, ¿puede también inferirse a partir de él la fomación anómala de (51b)?

(51)
a. *Pedro puso el coche.
b. *¿Qué compró María mermelada?

Hablando informalmente, la agramaticalidad de la segunda de las dos oraciones anteriores, parece imputable a que en ella sobra el complemento directo (el argumento Tema o Paciente). Pero si este complemento está demás, ello podría deberse simplemente a que esa posición está, de hecho, ocupada. (52) representa la estructura completa, derivada, de (51b). En ella se desarrolla formalmente la idea de que en el lugar en que originalmente debía encontrarse el objeto directo interrogado —situado ahora al frente de la oración— permanece una categoría vacía, una huella [mencionada por medio de la *t* (de *trace*)] que posee todas las propiedades sintácticas del elemento desplazado:

87

(52)
Qué$_i$ compró María t_i

Pero si esta huella ocupa una posición argumental entonces debe de ser un argumento y si lo es, deberá atenerse al Criterio Temático. Ahora bien, sucede que *qué* también es un argumento, ¿deberá entonces satisfacer tal Criterio? La suposición más extendida, efectivamente, es que ambos elementos constituyen una unidad desde el punto de vista temático; ambos cuentan como un único elemento a todos los efectos. Diremos que (*que*$_i$, t_i) es una *cadena* o secuencia de pares de elementos que registra la historia de un movimiento.

El caso de (52), no obstante, ilustra la variante atípica de las cadenas, aquélla que tiene como cabeza a un elemento situado en una posición A'. Las cadenas A', o relaciones operador-variable tienen propiedades específicas de las que hablaremos en los capítulos 4 y 7. Para acercarnos a la noción estándar de *cadena* y poder ver su pertinencia para el Criterio Temático consideraremos ahora cómo se asigna papel temático a los SSNN que han sido desplazados a una posición de argumento. Veremos, concretamente, cómo se asigna papel temático en las oraciones pasivas.

Estas construcciones poseen un conjunto de propiedades sintácticas cuya justificación exhaustiva no es posible en este momento ya que requeriría apelar a elementos de la teoría del Caso. Pospondremos pues parte de este análisis para el capítulo 5; no obstante, el módulo temático nos proporciona criterios para un primer acercamiento a estas construcciones.

Supongamos que (53a) es la estructura profunda de una oración pasiva y (53b) la que resulta tras la aplicación de una transformación de movimiento de un SN hacia la posición del sujeto sintáctico:

(53)
a. e fue destruida *la isla* por los americanos.
b. *La isla*$_i$ fue destruida t_i por los americanos.

(53a) tiene mucho en común con las oraciones de *parecer* o con las ergativas cuya estructura subyacente parecía ser la de (20). En efecto, el papel temático de *la isla* (el sujeto de la construcción pasiva) es el de Tema, el mismo que recibe cuando es objeto del verbo *destruir* en la variante activa de (53b). Por otra parte, el papel temático de Agente, también seleccionado por *destruir* para su posición externa, se expresa sistemáticamente en las construcciones pasivas por medio del sintagma *por* + SN. Este hecho, unido a que en el sujeto sintáctico de estas construcciones aparece siempre el elemento que el verbo selecciona como objeto, hace pensar que, por razones idiosincrásicas, en las oraciones pasivas la posición del argumento externo está destematizada, como sucedía en las impersonales con verbos como *parecer* o *ser necesario*. Así las cosas, la pasiva canónica (53b) (el único orden, ciertamente, de la construcción pasiva en numerosas lenguas) provendría de que un elemento con papel temático se desplaza a una posición no temática. Este sería el proceso que daría lugar a una *cadena normal* (SN_i, t_i) donde el Caso se asigna en la posición de la cabeza y el papel temático en la de la coda (Cf. Chomsky, 1986a: 96).

Siguiendo a van Riemsdijk y Williams (1986) definiremos entonces una cadena en los siguientes términos:

(54)
Una cadena consta de un SN cabeza y de un conjunto de huellas ligadas localmente, todos en posición de argumento.

Lo que muestran tanto (51b) como (53b) es que el Criterio Temático como criterio de buena formación de las estructuras superficiales tiene que hacer referencia explícita a las cadenas. La reformulación de (4) que asi lo hace es (55):

(55) *Criterio Temático*

Toda cadena recibe un único papel temático.

Dado (55) podemos razonar sin dificultades el por qué de la buena formación de (53b). En esta estructura, en efecto, el movimiento debe realizarse hacia una posición destematizada, si, por el contrario, la posición externa fuera temática, se cometería una infracción del Criterio Temático de (55) porque la cadena (SN_i, t_i) recibiría dos papeles temáticos.

3.5. La proyección del léxico en la sintaxis. Algunas aproximaciones

Desde Chomsky (1981) y, sobre todo, a partir de las investigaciones de Grimshaw (1979), Stowell (1981) y Pesetsky (1983) comienza a ponerse en tela de juicio la hipótesis de la teoría clásica de que la gramática ha de incluir, como dos especificaciones paralelas e independientes, la información relativa a la *selección semántica* de las piezas léxicas (esto es —como hemos venido señalando—, al hecho de que los predicados eligen ciertos «tipos semánticos» como complementos suyos) y la relativa a la subcategorización o *selección categorial* (o sea, al hecho de que los núcleos de los sintagmas léxicos sólo son compatibles con complementos de una determinada categoría sintáctica, por ejemplo, con un SN).

Para ser más explícitos, el análisis clásico, en sus desarrollos más avanzados sobre la organización del léxico, tales como Jackendoff (1972), postulaba que la entrada léxica de un predicado del tipo de *afirmar* debía indicar que éste selecciona semánticamente [*selecciona-s*] un «Agente» y un «Tema» y selecciona categorialmente [*selecciona-c*] bien un SN bien O'. Una formalización posible es la de (56a), que puede compararse con la correspondiente al verbo intransitivo *sufrir* en (56b):

(56)
a. *afirmar*:   i) (Agente, Tema)
                ii) [___ SN]
                   [___ O']
b. *sufrir*:   i) (Experimentante)
             ii) [___]

Con un componente léxico provisto de una información como la que se especifica en (56), más los principios de la subteoría X' y el Criterio Temático, era ciertamente posible realizar el trasvase de la información idiosincrásica contenida en el acervo léxico a las configuraciones oracionales canónicas.

No es necesario, empero, un análisis demasiado denso para darse cuenta de que un modelo así concebido contiene un alto grado de redundancia y, por consiguiente, constituye una hipótesis poco feliz acerca de la forma de la gramática interiorizada. Ciertamente, si se aspira a satisfacer un requisito de adecuación explicativa y a dar razón no sólo de la buena formación de las oraciones sino de cómo se lleva a cabo el proceso de adquisición del lenguaje, deberá esperarse un sistema mucho más restringido y un conjunto de subsistemas entre los cuales no haya mutuo encubrimiento.

El programa de investigación actual, como he anticipado desde el comienzo mismo de este capítulo, conjetura que la Gramática Universal no necesita contener una teoría independiente de la subcategorización, porque las propiedades de las que se daba razón por medio de esta información pueden deducirse de principios de proyección del léxico y de otros principios y parámetros del sistema general, en particular de la Teoría del Caso y del parámetro sobre la relación núcleo-complemento (cf. más arriba 2.2.2.3). Con otras palabras: las configuraciones sintácticas serán simplemente un reflejo de propiedades del léxico entrelazadas con restricciones formales mínimas impuestas por los principios relativos a la forma general de los sintagmas (teoría X′) y por las condiciones de visibilidad a las que aludía hace un momento, sin que medie entre ambos niveles —el léxico y la estructura P— ninguna información categorial específica.

3.5.1. La prioridad de la selección-s.

Para comenzar a dar soporte a la afirmación precedente volvamos ahora a nuestras entradas léxicas de (56). Un análisis somero de (56a) muestra que en sus dos partes (la relativa a la selección-s y la que concierne a la selección-c) reitera información sobre un mismo tipo de vínculo: el que se establece entre el núcleo de un sintagma y su complemento directo o argumento interno. Hecha esta comprobación, la pregunta que cabe formularse, pues, es de cuál de las dos informaciones podemos prescindir, o, más estrictamente, cuál de ellas es, por así decir, más básica y permite anticipar la otra.

La suposición de Chomsky (1986a) —siguiendo ideas de Grimshaw (1979) y Pesetsky (1983)— es que la selección-s es epistemológica y empíricamente prioritaria, pues si conocemos ésta podemos inferir la subcategorización, pero no viceversa. Un postulado que condense este hecho puede ser el que se enuncia en (57):

(57)
«Si un predicado selecciona-s a una categoría semántica C, entonces selecciona-c la «realización estructural canónica» [REC] de C» (Chomsky, 1986a: 87).

En aras de la ilustración, aún informal, del enunciado de (57) consideremos un subconjunto de los verbos *proposicionales*, el de los verbos *dicendi* estudiado por Grimshaw (1979) y retomado por Chomsky (1986a). Estos verbos, entre los que se cuentan formas como *afirmar, anunciar, explicar, declarar, advertir, anotar, mencionar, preguntar* o *apuntar* se caracterizan porque pueden llevar como objeto directo tanto una oración (la realización sintáctica de la entidad semántica Proposición) como un SN. Lo interesante del caso, sin embargo, es que ese SN tiene siempre la interpretación de «proposición encubierta», o sea, equivale semánticamente a una proposición:

(58)
a. Afirmó $_O$[que se iba]
b. Afirmó $_{SN}$[la verdad / *la mesa]

(59)
a. Anunció $_{O'}$[que viviría en Santo Domingo]
b. Anunció $_{SN}$[la buena noticia]

(60)
a. Preguntó $_{O'}$[qué hora era]
b. Preguntó $_{SN}$[la hora]

Por consiguiente, si afirmamos que los verbos de decir seleccionan-s una Proposición y establecemos que la REC de Proposición es O' o, en su defecto, un SN con significado proposicional, prediciremos la subcategorización a partir del marco temático. Una predicción en la dirección contraria naturalmente no sería posible porque afirmar que se elige un SN no prejuzga sobre el contenido de ese SN.

La estipulación de que la realización como SN es secundaria y no primaria parece pertinente, por otra parte, puesto que existen verbos proposicionales que sólo toman complemento oracional. *Suponer, decidir* y *pensar* son tres posibles miembros de esa subclase:

(61)
a. Supongo $_{O'}$[que habrás tomado precauciones]
b. *Supongo $_{SN}$[la noticia / la verdad /tu afirmación]

Si estos datos son correctos, lo que podría inferirse de ellos es que existe una línea divisoria semántica que subyace a la distribución en la subcategorización. Ciertamente, los verbos de la subclase con doble selección semántica son verbos proposicionales de habla, mientras que los de la subclase con una única selección categorial son verbos proposicionales de actitud cognitiva, verbos de pensamiento. El contraste entre *preguntar*, verbo de habla y *preguntarse*, verbo de pensamiento, ilustra lo que acabo de decir. Nótese que si bien ambos subcategorizan una interrogativa indirecta sólo el primero admite la expresión del contenido proposicional de ésta por medio de un SN [cf. (60b)], el segundo siempre subcategoriza una oración.

Llegados a este punto, la cuestión de interés es la de si existe una razón previa de las correlaciones que acabamos de establecer, razón que tenga que ver con la conexión que se establece entre el predicado proposicional y el argumento interno por él seleccionado. Esta pregunta no tiene una respuesta sencilla, gran parte de la investigación actual sobre el léxico está concentrada precisamente en su esclarecimiento y a ella volveremos en la subsección siguiente a propósito de una posible subestructura aspectual coexistente con la estructura temática.

Para contestarla por el momento de una manera aproximativa consideremos ahora otro subconjunto de los verbos proposicionales, el de aquéllas como *dudar* o *preguntarse* que se caracterizan por exigir aparentemente una preposición cuando el complemento subcategorizado es un SN. Este complemento preposicional alterna con uno oracional que no requiere de manera obligatoria tal preposición:

(62)
a. Me pregunto $_{O'}$[si me ayudarás]
b. Me pregunto $_{SN}$[*(por) tu ayuda/ tu hermana]

(63)
a. Dudo $_{O'}$[que pueda resistirlo]
b. Dudo $_{SN}$[*(de) tu palabra / tu padre]

Una primera explicación posible de estos hechos —en línea con la avanzada por Chomsky (1986a) (y anticipada por Pesetsky, 1983) para dar razón de la diferencia entre *ask* «preguntar» y *wonder* «preguntarse» (en inglés semánticamente equivalentes pero con distintos requisitos sintácticos)— consiste en atribuir ese contraste a la teoría del Caso:

(64)
a. I asked what time it is.
   (Yo) pregunté qué hora es.
b. I asked the time.
   (Yo) pregunté la hora.

(65)
a. I wondered what time it is.
   Me pregunté qué hora era.
b. *I wondered the time.
   Me pregunté la hora.

En el análisis de estos lingüistas se atribuye la anterior alternancia a propiedades sintácticas intrínsecas de los verbos en cuestión. Se sostiene, en efecto, que *ask* es, en inglés, un verbo transitivo, que por ello asigna caso objetivo al SN que rige directamente; *wonder,* por ser intransitivo, no podría llevar a cabo esta asignación, y de ahí la agramaticalidad de (65b) que violaría el Filtro del Caso. Esa violación se puede evitar, no obstante, si se inserta un elemento capacitado para asignar Caso, concretamente una preposición. Se obtiene así la estructura gramatical (66), paralela a (65b):

(66)
I wondered about *the time*.
Me pregunté por la hora.

La sola apelación a la teoría del Caso, con ser pertinente, no parece suficiente para dar razón de los datos castellanos de (62) y (63). Si ampliamos el corpus de (62) y (63) veremos que otro subconjunto de la misma clase semántica de verbos se caracteriza por permitir, en apariencia libremente, que la preposición pueda estar o no presente. Entre ellos tenemos *pensar /pensar en*, *creer/creer en*, *soñar/ soñar con* o *hablar/hablar en*. Sin embargo, si escudriñamos estos datos con algo más de cautela veremos que en estas construcciones y sus semejantes la presencia de la preposición sirve para expresar un cambio en la relación entre el predicado y su argumento interno:

(67)
a. Luis pensó una palabra.
b. Luis pensó *en* una palabra.

(68)
a. Alicia habla catalán.
b. Alicia habla *en* catalán.

(69)
a. Irene soñó una tormenta.
b. Irene soñó *con* una tormenta.

Las variantes (a) de los ejemplos precedentes, en efecto, consideran al objeto mental Paciente como una entidad física, mientras que las variantes (b) se concentran en el proceso lingüístico o cognitivo propiamente dicho. Esta variación en la interpretación se manifiesta explícitamente en las continuaciones posibles que permiten las dos formas alternantes:

(70)
a. Luis pensó una palabra ($^{??}$durante toda la tarde), (súbitamente).
b. Luis pensó en una palabra (durante toda la tarde), ($^{??}$súbitamente).

(71)
a. Irene soñó una tormenta ($^{??}$durante el verano), (ayer noche).
b. Irene soñó con una tormenta (durante el verano), (ayer noche).

Ese contraste semántico —la diferente naturaleza del Tema como consecuencia de la distinta manera de ser de la acción— se pone en evidencia también en el tipo de objeto que aceptan las dos formas que aquí nos conciernen, como se ve en (72):

(72)
a. Irene soñó (*tu hermana) / con tu hermana.
b. Irene soñó un elefante de papel / con un elefante de papel.

La hipótesis que se puede articular es que la diferencia entre *pensar* y *pensar en* es similar, aunque no idéntica, a la que existe entre un verbos como *darse cuenta* y *saber*. *Darse cuenta* es un verbo de «consecución» [*achievement*] —en la clasificación de Vendler (1967) (cf. Dowty, 1979)— mientras que *saber* es un verbo de estado. *Pensar,* a su vez, es un verbo de consecución mientras que *pensar en* es un verbo de actividad o proceso, aunque la estructura argumental sea la misma en ambos casos. Por consiguiente, se puede conjeturar que la presencia de la preposición en formas como las de (67) a (72) tiene que ver con esa variación en el «aspecto» verbal, aktionsart o modo de ser de la acción.

Según veremos en 5.5 (pero cf. Demonte, 1989 para más precisiones) existen numerosos elementos de juicio que muestran nítidamente que las preposiciones de formas como *hablar en*, *soñar con*, *prescindir de*, *abusar de*, *discrepar de* o *renunciar a* no son equivalentes a las que encontramos en *abundar en*, *adolecer de* o *versar sobre* y muchos otros verbos de los denominados tradicionalmente de régimen preposicional. Las preposiciones de la clase de *pensar en*, a diferencia de las similares a *abundar en*, alternan con verbos no preposicionales, no se pueden omitir en las construcciones coordinadas y aparecen típicamente en estructuras argumentales de Agente-Paciente. Nuestra suposición —que no elaboraremos ahora— es que en los casos que estamos considerando *no* nos encontramos con una verdadera preposición —que encabeza una proyección máxima— sino con una marca de una variante del Caso acusativo (un «acusativo preposicional») que surge condicionada por propiedades aspectuales del predicado verbal.

Volviendo al hilo central de nuestra argumentación, podemos sostener, tras estas escuetas consideraciones, que son las propiedades léxicamente determinadas, entre las cuales se cuentan tanto las relaciones temáticas condicionadas por el predicado como características del evento, las que preestablecen, al menos parcialmente, la forma de las estructuras sintácticas en que esas relaciones temáticas y aspectuales se proyectan.

Así las cosas, el enunciado de (57) es apenas el comienzo de la teoría de la proyección. El problema que queda pendiente es cuáles otros principios o reglas más específicos rigen las correlaciones posibles entre la estructura de papeles temáticos —o cualesquiera otras estructuras presentes en el léxico— y las posiciones sintácticas específicas que los miembros de esas estructuras pueden ocupar. Al parecer, y como veremos de inmediato, existen «jerarquías entre papeles temáticos» (cf. Fillmore, 1968) que son decisivas en esa proyección, jerarquías que se ven constreñidas, a su vez, por otras restricciones léxicas y formales.

Quiero señalar explícitamente que al esbozar estas últimas cuestiones en la subsección que sigue adoptaré explícitamente el punto de vista, no universalmente compartido, de que es posible formular generalizaciones lingüísticamente significativas en términos de papeles temáticos (pero cf. Jackendoff, 1983 y 1987 para el desarrollo de la tesis de que los papeles temáticos son entidades derivadas de una primitiva «estructura conceptual» que tiene incidencia en la representación lingüística).

3.5.2. Estructura temática y estructura eventiva y el papel de las jerarquías temáticas en la proyección

3.5.2.1. Las consideraciones anteriores han mostrado que no basta sólo con la estructura argumental y con la regla (54) para proyectar adecuadamente la representación léxica en la configuración sintáctica. Una hipótesis tradicional reexplorada en trabajos recientes es que «la jerarquía entre papeles temáticos» desempeña también un papel crucial en el establecimiento de la interrelación entre el nivel del léxico y la estructura-P. La idea, en efecto, viene de Fillmore (1968) y se reformula en Belletti y Rizzi (1987) y en Grimshaw (en prensa).

En esencia, una suposición aceptada sin demasiadas objeciones en el momento actual es que si bien los papeles temáticos no tiene función alguna en los procesos estrictamente sintácticos (no hay regla ni principio que deba hacer uso de ellos para establecerse) sí parece que intervienen en la mediación entre el léxico y la estructura-P. Más específicamente, se puede mostrar que existe una relación entre prominencia temática y prominencia estructural. Grimshaw (en prensa: 2) enuncia la generalización empírica (73) como el orden no marcado de prominencia entre papeles temáticos (pero cf. Carrier-Duncan (1985) para una propuesta alternativa y véase su utilización en Larson (1988)):

(73)
(Agente (Experimentante (Meta/Procedencia/Locación (Tema))))

Si convenimos que un argumento es más prominente sintácticamente que otro si y sólo si lo manda-c asimétricamente podremos deducir —circularmente— de (73) el hecho de todos conocido de que si en una estructura oracional hay un Agente éste habrá de ser siempre el sujeto de la oración (a menos que haya mediado un proceso léxico como en las construcciones pasivas). De (73) se seguirá también el que en la posición más profundamente incrustada, la de objeto directo, haya de aparecer generalmente un Tema o Paciente.

Esta jerarquía o prominencia temática, por otra parte, deberá respetarse en el marcado temático. Si aceptamos, entonces, con Marantz (1984) y Levin y Rappaport (1986), que sólo existen tres formas de marcado temático, *directo, indirecto* —es decir, por medio de una preposición— o a través del proceso de *prediación*, podremos entender (dado, además (73)) por qué los argumentos Agente, Tema y Meta se proyectan como lo hacen en (74):
(74)
Juan regaló *una bicicleta* a *su hija*.

3.5.2.2. Pero el ensanchamiento de la noción de estructura argumental no proviene sólo de haber visto que hay relaciones de jerarquía entre los argumentos que la conforman; se ha propuesto también que la estructura argumental debe contener alguna referencia al tipo de evento, a la naturaleza o modo de ser de la acción descrita por el predicado.

Davidson (1967) fue quien introdujo la idea de que los predicados ordinarios, en particular los verbos de acción, contenían, además de las posiciones asignadas a los argumentos explícitos, una posición para el *evento*. Higginbotham (1985) supone que todos los predicados ordinarios, incluyendo los verbos de estado y los adjetivos, tienen una posición E en su red temática, posición abierta a eventos y situaciones y que se materializa en la superficie sólo ocasionalmente; porque, en realidad, no se descarga —como sucede con los otros argumentos— por medio del marcado temático. Lo que se dice en (75a) es que *comer* es un verbo ternario en el que la actividad *e* es verdadera si la lleva a cabo un Agente x y se ejercita sobre un Tema y:

(75)
comer: 1, 2, E, Agente (1), Tema (2)

La existencia de este argumento *e*, que algunos autores llaman también argumento d(avidsoniano), es lo que explica por qué sólo ciertos adjuntos adverbiales son compatibles con determinadas clases de verbos. Como ha puesto de manifiesto Dowty (1979) —siguiendo a Vendler (1967)— sólo los verbos de actividad, no los de estado, admiten adverbios como *voluntariamente*, *deliberadamente* o *meticulosamente*:

(76)
a. Fermín viajó al Chad deliberadamente.
b. *Fermín supo la noticia deliberadamente.

Unicamente los verbos de realización [*accomplishment*] aceptan adverbiales del tipo de *en una hora*; los de actividad, por el contrario, van bien con *durante* y rechazan *en una hora*:

(77)
a. Daniel pintó un cuadro (*durante una hora) / en una hora.
b. Daniel caminó durante una hora / (*en una hora).

Estos adjuntos adverbiales serían licenciados, de alguna manera, por el argumento eventivo.

Más aún, Torrego (1988), quien —en línea con Kratzer (1988), según referencia no explicitada en Torrego (*op.cit.*)— sostiene que sólo algunos verbos tienen argumento davidsoniano, explora la idea de que la manifestación explícita de un argumento espacio temporal es la que hace que ciertos verbos clasificados léxicamente como inergativos (*dormir, jugar, pasear*) pasen a tener, en esas circunstancias, las propiedades típicas de los inacusativos. Recordemos para empezar que, tal como muestran las oraciones siguientes extraídas de Torrego (1988), los verbos inacusativos, al igual que los transitivos, admiten SSNN sin determinante en la posición postverbal (cf. (78a) y (78b); esas construcciones no son posibles cuando el verbo es inergativo (cf. (78c):

(78)
a. Han leído libros. [*transitivo*]
b. Han pasado camiones. [*inacusativo*]
c. *Han dormido animales. [*inergativo*]

Sin embargo, la presencia de un locativo con valor específico en la posición preverbal de una oración con un verbo inergativo convierte en gramaticales a oraciones similares a (78c):

(79)
a. En este jardín han dormido animales — $^{??}$ Han dormido animales en este jardín. $^{??}$ En unos jardines han dormido animales.
b. Aquí juegan niños.

Torrego (1988) conjetura que ese adverbial locativo descargaría en realidad a un argumento davidsoniano con valor espacio temporal, argumento que permanecería oculto en las construcciones con verbos inacusativos. En (79) y oraciones similares tendríamos un «sujeto locativo», un argumento externo (si bien no estaría coindizado con la Inflexión) y por eso el otro argumento deberá permanecer en la posición interna. (Véase también de Miguel, 1989, para un interesante análisis de las construcciones con *se* y las oraciones pasivas en términos de la realización de un argumento davidsoniano de naturaleza aspectual).

3.5.2.3. La tesis que subyace a los trabajos mencionados en la subsección anterior es que la estructura argumental contiene, *además* de los argumentos temáticos, un argumento sobre la naturaleza de la acción cuya realización sintáctica parece depender de factores diversos. Higginbotham (1987) dice explícitamente que «*e* se distingue de otros argumentos potenciales en que es el objeto en el cual se apoyan las otras relaciones temáticas mas no un portador de (tales) relaciones» (*op. cit.*: 30).

Grimshaw (en prensa), sin embargo, establece las líneas fundamentales de un enfoque en el que la estructura argumental y el tipo de evento al que corresponde el predicado correlacionan de una manera sistemática. Esta autora, retomando ideas de Pustejovsky (1988), afirma que el análisis correcto de la estructura argumental de las piezas léxicas incluye dos dimensiones: la dimensión temática y la dimensión aspectual, y supone que todos los verbos llevan asociada una estructura de evento que «representa el análisis aspectual de la claúsula» (*op. cit.*: 31). Los componentes de la estructura eventiva también guardan entre sí relaciones de prominencia. Por otra parte, cada subcomponente de ella debe ser identificado por medio de alguna expresión sintáctica.

En una ejemplificación trivial podemos decir que un verbo de realización (*accomplishment*) como *romper*, que contiene un subevento de actividad y otro de estado resultante, tendría especificada la estructura (80); en un verbo de esta clase el elemento más prominente de la estructura eventiva se identifica por medio del elemento más prominente en la estructura argumental:

(80)
romper: (Agente (Paciente))
(Causa (Resultado))

La relevancia de esa posible dimensión aspectual se puede contrastar tal vez a través del análisis de un caso concreto que ha sido objeto de especial atención en la literatura lingüística: el de los verbos psicológicos. No desarrollaremos aquí ese estudio de caso, pero el lector interesado puede dirigirse al examen de las alternancias en la realización sintáctica de la estructura argumental de los verbos psicológicos que realizan Belletti y Rizzi (1987) y compararlo con la explicación (en términos de ajuste o desajuste entre las posiciones prominentes de la estructura argumental y de la estructura aspectual) que propone Grimshaw (en prensa: cap. 2).

La elección —por respecto a su mejor capacidad explicativa— entre una estructural argumental como la de (75) o la relativamente alternativa de (80) parece, hoy por hoy, una cuestión abierta. No obstante, datos recientes provistos en Grimshaw y Vikner (1989) podrían sugerir una opción por la segunda. Lo que estos autores ponen sobre el tapete es que ciertos verbos de «realización constructiva», que llevan dos argumentos en su estructura argumental y poseen una estructura de evento compleja consistente en una actividad y un estado resultado, requieren la presencia obligatoria de un adverbial adjunto cuando aparecen en construcciones pasivas. Obsérvense los ejemplos de (81) donde el asterisco indica que la oración es agramatical sin el mencionado adjunto:

(81)
a. La casa fue construida *ayer/ *en un mes /*para complacer al vecindario.
b. El retrato fue dibujado *en media hora/ *con dificultad.

La suposición de Grimshaw y Vikner (1989) es que el adjunto obligatorio identifica el subcomponente de actividad de la estructura eventiva mientras que el Tema —único argumento que permanece en la estructura argumental tras la supresión del argumento externo característica de las construcciones pasivas— se asocia con el resultado. En las correspondientes activas, cada uno de los subeventos se identificaría por medio de los dos argumentos temáticos. Paralelamente, los verbos de «realización» que no requieren adjuntos obligatorios son aquellos «no constructivos» en que el Tema se asocia tanto a la actividad como al resultado, y por ello a una estructura eventiva de dos posiciones puede corresponder un único argumento temático:

(82)
a. La casa fue destruida.
b. El retrato fue partido en dos.

La hipótesis de la existencia de una estructura de subeventos parece hacer interesantes predicciones acerca de ciertas propiedades de las construcciones con *se* del español. El español distingue entre construcciones ergativas con *se* como la de (83) y construcciones medias similares a las de (84) (cf. Keyser y Roeper (1984) y Demonte (1988b) y las referencias allí mencionadas); en las oraciones medias el adjunto adverbial no puede faltar para que la construcción sea gramatical:

(83)
a. El buque se hundió.
b. La niña se asustó.

(84)
a. Este preparado se funde *con facilidad.
b. Esta habitación se barre *en un minuto.

En línea con los análisis clásicos (cf. Keyser y Roeper, 1984) podemos afirmar que las oraciones ergativas son anticausativas y están sometidas a un proceso, probablemente léxico, de deleción del papel temático externo. Desde el punto de vista aspectual, el único componente del evento es el resultado y ello se manifiesta en el hecho de que sólo sean posibles en tiempos perfectos, pues el perfecto probablemente convierte una actividad compleja en un único estado-resultado. La combinación de esos dos hechos (un único argumento temático y un único subevento) es lo que explica la buena formación de las construcciones de (83).

Con las oraciones medias —que posiblemente son sólo un subconjunto del vasto grupo de las construcciones genéricas, del cual forma parte también un subsector de las impersonales— no sucede lo mismo: el argumento externo no se elimina sino que recibe una interpretación genérica o cuasi universal, parafraseable como la sustitución de *se* por *uno* en las oraciones de (84). (Aún siendo ambas genéricas, las medias, a diferencia de las impersonales, predican una propiedad intrínseca del objeto —algo así como que «el preparado es fundible y la habitación barrible»—, como bien hace notar Cinque, 1988). Esta diferencia no será relevante a nuestros efectos). Por consiguiente, una estructura con *se* impersonal o medio tiene la misma conformación argumental que la oración correspondiente sin *se*, sea ésta transitiva, inergativa o inacusativa. Desde el punto de vista aspectual, por otra parte, es obvio, que estas estructuras mantienen la estructura de actividad compleja, o de combinación de dos estados cuando el verbo es inacusativo.

Para intentar aclarar el contraste de (83)-(84) relativo a la obligatoriedad de los adjuntos adverbiales en las oraciones medias podemos tomar en consideración ahora el hecho señalado repetidamente en la literatura (cf., por ejemplo, Alcina y Blecua, 1975, y Cinque, 1988) de que las oraciones impersonales pueden interpretar a su argumento externo bien como un pronominal arbitrario con valor existencial, bien como un pronominal arbitrario genérico, según anticipábamos ya líneas más arriba (cf. de Miguel,1989 para una explicación muy elaborada de la génesis sintáctica de esas dos subclases de *se*). Ahora bien, tal como muestran las oraciones de (85), el adjunto adverbial sólo es obligatorio cuando la oración impersonal (al igual que la media) se interpreta como genérica; cuando tiene significación existencial el adjunto puede faltar:

(85)
a. A Dinamarca se (=uno) llega *(mejor por avión).
b. La nueva versión del concierto se (=uno) escucha/escuchó *(con gran interés).
c. Aquí se (=uno) trabaja *(bien).
d. Se (=alguien) vende casas.
e. Se(=alguien) ha encontrado al culpable.
f. Se (=alguien) trabajó (duro).

Si adoptamos la suposición adicional de que sólo el *se* existencial (o el pronominal arbitrario por él identificado) es un verdadero argumento, mientras que el *se* universal o genérico es un no-argumento (cf. Cinque,1988 para el primer análisis de esta distinción), podremos explicar el requerimiento de adjuntos obligatorios en las construcciones con *se* del español. En efecto, en las impersonales existenciales (85d, e y f) el *se* argumental identificará a uno de los dos subeventos y el otro será licenciado a través del segundo argumento de la configuración, cuando sea necesario. En las impersonales genéricas, por el contrario, al ser *se* no argumental y, por lo tanto, no temático, uno de los dos subeventos necesitará una expresión sintáctica adicional y la obtendrá a través del adjunto obligatorio. Así las cosas, parece que la hipótesis de la estructura aspectual da razón de distinciones que no pueden establecerse con la mera suposición de que la estructura argumental contiene también un argumento E.

4.
El movimiento de constituyentes. Las condiciones sobre su aplicación y sus efectos

4.1. Muévase α. Definición y tipos de movimientos.

Una idea central de la teoría clásica de la gramática generativa (Chomsky, 1957 y 1965) fue la de que la gramática había de ser capaz de expresar la noción de «relación entre oraciones». Esta noción preteórica es la que subyace, entre otras cosas, a la tesis comúnmente aceptada de que la caracterización adecuada de la competencia lingüística debe tener en cuenta varios «niveles de representación de la oración». En los capítulos anteriores hemos definido y explicitado las condiciones formales y semánticas que dan razón de las estructuras oracionales básicas o representaciones de la Estructura-P. Sin embargo, como ya sabemos, no es ése el único nivel de representación de las oraciones.

La suposición clásica, en efecto, era que de esas estructuras profundas se «derivaban» las representaciones-s(uperficiales) por la intervención de un conjunto bien definido, aunque probablemente demasiado extenso, de «tranformaciones» sintácticas, de reglas o instrucciones para convertir las estructuras básicas o profundas en estructuras derivadas o superficiales. De ahí que la primera versión de esta teoría de la gramática recibiese el nombre de gramática generativa y *transformatoria*.

Un conjunto de importantes trabajos —entre los que ocupa un lugar destacado por su carácter seminal el de Ross (1967)— mostraron que ese amplio inventario de reglas no estaba ni empírica ni teóricamente motivado y que era posible reducirlo drásticamente si se establecían ciertas condiciones generales sobre el funcionamiento de las reglas transformatorias. No entraré aquí en los detalles de tan compleja historia —el lector interesado puede acudir a Newmeyer (1980) para una reconstrucción racional y a van Riemsdijk y Williams (1986) para una exposición técnica— aunque sí intentaré bosquejar, más adelante, algunos datos y generalizaciones cruciales de los estudios relativos a las restricciones sobre las reglas.

La hipótesis hoy aceptada acerca de la relación entre estructura profunda y superficial establece que la mediación entre estos niveles se realiza a través de una única regla transformatoria, irrestricta y opcional, la que expresa, como en (1), que todo α (siendo α cualquier constituyente) puede desplazarse:

(1)
Muévase α.

Otros principios del sistema gramatical, necesarios de todos modos por razones independientes, son los que permiten determinar de manera cabal *qué* es lo que se mueve, *hacia dónde* se mueve, *qué sucede en el sitio desde el que se realiza el desplazamiento* y, por consiguiente, las variantes posibles de «Muévase α». De esas cuestiones nos ocuparemos en la primera parte de este capítulo. El asunto más problemático de la longitud del movimiento y de los efectos aceptables e inaceptables de él parece que debe imputarse a dos principios particulares (probablemente reducibles a uno solo) el «Principio de la subyacencia» y el «Principio de la categoría vacía». De ellos dos y de su parcial unificación gracias a la noción de Barrera hablaremos en la segunda y tercera partes de este capítulo.

4.1.2. El movimiento de SN

El primer módulo que delimita ciertas condiciones esenciales de la regla (1) es el módulo temático. Si, en efecto, un argumento puede recibir papel temático sólo una vez, no podrá darse el caso de que un constituyente marcado temáticamente se desplace a una posición en la que sea posible volver a asignarle papel temático. Del módulo temático se sigue entonces la característica (2) de la regla «Muévase α»:

(2)
Todo movimiento deberá realizarse a una posición no temática.

Como hemos anticipado en el capítulo anterior (y dejando de lado por el momento la concepción de las proyecciones de Fukui y Speas, 1986), una posición de una representación-P puede ser no temática debido a dos causas diferentes: porque un determinado predicado, por razones intrínsecas de su significado, no asigne papel temático a su argumento externo, o porque sea una posición A' generada como tal en aplicación de los principios de la Teoría X. En el primer caso, en la estructura básica quedará disponible la posición de argumento externo y esa posición será la candidata para el aterrizaje de un elemento desplazado. Esto es lo que sucede, por ejemplo, en una oración como (3), donde (3b) proviene de (3a) a través de una regla de «ascenso del sujeto» (v. también 5.3.1 y entiéndase que $\theta' = -\theta$):

(3)
a. θ' parece [Juan cantar muy bien].
b. Juan parece [t cantar muy bien].

Un efecto esencial de este movimiento, que se deriva ahora del Principio de Proyección, es que ese desplazamiento (y todo otro movimiento) deja una *huella* que aunque invisible fonológicamente tiene los efectos sintácticos de la correspondiente categoría plena. La prueba trivial de que la posición original está ocupada es que no puede concurrir en ella ninguna categoría léxica (i.e. *Juan parece María cantar muy bien* es una oración agramatical). Designaremos por medio de *t*(race) a esta categoría vacía, de cuyas propiedades características nos ocupamos con detalle en 6.2. Llamaremos, asimismo, «Movimiento de SN» al desplazamiento que tiene lugar en (3): puesto que, por definición, en estas estructuras el constituyente se mueve al Esp del S(intagma) I(nflexión), a una posición de sujeto, y los sujetos por antonomasia son los SSNN, derivadamente, el movimiento en cuestión será un movimiento de SSNN.

Obsérvese que a (2) no debe añadírsele ninguna indicación acerca de las propiedades temáticas de la posición desde la cual se produce el movimiento, que puede ser θ' ella misma; lo único importante es que el elemento que se desplaza tenga papel temático. En (4), por ejemplo, el sujeto que se asciende proviene inmediatamente de una posición θ', pero tiene el papel temático que ha recibido en su posición original de objeto de *convencido*:

(4)
José$_i$ parece [t'$_i$ haber sido convencido t$_i$]

Nótese, asimismo, el contraste entre las oraciones de (5) y (6), en apariencia similares. En (5a), semejante en diversos respectos a (3) y

105

(4), el sujeto temático plural de *amarse*, *Pedro y Marta*, se convierte en sujeto del impersonal *parecer* por requerimientos puramente formales, y de ahí la obligada concordancia. En (6b) el SN inicial es un elemento generado en la base en una posición extraoracional, probablemente en la posición de Tema (cf. Rivero, 1980), y por eso la concordancia produce agramaticalidad. La extracción del sujeto de una oración con tiempo, por otra parte, no sería posible por razones que analizaremos también en 6.3:

(5)
a. Pedro parece [t amar a Marta]
b. Pedro y Marta parecen [t amarse]

(6)
a. Pedro parece [que ama a Marta].
b. Pedro y Marta parece(*n) [que se aman].

Estos contrastes sugieren que el «ascenso del sujeto» está motivado por determinantes de naturaleza exclusivamente formal. Como estudiaremos con detalle en 5.3., la razón por la cual el SN debe desplazarse de su posición en la configuración de partida es porque allí no puede recibir Caso ya que la Inflexión infinitiva no lo asigna. Los principios de la subteoría del Caso, pues, junto con el Criterio Temático motivan la segunda característica de la regla «Muévase α', expuesta en (7):

(7)
«Muévase SN» es un subcaso de «Muévase α».

Que ese movimiento va a ser un ascenso y no un descenso del constituyente desplazado se sigue de la restricción sobre la relación antecedente-huella explicitada en Fiengo (1974):

(8)
«El movimiento se realiza a una posición jerárquicamente superior en la configuración, concretamente, a una posición que tiene mando-c sobre aquélla desde la cual se realiza el movimiento.» (Donde α manda-c a β ssi ni α ni β se dominan y el nudo ramificado que domina más inmediatamente a α domina también a β —cf.5.1. para más precisiones).

4.1.3. El movimiento de CU

Indicábamos líneas más arriba que una posición sintáctica puede ser θ' por razones configuracionales. En efecto, la teoría sintáctica, a diferencia de la teoría de la proposición que sólo asigna posiciones a predicados y argumentos, debe tener en cuenta elementos que son extraproposicionales desde el punto de vista del Principio de Proyección, pero que son concebibles como resultado de la interacción entre teoría X, Criterio Temático y teoría del movimiento. Un caso claro de posición extraproposicional es el que ocupan los elementos dislocados o focos informativos en estructuras del tipo de *[Los dislates]* $_{SI}$*[los dijo Ramón]* *(*no las verdades)*. Otro caso es el de los encabezadores de proposiciones o complementantes:

(9)
a. No sabemos $_{SC}$[[qué] trajo el cartero.]
b. Anunció $_{SC}$[[que] te llamaría.]

Llamaremos COMP [=(lugar del) Complementante] a esa posición inicial cuyas propiedades teóricas se analizan por vez primera en Bresnan (1970) y denominaremos «Movimiento de CU» a la regla que forma (9a); regla que, naturalemente, también deja una huella *t* en la posición de partida. Así pues, podemos afirmar que el enunciado (10), paralelo a (7), explicita una característica de los procesos generales de movimiento:

(10)
«Movimiento de CU» es un subcaso de «Muévase α».

En Chomsky (1977), donde se establecen inicialmente las características de la regla de «Movimiento de CU» (cf. también Chomsky, 1973), se estipula que ésta coloca una frase-CU dentro de un nudo COMP hermano de O, a la izquierda de un [+/−CU] que bien se realiza fonéticamente como *that*/«que», bien es nulo (*op. cit.:* 85). Por lo tanto, en lo que respecta a la naturaleza sintáctica de la posición del complementante, se sobreentiende aquí, simplemente, que COMP es un nudo externo a O, apto para el aterrizaje de los sintagmas-CU:

(10)
[$_{COMP}$ [N-cu]..[+CU]] [$_O$ ... t ...]

En Chomsky (1981) se postula ya que COMP es el núcleo de una proyección defectiva C'(=O') puesto que sólo se extiende hasta el nivel barra-prima. En la elaboración de esta hipótesis por Lasnik y Saito (1984) se entenderá asimismo que ese elemento COMP es en sí mismo una proyección máxima con una sola posición para el núcleo, a la que podrá adjuntarse, en ciertas condiciones, un constituyente desplazado por movimiento de CU; la proyección COMP ostentará el índice de su cabeza o núcleo. Este núcleo será bien *that* (si está presente), bien el hueco para el movimiento, dependiendo de la subcategorización del verbo matriz. Una oración como *Dónde dices que viste a María* tendrá la estructura de COMP de (11), donde la huella en COMP (=C a partir de ahora) es consecuencia de la aplicación cíclica —de COMP a COMP— de la regla «Muévase α» (volveremos sobre estas cuestiones):

(11)
[[Dónde$_i$] [*pro* dices $_{SC}$[$_C$[t'_i *que*] [*pro* viste a María t_i]]]]

Que el complementante es el núcleo de una proyección superior a la oración-proposición no parece en efecto discutible. Si aceptamos, por ejemplo, que toda relación de selección semántica es una relación de emparejamiento de rasgos entre el núcleo selector y el seleccionado, tendremos que proponer que la cabeza de la subordinada ha de tener bien el rasgo [+CU], bien [−CU] puesto que existen tres clases de verbos por respecto a la selección de interrogativas: los de la clase de *preguntarse* que sólo aceptan interrogativas, los similares a *creer* que toman completivas pero no interrogativas y los del grupo de *(no) saber* que escogen ambas. (12a), (12b) y (12c) ilustran, respectivamente, estas posibilidades:

(12)
a. Me pregunto [$_{C+cu}$ a quién] saludaré — *Me pregunto que se fue.
b. Creo [$_{C-cu}$ que] no lo conozco — *Creo a quién habré saludado.
c. No sé [$_{C+cu}$ si] lo encontraré — No sé [$_{C-cu}$ que] me lo hayas avisado.

La propuesta de Chomsky (1981) y la concepción expresada en (11) no son, empero, la mejor formalización posible de la estructura de COMP, ni la representación más adecuada para dar razón de las propiedades del movimiento de CU. La teoría extendida de las categorías sintagmáticas recientemente desarrollada (cf.2.5.) permite suponer que COMP puede proyectar una categoría máxima que llega hasta el nivel de doble barra y, por tanto, con un núcleo C, un complemento I″ y un lugar para el Especificador de C′, como en (13):

(13)

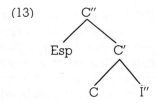

En (13), pues, existen dos lugares posibles para el aterrizaje de una frase-CU desplazada por «Movimiento de CU»: el del núcleo y el del especificador. Como hace notar Chomsky (1986b), esta consecuencia es interesante: hay razones tanto empíricas como conceptuales para desear distinguir entre el núcleo y el especificador de una proyección de COMP. La distinción entre un hueco para la frase CU y otro para el complementante *que*, *that* o similares encuentra, por ejemplo, fuerte motivación en el hecho de que existan lenguas con movimiento de sintagmas CU hacia la izquierda y complementantes equivalentes a *que* situados a la derecha (cf. Koopman, 1984).

Más importante aún: la propiedad característica del Movimiento de CU —como se ha señalado desde siempre (cf. Chomsky, 1973 y 1977)— es que las frases CU tienen «alcance» sobre la oración (son operadores que ligan una expresión abierta o variable) y, por consiguiente, deben situarse en la posición configuracional más alta posible. Puesto que los complementantes no producen efectos de alcance se puede reservar para ellos el núcleo de SC, y la posición de Especificador será el lugar en el que se colocarán los elementos desplazados por Movimiento de CU. Una importante razón adicional por la cual las frases CU deben situarse en Esp es que, como veremos de inmediato, las proyecciones máximas —y ellas lo son— sólo pueden adjuntarse o sustituir a otra proyección máxima: no podrían, por lo tanto, estar en el lugar del núcleo de SCOMP.

Que el movimiento de CU tiene como justificación fundamental las propiedades de «alcance» de los sintagmas-CU se ve en que, dependiendo de las lenguas, el movimiento de CU *sintáctico* (esto es, con colocación explícita de un elemento CU en COMP) puede ser opcional (como en inglés o en español —cf. *Seguramente me preguntará qué persona compró qué libros*), obligatorio (como en polaco, donde una oración equivalente a la anterior española es agramatical porque la segunda frase interrogativa no está en una posición no argumental) o simplemente no llevarse a cabo como en japonés o en la lengua china donde todas las oraciones interrogativas son como la española mencionada inmediatamente antes.

Conviene que nos detengamos brevemente en este último caso que ilustra prístinamente lo que consideramos la característica fundamental del movimiento de CU.

Huang (1982) explora y profundiza en una peculiaridad de las oraciones del chino: en el hecho de que en esta lengua los pronombres interrogativos permanecen, en la estructura-S, en su sitio original, como se ilustra en (14) (todos los ejemplos del chino provienen de Huang, 1982):

(14)
ni kanjian-le shei?
tu ver-ASP   quién
'A quién viste tú'

La hipótesis de este lingüista es que en dicha lengua la regla de «Movimiento de CU» no se aplica en la sintaxis (en el paso de la EP a la ES) sino en la Forma Lógica, y la prueba de ello es que en chino las frases-CU, aunque no puedan moverse desde su posición básica, se interpretan como elementos que tienen «alcance». Consideremos las oraciones de (15):

(15)
a. Zhangsan wen   wo [shei   mai-le   shu]
   Zhangsan preguntó yo [quién compró-ASP libro]
   Interpretación: 'Zhangsan me preguntó quién compró el libro'
b. Zhangsan xiangxin [shei   mai-le   shu]
   Zhangsan cree   [quién compró-ASP libro]
   Interpretación: 'Quién cree Zhangsan que compró el libro'.
c. Zhangsan zhidao [shei   mai-le shu]
   Zhangsan sabe   [quién compró libro]
   Interpretación: 'Quién sabe Zhangsan que compró el libro' ó 'Zhangsan sabe quién compró el libro'.

Como hace ver Huang (*op. cit.:* 256), las tres oraciones son superficialmente idénticas y difieren sólo en la elección del verbo de la oración matriz. En (15) *wen* 'preguntar' pertenece a la clase de los verbos que requieren un complemento interrogativo; *xiangxin* 'creer' en (15b) toma completivas y *zhidao* 'saber' acepta ambas opciones. Esta diferencia en la elección del verbo es la clave de las diferentes interpretaciones que se asocian a esas oraciones: (15a) se entiende como una enunciación con una interrogación indirecta, (15b) es una interrogación directa y (15c) admite las dos interpretaciones. La manera de representar estas diferencias de interpretación, dice Huang, es suponer que en (15a) la palabra interrogativa tiene alcance sobre la O incrustada, mientras que en (15b) abarca a todo el conjunto oracional y en (15c) puede tomar una u otra opción.

En este sentido, los pronombres interrogativos son semejantes a los cuantificadores ordinarios que también dan origen a distintas relaciones de alcance (son operadores) aunque permanezcan *in situ*. La oración (16a), pongamos por caso, tiene por lo menos dos lecturas: en una de ellas se entiende que para todo x, si ese x es una mujer, x amará a tres hombres cualesquiera (lo que importa es que se enamora de tres a la vez, no cuales sean esos hombres); pero también se puede entender que existen tres hombres específicos (cada uno con nombre y apellido) que son amados por todas las mujeres:

(16)
Todas las mujeres aman a tres hombres.

En la primera acepción diremos que el cuantificador *todos* tiene alcance sobre *tres*, en la segunda es *tres* quien se extiende sobre la proposición en la que se encuentra *todos*. Podemos conjeturar, pues, que en (16) se realiza un movimiento invisible que asciende los cuantificadores a distintas posiciones dando así razón de sus diferentes rangos.

La formalización de los fenómenos semejantes del chino consiste en afirmar también que esta lengua posee una regla de movimiento de cu abstracto o, más específicamente, como indicábamos líneas más arriba, que la regla de «Movimiento de Cu» se aplica en el nivel de la FL y de ahí que sus efectos sean invisibles sintáctica (y fonológicamente) pero no semánticamente.

Hemos reseñado hasta aquí dos subcasos del «Movimiento de α» que se siguen de la interacción de esta regla con el Criterio Temático, es decir, del hecho de que los desplazamientos sólo podrán realizarse a posiciones no temáticas. Otra manera de parafrasear y acaso unificar ahora (2), (7) y (10) es enunciar, como Chomsky (1986b:4), que «no existe movimiento a posiciones de complemento».

Los dos movimientos que hemos visto, por otra parte, son procesos de *sustitución*: operaciones en las que un elemento se coloca en un hueco previsto en la configuración, sustituye a una categoría vacía no temática generada en la base de la gramática. El hueco previsto es, en ambos casos, el del Especificador. Dado el Criterio Temático, por otra parte, el constituyente que se desplaza hacia el Especificador (el sustituyente) sólo puede ser una proyección máxima ya que únicamente las proyecciones máximas, no partes de ellas, tienen papel temático y pueden ocupar posiciones en las que se desempeñan funciones gramaticales.

De ningún otro principio de la teoría se desprende, sin embargo, que sean sólo proyecciones máximas las que puedan, en general, desplazarse ni, tampoco, que la única forma de colocación del elemento desplazado sea a través de una sustitución. Empezando por la segunda de estas cuestiones, hay ejemplos clásicos en la literatura de *adjunciones* a proyecciones máximas: la anteposición del verbo en las oraciones interrogativas del español, estudiada por Torrego (1984), se concibe como adjunción de este constituyente al SI(=O), el ascenso de cuantificadores en la FL parece que implica también adjunción a SI, el desplazamiento de constituyentes pesados adjunta éstos a la derecha de SI, entre otros procesos, (v. May (1985) y Chomsky (1986: caps. 2 y 11) para el razonamiento de que sólo proyecciones máximas se adjuntan a proyecciones máximas y de que las segundas deben ser no argumentales). En cuanto a la primera, en el apartado que sigue veremos que también se desplazan las proyecciones mínimas o núcleos y que éstos tanto pueden adjuntarse a la posición de destino, como sustituir una categoría vacía presente en ella.

4.1.4. El movimiento de núcleo a núcleo. La adjuncion de V a I

Un tercer subacaso de «Muévase α» es el que desde Travis (1984:131) se denomina «Movimiento de núcleo a núcleo» porque parece estar sometido a la siguiente generalización o «Restricción sobre el movimiento de los núcleos»:

(17)
Un X^0 sólo puede moverse a un Y^0 (que lo rija propiamente).

Dejemos de lado la restricción de localidad que establece el paréntesis de (17) —que retomaremos en 4.3— y preguntémonos por el por qué de la Restricción recién mencionada. Según Chomsky (1986b:4), ella se sigue de la hipótesis de que todo proceso transformatorio debe ser «conservador de la estructura» (cf. Emonds, 1976) ya que, en efecto, cualquier asimetría categorial entre el elemento desplazado y su lugar de destino provocaría una alteración de la configuración prevista por la teoría X.

Los subcasos posibles del «Movimiento de núcleo a núcleo», una vez más, se deducen de la acción mutua entre los diversos principios de la Gramática Universal. El más conocido de todos ellos es el denominado «Movimiento del V a I», que estudia con extremo detalle Pollock (1989) y replantea Chomsky (1989). Este movimiento parece ser requerido por propiedades de la morfología —concretamente, por el hecho de que todo afijo debe tener un portador— o, más probablemente, por la naturaleza de la CONC(ordancia) y sus capacidades consiguientes para la asignación de Caso y papel temático (volveremos de inmediato sobre estas cuestiones).

Los varios procesos de «Incorporación» analizados por Baker (1988) son movimientos de núcleo a núcleo distintos del anterior porque en todos estos casos un núcleo se adjunta a una cabeza léxica para satisfacer un requisito de subcategorización morfológica y dar lugar a un cambio de relaciones gramaticales que no afectará, sin embargo, a las relaciones argumentales; de ello se seguirán restricciones específicas y consecuencias empíricas. Un tercer tipo de estos movimientos, más mencionado que realmente analizado, es el del desplazamiento de un verbo al núcleo C de SC, que parece que tendría lugar en oraciones interrogativas inglesas del tipo de *[How happy] is John* (cf. también Rizzi y Roberts, 1989).

Vayamos a la ilustración de la razón de ser y las consecuencias del «Movimiento de V a I». Pollock (1989), retomando datos y elementos de juicio de Emonds (1978), pone sobre el tapete diversos contrastes en el orden del verbo principal respecto de otros constituyentes del sintagma verbal (la negación, ciertos adverbiales y cuantificadores) en oraciones del francés y del inglés. Por ejemplo, si suponemos que adverbios como *often* en inglés y *souvent* 'a menudo' son adverbiales del SV (y que estos adverbios, por razones generales, no pueden desplazarse hacia la derecha) podemos conjeturar, frente al par de (18)-(19), que el movimiento del verbo se ejercita de manera distinta en estas dos lenguas: en francés, el verbo parece subir sin problemas hasta la Inflexión, mientras que en inglés eso no sucede:

(18)

a. John often travels to Belgium.
    John a menudo viaja a Bélgica.

b. *John travels often to Belgium.
    John viaja a menudo a Bélgica.

(19)

a. *Jean souvent embrasse Marie.
    Jean a menudo besa a Marie.

b. Jean embrasse souvent Marie.
    Jean besa a menudo a Marie.

En las oraciones con verbos finitos del francés se obtendría pues el siguiente resultado (omitiendo de la configuración los aspectos irrelevantes a nuestros efectos) tras la adjunción de V a I, si tomamos como base la representación del SI de Chomsky (1981) y la idea de Chomsky 1986b de que el V se *adjunta* a I, es decir, crea a su izquierda o a su derecha otra rama con ese mismo rótulo:

(20)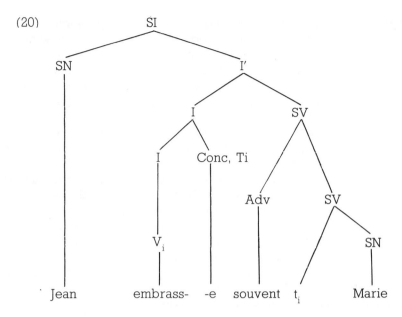

Una manera elemental de explicar la diferencia entre el inglés y el francés es suponer, como indica Pollock, que en francés el V sube hasta la I(nflexión) mientras que en inglés el afijo bajaría hasta el verbo. Los datos son, sin embargo, aún más complejos. En inglés, al igual que en francés, el movimiento del núcleo verbal resulta ser posible cuando el verbo es el auxiliar *have* o *be*, o cuando se trata de un verbo modal:

(21)
a. John has always been a nice person.
    John ha siempre sido una bella persona.
b. *John always has been a nice person.
    John siempre ha sido una bella persona.

Pollock argumenta que esta diferencia se debe a que el movimiento del V está condicionado por el Criterio Temático y su interacción con las propiedades de la Inflexión, más específicamente con las atribuibles al núcleo Conc(ordancia). Así, si la concordancia es fuerte (o «transparente»), como parece ser el caso del francés, permitirá entonces que el verbo unido a ella lleve a cabo de la manera debida la asignación de papel temático; si es débil u opaca bloqueará, por el contrario, esa asignación. Esta es la explicación de que en inglés, donde la concordancia es débil, el movimiento del verbo esté restringido a los verbos que no asignan papel temático: los auxiliares y los modales, y sea imposible, en cambio, con los dotados de pleno significado. En este segundo caso los rasgos de Conc deberán bajar al verbo que permanece en el sitio en el que puede satisfacer el Criterio temático.

Una pieza clave de los recientes análisis del movimiento del verbo, como acabamos de sugerir, es la suposición de que los dos rasgos clásicos del nucleo del SI (el Tiempo y la Concordancia) son en realidad los núcleos de dos proyecciones funcionales: ST (=sintagma tiempo) y SConc(=sintagma concordancia), respectivamente. Por otra parte, el núcleo verbal, en su desplazamiento para formar la palabra verbal, debería ascender paso a paso por cada uno de esos núcleos, ya que de otro modo se produciría una violación del Principio de la Categoría Vacía, como indicaremos oportunamente. (22) sería la revisión de (20) en el esquema de Pollock (pero véase Chomsky, 1989 para la suposición de que en realidad SConc domina a ST y no viceversa):

(22)

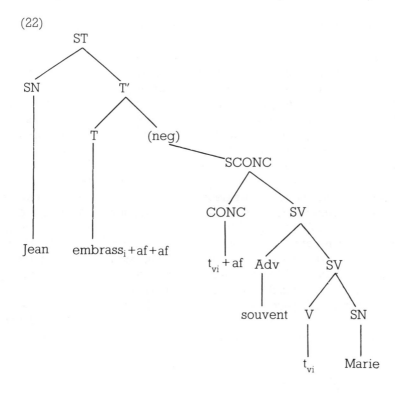

Pollock (1989) proporciona elementos de juicio adicionales relacionados con el movimiento del verbo en las oraciones infinitivas y, en ellas, con los diferentes patrones de orden que se observan según que en la estructura derivada encontremos negaciones o adverbios del SV. Estos elementos le permiten, de una parte, precisar qué otros factores inciden en el Movimiento del verbo (la restricción sobre la cuantificación vacua, por ejemplo, parece que sería relevante) y, de otra, incorporar pruebas independientes de la existencia de las dos proyecciones funcionales esquematizadas en (22). El lector o la lectora interesada encontrará allí ricos materiales para el examen de esta área de la gramática universal.

4.2. Las condiciones sobre el movimiento y sobre sus efectos. La Subyacencia y el PCV

4.2.1. La condición de «subyacencia» y la noción de nudo cíclico

La interacción de la regla universal «Muévase α» con otros principios del sistema gramatical permite anticipar de una manera precisa —como hemos estudiado en el apartado anterior— las propiedades de los elementos que se desplazan, las de la posición que es la meta de ese desplazamiento, así como los tipos de movimientos posibles. La cuestión de la longitud de ese movimiento, su carácter más o menos local, sin embargo, parece ser materia de principios específicos cuyo contenido y formalización estrictos han sido materia de arduos debates y de numerosas revisiones que están aún hoy sobre el tapete.

La hipótesis clásica es que es necesario postular dos constricciones generales: el *Principio de la Subyacencia*, restricción de acotación que define el número máximo de nudos que, en ciertas condiciones, puede atravesarse por medio de «Muévase α», y el *Principio de la Categoría Vacía* que, dicho de una manera aproximativa, regula las condiciones en las que son reconocibles las huellas de «Movimiento de α», tanto las de la estructura superficial como las de la Forma Lógica.

El *Principio de subyacencia*, en efecto, establece que ninguna regla puede implicar a X e Y en una configuración como la de (23) si α y β son *nudos cíclicos* [llamados también nudos linde *(bounding nodes)*]:

(23)
... X ... $_\alpha$[... $_\beta$[.. Y ..] ... X ...

Una glosa directa de (23) consiste en afirmar que éste prohíbe que un único paso de una operación de movimiento se salte dos nudos cíclicos. Empero, varias precisiones son pertinentes para una adecuada comprensión de (23). Señalemos, en primer lugar, que un nudo cíclico es típicamente todo aquel que acota un ámbito propio para la operación de reglas transformatorias, O', pues, u O (volveremos de inmediato sobre esto) parecen ser los candidatos a nudos cíclicos por antonomasia.

Recordemos, en segundo lugar, que —puesto que los movimientos a larga distancia sólo se dan en unas estructuras muy específicas y que, en general, los movimientos permisibles son de corta longitud— se puede suponer que «Muévase α» es un desplazamiento muy local que mueve los constituyentes de una manera cíclica, esto es, de COMP a COMP. Esta segunda precisión es crucial para el funcionamiento de (23). Más concretamente, (23) se sostiene sobre la suposición de que todo movimiento es *cíclicamente sucesivo*. En una oración como (24), pues, la frase-CU *qué* ha podido llevarse a una distancia larga —desde su posición original hasta el COMP superior— porque se ha desplazado de COMP a COMP y, así, ninguna conexión entre huella y huella llega a violar (23) pues nunca se saltan más de dos nudos cíclicos (v. Torrego, 1984 para datos significativos sobre la interacción entre ciclicidad sucesiva y anteposición del verbo, que proporcionan fuerte apoyo empírico a esta hipótesis):

(24)
Qué $_O$[me indicaste $_{O'}$[t'''que $_O$[te dijo Pedro $_{O'}$[t'' que $_O$[le contó su hermano $_{O'}$[t' que $_O$[te regalaron t]]]]]]]

Pero cuáles son en verdad los nudos linde a que hace alusión (23). La respuesta a esta pregunta, naturalmente, es una cuestión empírica. Parece claro que los SSNN son, por cierto, nudos cíclicos. Sin ir más lejos, si se adopta este punto de vista, podrían entenderse como un fenómeno unitario, por ejemplo, varias de las restricciones sobre las transformaciones de movimiento descubiertas por Ross (1967). (25) ilustra la *Restricción del SN complejo*: el hecho de que no se puede extraer ningún constituyente desde una oración hermana de un N léxico en una configuración $_{SN}$[N$_o$[...x...]], (26) ejemplifica la *Restricción de la rama izquierda* donde el movimiento con resultado agramatical se realiza en el contexto [$_{SN}$[...x...] [ ]]; y (27) la extracción no permisible desde el interior de una oración completiva sujeto rotulada como SN (la *Restricción de la oración sujeto*).

(25)
RSNC:
*Qué libro $_O$[te interesó $_{SN}$[la noticia $_{O'}$[de que mi jefe compró t]]]]

(26)
RRI:
   *Quién $_O$[$_{SN}$[[t] [el archiduque]] vive en Cuernavaca]
   (cf. Pedro el archiduque vive en Cuernavaca)

(27)
ROS:
   *Quién $_{SN}$[$_{O'}$[(t) que $_O$[t llegara tarde]] te pareció mal.

Todos estos casos constituyen, con ciertas cualificaciones, una violación de (23): el sintagma-cu desplazado, tras colocarse, cuando ello es posible, en el nudo COMP con que se encuentra en primer lugar (v. (27)), no puede, sin embargo situarse en el nudo linde SN porque éste carece de COMP. En todos estos casos, pues, la aplicación de «Muévase α» se salta el nudo linde SN (más otro sobre el que volveremos de inmediato) y se comete así una infracción de Subyacencia.

Además de dar cuenta de las extracciones por encima de SSNN, la condición de Subyacencia predecía la agramaticalidad de oraciones como la siguiente, siempre y cuando se supusiera que O y no O' era el nudo cíclico relevante para subyacencia:

(28)   *Who $_O$[did $_{SN}$[your interest in t] surprise Bill
       Quién (aux-pas)tu interés en   sorprendió a Bill
       'En quién te sorprendió el interés de Bill'

Rizzi (1982: cap. II) se plantea este problema a través del examen de datos de las lenguas romances y concluye que en éstas es O' y no O el nudo que se computa para la aplicación de la condición de Subyacencia. En italiano (y en español), en efecto, a diferencia del inglés, las frases-cu se pueden extraer desde islas interrogativas: compárense los tres casos de (29) donde se relativiza un elemento situado en una interrogativa incrustada:

(29)
a.   Tuo fratello $_O$[a cui_x $_O$[mi domando $_O$[che $storie_i$
     $_O$[abbiano raccontato t_i t_x]]]] era molto preoccupato.
b.   Tu hermano, a quien me pregunto qué historias (le) habrán contado, estaba muy preocupado.
c.   *Your brother to whom I wonder which stories they have told was very worried.

El contraste entre (29a) y (29c) se puede explicar, especula Rizzi, si la noción de ser un nudo cíclico para subyacencia es parametrizable. Si en inglés lo que se cuenta es O mientras que en italiano y otras lenguas romances se trata de O', en (29c) —con un análisis idéntico a (29a)— el desplazamiento de *to whom* '*a cui*' atraviesa dos nudos cíclicos O, mientras que en italiano sólo cruzaría un O'.

En esta explicación se supone que el sintagma relativizable no se puede detener en el primer COMP porque éste está ya está ocupado y debe llevarse, por ello, hasta el COMP siguiente; en ella, asimismo, el Principio de Subyacencia implica —como decíamos— que la aplicación de «Muévase α» puede saltarse como máximo un nudo cíclico sin producir agramaticalidad. Obsérvese, no obstante, que esta conclusión deja la explicación de la agramaticalidad de las oración castellana precedente (25) (y acaso de la (27)) —no de las correspondientes inglesas también agramaticales— fuera del ámbito de la subyacencia.

En todo caso, tanto los datos cruciales como el principio (23) y sus equivalentes se van a resituar y reformular repetidas veces en el denso proceso de investigación de las restricciones de localidad que constriñen la aplicación de «Muévase α». Lo que va a permanecer, sin embargo, es la intuición de que la agramaticalidad como resultado del cruce de excesivos nudos es distinta —y menos fuerte— que la producida por las condiciones en que queda la huella fruto de ese movimiento. Lo primero será un problema de *rección*, lo segundo de *rección apropiada*.

Una restricción sobre el movimiento sintáctico paralela a la de la subyacencia es la formulada por Huang (1982) como *Condición sobre los Dominios de Extracción*. Esta CDE es la que regula como una infracción la extracción desde el interior de un adjunto, mientras marca como legítimo el desplazamiento desde un complemento. Tal restricción, que tiene su fundamento empírico en los contrastes de (30), establece, a juicio de Huang, que todo dominio de extracción debe estar propiamente regido. Por eso en (30) sólo es legítimo el movimiento desde una proyección máxima que sea objeto directo, (30a), o desde un sujeto pospuesto, (30b), pero no desde un sujeto antepuesto, (30c), o desde un adverbial, 30(d):

(30)
a. De qué pintor$_i$ $_O$[le regalaste $_{SN}$[un cuadro t_i] a tu novia].
b. Quién $_O$[e te pareció mal [que t_i llegara tarde]]
c. *Quién $_O$[[que t_i llegara tarde] te pareció mal]
d. *De qué material$_i$ $_O$[cortó Pedro el salchichón [con un cuchillo t_i]] (cf. Pedro cortó el salchichón con un cuchillo de acero inoxidable).

Tendremos ocasión de ver en 4.3. que una vez formuladas las nociones de barrera inherente y barrera por herencia esta última condición y la de (23) podrán considerarse como un caso unitario de infracción del principio de rección.

4.2.2. El Principio de la Categoría vacía. Asimetrías significativas. Rección léxica y rección por antecedente

Desde los primeros estudios sobre las restricciones de localidad estuvo bien claro que la mera constricción sobre los límites del movimiento no explicaba diversas configuraciones del Movimiento de CU que son agramaticales aunque no violen el Principio de la Subyacencia. Para esquematizar el paradigma de complejos datos analizados hasta el momento, señalemos que cualquier hipótesis sobre los efectos permisibles del movimiento debe dar razón de al menos dos series de fenómenos: de las asimetrías en las extracciones de sujetos y objetos, y de las asimetrías en los desplazamientos de adjuntos y argumentos.

4.2.2.1. El filtro [that-t] y las asimetrías sujeto-objeto, adjunto-argumento

Chomsky y Lasnik (1977) —retomando datos y sugerencias de Perlmutter (1968)— hacen notar que (31a) es una oración posible del inglés mientras que la equivalente (31b) no lo es. Lo que propusieron fue dar cuenta de esa anomalía por medio de una condición sobre las estructuras superficiales que se denominó el *filtro* [*that*-huella]. Este filtro marcaba como agramatical toda estructura superficial en la que se diera la secuencia complementante *that*-huella de un sujeto desplazado por Movimiento de CU:

(31)
a. who do   you think   [saw Bill]
    quién aux. tú piensas   vio Bill
    'Quién piensas (que) vio (a) Bill'
b. *who do   you think   [that saw Bill]
    quién aux. tu piensas   que vio Bill
    'quién piensas que vio (a) Bill'

El descubrimiento del efecto *that*-huella, por otra parte, llevó a la consideración de la asimetría en las extracciones de sujeto y objeto que se ilustra en (32): mientras que los sujetos suscitan el efecto en cuestión, los objetos no lo provocan:

(32)
a. $_{O'}$[Who$_i$ $_O$[do you think $_{O'}$[t'_i that $_O$[John saw t_i]
'(A) quién piensas tú que John vio'
b. *$_{O'}$[Who$_i$ $_O$[do you think $_{O'}$[t'_i that $_O$[t_i saw John]
'Quién piensas tú que vio a John'

Dos son las cuestiones que hacen patentes las oraciones anteriores: una es que la estructura interna del COMP, el hecho de que un elemento esté presente o se haya elidido, parece intervenir en el reconocimiento de las huellas, la otra es que la distinción entre estar regido por un núcleo léxico o por uno no léxico puede ser de singular relevancia. La versión clásica del Principio de la Categoría Vacía (desde ahora, PCV), como veremos, habrá de recoger ambas cuestiones. Un problema que queda pendiente es por qué el castellano y otras lenguas romances no tienen una asimetría equivalente a la de (32); retomaremos brevemente este asunto tras formular la versión clásica del PCV.

Huang (1982) extenderá el material empírico que concierne a la teoría de la legitimidad de las huellas del movimiento haciendo ver que una asimetría subsiguiente a la anterior es la relativa a las huellas de los adjuntos —o constituyentes no subcategorizados— frente a las de los argumentos. Efectivamente, mientras que ambas clases de constituyentes se extraen sin restricciones desde oraciones completivas incrustadas (véanse los ejemplos de (33)), el desplazamiento de los adjuntos produce agramaticalidad cuando tal movimiento —que es legítimo para los argumentos— se realiza desde el interior de una interrogativa incrustada a *isla-CU* (véanse los ejemplos de (34)):

(33)
a. $_{O'}$[Qué disco$_i$ $_{O'}$[me dijiste $_{O'}$[t'_i que $_O$[te regalaron t_i]]]].
b. $_{O'}$[Con qué motivo$_i$ $_{O'}$[me dijiste $_{O'}$[t'_i que $_O$[te regalaron ese disco t_i]]]].

(34)
a. $_{O'}$[Qué libro$_i$ $_{O'}$[no sabes $_{O'}$[t'_i si_x $_{O'}$[te regalaron t_i]]]]
b. *$_{O'}$[Con qué motivo$_i$ $_O$[no sabes $_{O'}$[t'_i si_x [te regalaron ese libro t_i]]]]

En el inglés, por otra parte, las asimetrías entre adjuntos y argumentos son semejantes a las que acabamos de consignar. Conviene señalar, también que —a diferencia de lo que veíamos en (31)— el efecto *that*-huella no existe en esta lengua, para los adjuntos. Con otras palabras: la presencia o ausencia del complementante en COMP no parece modificar las relaciones de rección apropiada puesto que (35a) y (35b) son oraciones igualmente gramaticales en inglés:

(35)
a. Why$_i$ do you think that he left early t_i.
'Por qué piensas que (él) se fue pronto'
b. Why$_i$ do you think he left early t_i.

4.2.2.2. La versión clásica del PCV (Lasnik y Saito, 1984)

En esencia, lo que parecen mostrar los datos anteriores es, de nuevo, que el hecho de que la huella esté regida o no por una cabeza léxica —junto con las propiedades internas del COMP— van a ser decisivos en la legitimación de las huellas del movimiento. Todos estos contrastes, en efecto, se atribuyen al *Principio de la Categoría Vacía* cuya formulación clásica se expresa en (36)-(37):

(36)
Una categoría vacía no pronominal debe estar *regida propiamente* (Chomsky, 1981).

(37)
α rige propiamente a β si α rige a β y
a) α es una categoría léxica (rección léxica) ó
b) α está coindizada con β (rección por antecedente)
(donde α rige a β si toda proyección máxima que domina a α domina también a β —cf. *infra* 5.1, y α está coindizada con β significa que lo liga A' localmente).

En la extensa elaboración del PCV de Lasnik y Saito (1984) —en la cual, ciertamente, se exploran a la vez los efectos de este Principio en el movimiento sintáctico y el movimiento en la FL, cuestión esta segunda que no trataremos aquí— los enunciados de (36)-(37) se complementan con varios supuestos adicionales. Veamos estos supuestos antes de volver al material empírico del que debíamos dar razón.

a) Debe postularse, en primer lugar, un algoritmo de indización de COMP que hace que este elemento reciba el índice de su cabeza o núcleo. Si ese núcleo desaparece, por elisión, en algún momento de la derivación y hay otro constituyente en COMP —un adjunto a COMP que se haya colocado allí como consecuencia de la aplicación cíclicamente estricta de las reglas de movimiento— este podrá promocionarse a la posición de núcleo y asignar entonces su índice a la proyección máxima.

b) Un segundo supuesto crucial es que el PCV funciona de manera distinta para los argumentos que para los adjuntos. El PCV de los argumentos se aplica en la ES mientras que el PCV de los adjuntos se aplica en la FL.

c) La tercera premisa es que hay procesos de elisión en todos los componentes. Estos procesos pueden «afectar» tanto a las huellas creadas sólo por efecto de la derivación, como al complementante *that* 'que' cuando sea semánticamente vacío. Por último, todas las huellas, tanto las originales como las intermedias están sometidas al PCV.

Con estas suposiciones por delante podemos intentar aproximarnos ahora a los contrastes y asimetrías que enumerábamos anteriormente.

La asimetría sujeto-objeto, el contraste de (32) en inglés (recuérdese que en esta lengua la oración correspondiente a *Quién me contaste que te enseñó a nadar*(=(32b)) es agramatical frente a *Qué país me propusiste que visitáramos juntas*(=(32a)), se sigue de (36)-(37a): el objeto es una categoría regida por una cabeza léxica V y, por consiguiente, puede desplazarse todo lo lejos que se quiera puesto que la rección de su huella inicial se mantendrá constante. Esta consideración implica, naturalmente, que los enunciados (a) y (b) de (37) establecen una disyunción.

Por otra parte —y debido a que el movimiento se realiza cíclicamente— en el COMP de (32a), cuyo núcleo es *that*, igual que en (32b), puesto que el verbo subcategoriza una completiva enunciativa, habrá de aparecer —adjunta a COMP— una huella t'$_i$ en una configuración como la de (38); (a nuestros efectos, no introducirá diferencia alguna en los razonamientos que siguen el suponer, alternativamente, que t'$_i$ está en el Especificador de un SC y *that* en el núcleo). En cualquier caso el índice de la proyección será el del complementante núcleo:

(38)

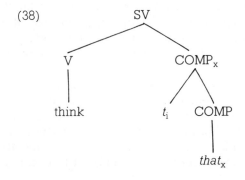

Dejemos pendiente, hasta haber considerado la rección propia de las huellas de adjuntos en estructuras similares a estas, la cuestión del carácter y la legitimidad de la huella adjunta intermedia en (38) y retomemos la cuestión de la rección léxica frente a la rección por antecedente.

En efecto, la explicación de la gramaticalidad de la oración inglesa de (32a) nos lleva de la mano a la gramaticalidad de (34a) donde el objeto directo se desplaza desde una isla interrogativa: la huella original es aquí legítima porque está regida léxicamente, aunque el COMP tenga el índice que le otorga el complementante *si*.

Pero si (38) es la estructura del COMP, podemos entender también por qué es agramatical (32b) y su similar (31b) donde la huella corresponde a un sujeto; podemos, con otras palabras, preguntarnos por el por qué del efecto *that*-huella. La razón de esta diferencia, claro es, proviene de que la huella del sujeto en (32b) no está regida léxicamente. Si entendemos por rección léxica, como es habitual, *rección θ* (esto es, una relación de hermandad con un marcador temático) convendremos en que —en la situación estándar— el constituyente hermano del sujeto y rector de él, Infl, no lo marca temáticamente y por lo tanto no lo rige léxicamente —quien marca temáticamente al sujeto es el SV. Ahora bien, si la huella situada en la posición original no está regida léxicamente debería tener entonces un antecedente local situado en una posición A'. Ello no sucede, sin embargo, la segunda huella de *who* aparecerá adjunta en COMP, en una configuración idéntica a la de (38). Y allí, la presencia de *that* en el núcleo impedirá que el COMP pueda llevar el índice correspondiente a la huella-de-*who*: la huella original t_i en *Who do you think [t'$_i$ that [t_i saw Bill] no podrá obtener entonces rección por antecedente de este COMP. Por esta razón son agramaticales tanto (31b) como (32b).

Así las cosas, se conseguirá en cambio tal rección por antecedente cuando el núcleo *that* esté ausente del COMP más bajo (posibilidad que es opcional en inglés en la ES). Por ello, (31a) (=*Who do you think* [t [t *saw Bill*) es una oración gramatical. En (31a), por otra parte, la huella intermedia tendrá rección por antecedente si suponemos con Belletti y Rizzi(1981) que aunque O' sea una barrera para la rección (toda proyección máxima lo es), el núcleo de una proyección máxima puede ser regido desde fuera de ella.

Una consecuencia del razonamiento anterior es que las huellas de sujeto y las huellas de adjuntos parecen formar una clase natural por respecto al PCV: en ambos casos las huellas originales tendrán que estar regidas por un antecedente. El que no se produzca tal rección, efectivamente, es lo que explica la agramaticalidad de la oración (34b) (*Con qué motivo, no sabes [t'_i si [te regalaron ese libro t_i]]) donde la huella en COMP, al no ser el núcleo, no rige propiamente a la huella original del adjunto que se convierte así en infractora del PCV.

Frente a lo que acabamos de decir, en las lenguas romances, como se ha señalado repetidamente, los sujetos no parecen formar una clase natural con los adjuntos y, de hecho, son inmunes al efecto *that*-huella y pueden extraerse hacia afuera de una isla interrogativa, como se ve en (39a) y (39b) respectivamente:

(39)
a. Quién$_i$ me dijiste [que [*t* llamaría a las siete]]
b. Quién$_i$ me preguntaste [si [*t* vendía su coche]]

Desde Rizzi (1982:cap IV) esta diferencia se ha atribuido al hecho de que las lenguas romances corresponden al parámetro del sujeto nulo. La hipótesis estándar es que en estos casos una Inflexión especialmente rica es capaz de licenciar una categoría vacía *pro* en la posición canónica de sujeto. Esta categoría puede entonces co-(supra)-indizarse con un sujeto léxico pospuesto, probablemente situado como adjunto al SV, de la manera descrita en (40) (omitiendo precisiones no relevantes):

(40)

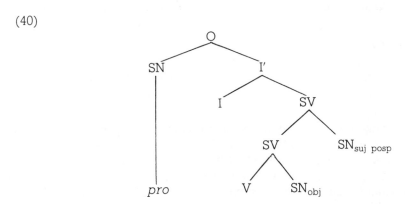

Parece claro que el SN sujeto pospuesto —en contraposición con el antepuesto— está léxicamente regido como se deduce del contraste anterior entre (30a) y (30b): del hecho de que el sujeto invertido no sea sensible —junto con los objetos— a la Condición sobre los Dominios de Extracción. Este sujeto pospuesto y léxicamente regido sería el que se extraería en oraciones como los de (39).

La caracterización de la rección léxica de los sujetos pospuestos se puede obtener de muchas maneras que sería excesivamente prolijo analizar aquí; simplemente las mencionaremos. Se puede pensar, por ejemplo, que la Inflexión —por sus especiales características— es un rector léxico en las lenguas romances, pero que no puede marcar temáticamente al sujeto antepuesto porque no está en una relación de hermandad con él. El sujeto pospuesto en cambio sí podría obtener marcado temático en tanto en cuanto considerásemos que el SN adjunto (el sujeto pospuesto) no está dentro del SV, esto es, si adoptáramos la definición de rección por «inclusión» de Chosmky (1986b). La condición de rector léxico de la Inflexión se puede relacionar también con su capacidad de asignar caso a ese SN pospuesto, posibilidad que adoptan Borer (1986) y Belletti (1987). Chomsky (1986b) y Lasnik y Saito (1984) sugieren, en efecto, que la definición de rección léxica debería acaso englobar asignación de caso y asignación de papel theta. Sólo así se podría explicar la validez de la huella *t* en la estructura de marcado excepcional de caso de (41) donde el verbo matriz indudablemente actúa como rector léxico ya que entre *who* y la huella original hay demasiada estructura como para que se pueda pensar en rección por antecedente:

(41)
Someone $_C$[who$_i$ $_C$[John expected $_C$[*t* to be happy]]] though
Alguien   que   John esperaba   estar contento   aunque
believing e to be masochist.
creyéndolo   masoquista.
'Alguien de quien J. esperaba que estuviese contento aun creyéndolo masoquista'

Para terminar de entender los datos iniciales, por último, falta por aclarar por qué no existe efecto *that*-huella con los adjuntos, esto es, por qué la huella del adjunto está regida por antecedente en (33b) —puesto que la oración es gramatical— cuando COMP, aparentemente, está ocupado por el complementante *that*. El PCV predice, ciertamente, que (33b) debe ser agramatical.

La respuesta de Lasnik y Saito (1984) se apoya crucialmente en el segundo y tercero de los supuestos mencionados al comienzo de esta subsección: en la existencia de dos niveles de contrastación del PCV (ES para los argumentos y FL para los adjuntos) y en la posibilidad de que los actores de este principio sean, en algún momento «afectados». Se puede suponer, ciertamente, que en el nivel donde se realiza la interpretación semántica, en la FL, los elementos desprovistos de todo contenido semántico se pueden elidir. Los complementantes *that* o *que* que, de hecho, pueden suprimirse en la sintaxis (cf. (31a) para el primero y (39) para el segundo)

(39)
Te ruego [sepas comprenderme]

se elidirían obligatoriamente en la FL, mientras que las huellas-CU deberán estar presentes. En estas circunstancias, la huella adjunta podría entonces promocionarse a la posición de núcleo. Y si la convalidación de las huellas de adjuntos se hace después de la de las huellas de argumento, en la FL, en ese nivel COMP podrá ya regir por antecedente a la huella original, como se muestra en (40), aunque no haya podido hacerlo en la ES:

(40)
Donde$_i$ me contaste $_{O'}$[[t_i $\emptyset_x$] [compraste la bicicleta t_i]]

Razones similares a las que acabamos de aducir (específicamente, el que sólo sean necesarias en virtud del PCV) son las que llevan a la elisión en la FL de las huellas intermedias de argumentos que quedan adjuntas al núcleo en una configuración como la de (38). Si permaneciesen, estas huellas serían infractoras del PCV puesto que esa posición —a diferencia de los núcleos— no puede ser regida desde fuera.

No pretendemos, con estas someras consideraciones acerca de la versión clásica del PCV, haber dado nada más que el aroma y el esqueleto de una materia en la que la complejidad de los datos y la sofisticación de los mecanismos técnicos empleados para analizarlos han alcanzado un alto grado de desarrollo y han estado y están sometidos a un proceso de constante revisión. Esta misma discreta aspiración es la que preside la presentación de la hipótesis de las *barreras* en la subsección que sigue.

4.3. Barreras, subyacencia y rección apropiada

El objetivo fundamental del programa de *Barreras* (Chomsky, 1986b) es el de unificar los dos subsistemas reseñados en los apartados anteriores: la teoría de los lindes y la teoría de la rección (propia) bajo la noción singular de Barrera. (Ciertamente, Chomsky aspira también a fundir con ellos la teoría de asignación de Caso, pero esa es cuestión que no trataremos aquí).

Como hemos pretendido mostrar, existe de hecho un nexo que conecta profundamente a los dos subsistemas examinados en los apartados anteriores y es que tanto cuando se infringe Subyacencia como cuando se incumple el PCV una relación entre X e Y queda bloqueada por una cierta barrera. Una suposición clave, pues, del nuevo enfoque será la de que las categorías que actúen como barreras o lindes habrán de ser las mismas en ambos casos.

De los datos examinados anteriormente se desprende también que las constricciones que regulan la rección propia hacen intervenir actores más próximos, son más locales, en palabras de Chomsky. Por eso, a su juicio, «una sola barrera ha de ser suficiente para bloquear la rección mientras que más de una barrera inhibe el movimiento, tal vez de una manera gradual» (*op. cit.:*1).

Mientras que en el enfoque de Lasnik y Saito (1984) toda proyección máxima podía constituir una barrera, Chomsky (1986b) reposa sobre la generalización de que estar marcada temáticamente, y en una relación de fraternidad estructural con el rector, es una condición crucial para no ser una barrera. Una proyección máxima, en efecto, se constituirá en barrera sólo si no está *marcada-L* (esto es, si no es la hermana configuracional de un núcleo léxico que, a su vez, la marca-θ, o sea, le asigna papel temático). Más formalmente aún, marcado-L se define en términos de rección-theta, ((41a), y rección temática se define como en (41b):

(41)
   a.   *a* marca-L a *b* si *a* es una categoría léxica que rige-theta a *b*.
   b.   *a* rige-theta a *b* si *a* es un X^0 que marca temáticamente a *b*, y *a* y *b* son hermanos.

Así, por ejemplo, la Inflexión, que es un núcleo pero que es no léxica, puede marcar temáticamente a su complemento SV, pero no lo marcará-L y el SV será pues una barrera cuya elusión requerirá un procedimiento especial: la adjunción a él del constituyente que se mueve. *Barreras*, contiene, en efecto, toda una reformulación de la teoría de la adjunción que lamentablemente no podremos considerar aquí en todos sus detalles, convendrá que tengamos presente, sin embargo, que los desplazamientos darán lugar siempre bien a sustituciones en Esp, bien a adjunciones a proyecciones máximas no argumentales.

Por otra parte, Chomsky (1986b) postula otra forma de marcado-L que daría razón de las peculiaridades de las construcciones de marcado excepcional de Caso (como *Who does John believe* [*t to be happy*]) o de los datos de Kayne (1981) sobre las extracciones desde complementantes (cf. *infra* 5.2.2), la que denomina «concordancia núcleo-especificador». Este procedimiento permitiría a un núcleo verbal marcar-L al especificador de un SI o de un SC que estén a su vez marcados-L, conforme la definición de (41).

Según (41), entonces, toda proyección máxima no marcada-L será una barrera para un elemento *b* situado dentro de ella. Sin embargo, esta conclusión requiere algunas cualificaciones. La primera es que esa regla tiene una excepción: SI no es, por definición, una barrera. Esta es simplemente una estipulación que surge de datos como los mencionados líneas más arriba. La segunda cualificación es que una proyección máxima podrá bien ser una *barrera inherente* (cuando no esté ella misma marcada-L) o serlo *por herencia* (cuando domine inmediatamente a una proyección máxima que sea barrera inherente). Crucialmente, SI que nunca es barrera por sí misma podrá transmitir esta condición en tanto en cuanto, dentro de un SC, no está marcada-L por el núcleo C; o podrá, a su vez, heredar la condición de barrera.

Para articular esta distinción Chomsky recurre a la noción auxiliar de *categoría de bloqueo* (CB). Veamos (42):

(42)
a. γ es una CB para β ssi γ no está marcada-L y γ domina a β.
b. γ es una *barrera* para β ssi:
   (i) γ domina inmediatamente a δ, δ una CB para β *(barrera por herencia)* o
   (ii) γ es una CB para β, $\gamma \neq$ SI *(barrera inherente)* (Chomsky, 1986b: 14).

Dado (42), se entiende perfectamente por qué no se puede extraer una parte de un constituyente adjunto (recuérdese *supra* (30d):

(43)
*De quién$_i$ $_{SI}$[*pro* $_{SV}$[cortaste el pan] $_{SP}$[con un cuchillo t_i]]

Si suponemos que el SP no subcategorizado está fuera de SV y, como es natural, que ese SP no está marcado-L, *de quién* (el β de la definición (42)) cruzará la barrera inherente SP y también la barrera SI que habrá heredado de SP la condición de barrera. (43) es pues una infracción de *Subyacencia*. Algo similar sucede con las construcciones que se regulan bajo la Restricción del SN complejo, como la de (44):

(44)
*A quién$_i$ vio María $_{SN}$[al chico $_{SC}$[que $_{SI}$[$_{SV}$[t'_i $_{SV}$[insultó t_i]]]]

En (44) el objeto directo interior que se desplaza se adjunta primero a SV; en estas condiciones t' rige propiamente a t si se adopta la definición de rección por «exclusión» (cf. Chomsky, 1986b: 9); la agramaticalidad de (44) no tiene pues que ver con la rección propia (volveremos sobre esto). La causa de la anomalía reside en que el movimiento atraviesa la barrera inherente SC que le transmite esa condición al

SN: el SN es pues una segunda barrera, esta vez por herencia. Los efectos de la Restricción del SN complejo y los de la Condición sobre los Dominios de Extracción quedan así subsumidos en una explicación unitaria.

Obsérvese, en el mismo sentido, que el empleo crucial de la noción de marcado-L para definir las barreras permitiría hacer interesantes distinciones entre las dos clases de construcciones que se aúnan bajo el rótulo de SN complejo, las construcciones «N + oración de relativo» y las secuencias «N + complemento de N». En el segundo caso (piénsese en *el chico [que vive en la esquina]* frente a *la noticia [de que recibió el regalo]*) se puede suponer que la oración desde la que se realizará el movimiento está subcategorizada. Si así fuera no habría que esperar agramaticalidad alguna en (45), implicación que no está totalmente de acuerdo con los hechos —aunque la expectativa supuesta se satisface parcialmente porque el efecto de anomalía es inferior en (45) que en (44);

(45)
$^{??}$ Qué regalo$_i$ me transmitió Pedro $_{SN}$[la noticia $_{SC}$[de que $_{SV}$[t'_i sv[recibiste t_i]]]]

Vayamos ahora a la consideración dentro de este marco de los fenómenos vinculados teóricamente con el *Principio de la Categoría Vacía*. Para entenderlos cabalmente necesitamos precisar que *Barreras* hace ver que existe un segundo tipo de barrera —que no es esta vez una proyección máxima sino un núcleo— relevante exclusivamente para la rección propia. Se trata de que en configuraciones como la de (46) la presencia de un «rector más próximo», o potencial, bloquea la rección posible de α sobre β si δ' es el núcleo de δ. Esto es lo que se denomina una barrera por *minimidad* [*minimality*]:

(46)
[...α... $_\delta$[.. δ'.. β..]

La formulación del PCV que se sigue de las precisiones hasta aquí realizadas no difiere de la propuesta anteriormente (cf. *supra* (36)-(37)) excepto en que se precisa la rección léxica como rección-theta (en el sentido definido en (41))

(47)
PCV: α rige propiamente a β ssi rige-theta o rige por antecedente a β.

Con estos presupuestos, las extracciones desde islas interrogativas (recuérdese *supra* (34)) se explican por las propiedades de la barrera

SC que conforma la isla. En (48a), en efecto, el sintagma-cu *por qué* en el Esp del SC superior no puede regir por antecedente a la huella suya, que para salir de su posición original ha debido adjuntarse a SI, porque se lo impide el SC más bajo, que hereda esta condición del SI que domina inmediatamente. (48b) es gramatical, en cambio, porque la huella de *qué* en SV rige a la huella original y no hay ninguna barrera que impida a *por qué* regir como antecedente a su huella primitiva:

(48)
a. *Por qué$_i$ no sabes $_{SC}$[a quién$_x$ $_{SI}$[t'_i $_{SI}$[pro_{SV}[t'_x $_{SV}$[insultaste t_x] t_i]]]]
b. Qué$_x$ no sabes $_{SC}$[por qué$_i$ $_{SI}$[t'_i $_{SI}$[pro_{SV}[t_x $_{SV}$[compraste t_x] t_i]]]]

El efecto *that*-huella en inglés (cf. *supra* (31b) y (32b)) se puede explicar ahora como una infracción de la condición de minimidad. Nótese que en (49), si el desplazamiento se realiza de la manera prevista, la huella en el Esp del SC está regida por el verbo matriz (hay concordancia núcleo-especificador), la huella ofensora sólo puede ser pues la adjunta a SI cuya rección por antecedente queda bloqueada por la presencia del núcleo *that* (en español, esta segunda huella —que estaría adjunta al SV— tendría reacción léxica):

(49)
Who$_i$ do you think $_{SC}$[t'_i that $_{SI}$[t_i $_{SI}$[saw Bill]]]
Quién piensas tú que vio (a) Bill.

En (50) (similar a (33b), si suponemos que *that* es un elemento inocuo semánticamente que, por ello, puede borrarse en la forma lógica dejando en su sitio una categoría vacía sin rasgos (cf. Chosmky, 1986b: 47), no habría tal violación de minimidad porque e no sería una barrera para la rección:

(50)
Why$_i$ do you think $_{SC}$[t''_i $\emptyset$ (=that) $_{SI}$[t'_i $_{SI}$[he left] t_i]]
Por qué piensas tú que él se fue.

Más allá del hecho de que el sistema de *Barreras* consigue poner en evidencia relaciones significativas y establecer distinciones importantes, parece evidente que, como en cualquier sistema teórico plenamente vivo, suscita problemas tanto técnicos como empíricos y conceptuales que deben resolverse, y que llevarán seguramente a su revisión. El lector interesado puede acudir a Lightfoot y Weinberg (1988), Rizzi (1988a) y Cinque (1989) para importantes observaciones críticas.

Segunda Parte

5.
La legitimidad de las estructuras-s. El Caso abstracto

Las condiciones formales y semánticas (o temáticas) que asociábamos a las estructuras-P dan parcialmente razón de la buena formación de las oraciones. Como hemos argumentado en la Primera Parte de este libro, la suposición que subyace al establecimiento de estas condiciones es la de que en el trasfondo de la correcta formación sintáctica se encuentran dos tipos de conocimientos: el relativo a los principios que regulan las relaciones entre constituyentes y el que se refiere a relaciones entre predicados y argumentos.

Nos concierne ahora tratar de las condiciones que restringen las estructuras-S. En esencia, éstas tratan sobre relaciones entre pares de elementos de los cuales uno es, en algún sentido, jeráquicamente superior al otro, siendo necesario asimismo que esa relación jerárquica se satisfaga en un dominio determinado. Con otras palabras, las nociones de *rección* y *localidad* son la pieza clave de los fenómenos de *asignación de Caso, ligamiento, control* e *identificación de categorías vacías* y tienen, pues, una especial capacidad unificadora. De esas nociones, de los fenómenos a través de los cuales se hacen patentes y de los subsistemas o módulos del sistema gramatical en que se integran trataremos en esta Segunda Parte.

5.1. El mando-c y la rección

Numerosos fenómenos lingüísticos parecen estar constreñidos por factores bien de *jerarquía* o de *fraternidad* estructural, por criterios de fraternidad referencial o *coindización*, así como por el hecho de que sólo pueden tener lugar dentro de un cierto *dominio local*. La *subcategorización*, por ejemplo, y la *asignación de papeles temáticos*, de las que nos ocupábamos en la Primera Parte, requieren la satisfacción de una relación de *fraternidad* estructural. El argumento externo de un verbo, por otra parte —exigido en virtud del *Principio de predicación*—, es jerárquicamente superior a los elementos que se encuentren con tal verbo en el interior de un SV.

La teoría lingüística ha hecho progresos considerables en el conocimiento de estos fenómenos de dependencia o interdependencia estructural y ha elaborado, tras extensos análisis teóricos y empíricos, dos nociones (o principios estructurales) que parecen muy fructíferas para la caracterización de esas dependencias: una es la más abarcadora de *mando-c* (mando de constituyentes), otra es la más específica de *rección*, de la cual la anterior es una subparte.

La primera —y en cierto modo la única— definición conocida de *mando-c* se debe a Reinhart (1976) quien la postula para poder dar razón de diversos fenómenos de correferencia. En Reinhart (1976) se establece la siguiente definición de mando-de-constituyente:

(1)
α manda-c a β si y sólo si ni α ni β se dominan mutuamente y todo *nudo ramificado* que domine a α domina también a β.

Una formulación paralela de la noción de mando-c es la de Aoun y Sportiche (1983), que reproducimos en (2), retitulada recientemente (cf.Chomsky, 1986b) como mando-m (donde *m* significa «máximo») :

(2)
α manda-c a β si y sólo si
ni α ni β se dominan mutuamente y toda *proyección máxima* que domine a α domina también a β.

Obsérvese que ambas definiciones coinciden en definir el mando-c como una relación no reflexiva, pero se diferencian sustantivamente en la caracterización del tipo básico de configuración en que un elemento tiene prominencia sobre otro. Nótese, en efecto, que la primera definición es más restrictiva que la segunda puesto que excluye más estructuras como posibles casos de mando-c; por eso la primera de ellas se suele denominar la «versión fuerte» del mando-c y la segunda, la «versión débil». Para tener un primer atisbo del diferente contenido de ambas definiciones examinemos la representación de (3):

(3)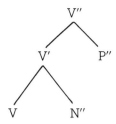

Si tomamos la caracterización (1) de mando-c como base de nuestra decisión, podremos decir que en (3) V y N" se mandan-c recíprocamente, pero V no manda-c a P". De acuerdo con (2), V manda-c a N" y viceversa pero también tiene mando sobre P", y P" sobre V y N" (esta segunda posibilidad se da también con la definición (1)). La definición más abarcadora de (2) es la que parece haberse mostrado más útil para la caracterización de los fenómenos de dependencia estructural, esto es, para todo lo que tenga que ver con la rección y, por ello, es la más ampliamente utilizada en los varios principios que hacen uso de la noción de mando-c —con una importante excepción en lo que se refiere a la explicación de los fenómenos de ligamiento de los que hablaremos en el Capítulo 6.

Pero antes de ser algo más explícitos en cuanto al rendimiento de ambas definiciones volvamos al hilo de nuestra exposición y analicemos la noción paralela de *rección* o *régimen*, que tiene una estrecha semejanza, como veremos, con la relación tradicional de todos conocida.

El principio de *rección* es meramente una relativización de la relación de mando-c a dominios locales muy específicos, en particular, al de las relaciones entre los núcleos léxicos de los sintagmas y los elementos que coaparecen con ellos dentro de la proyección máxima de la que son ejes, los elementos que por razones semánticas o meramente formales aquéllos «exigen» o rigen. (4) es una versión posible de la definición de rección (cf. 4.3 para la noción de barrera en ella incluida pero convengamos en que, a nuestros inmediatos efectos, podemos identificar barrera con proyección máxima):

(4)
α rige a β si y sólo si
  (i) α manda-c a β
  (ii) α es un X^0 (i.e., pertenece a la clase de los elementos rectores N, V, A, P, I y C)

(iii) no existe ningún γ que sea una *barrera* para β tal que γ *excluya* a alfa (donde γ excluye a α si ningún segmento de γ domina a α)

En (5), que es una extensión de (3), V rige a P", pero no al N" hermano de P porque entre ambos se interpone la proyección máxima P".

(5)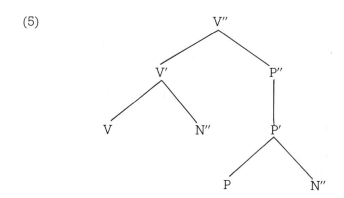

Más abajo, en (6b), por otra parte, el N" jerárquicamente superior, *Pedro,* manda-c pero no rige al N" hermano de V; la razón primera de esta imposibilidad es que N" no es un núcleo, pero aunque lo fuera tampoco lo regiría porque la proyección máxima V" actúa como *barrera* para la rección.

El principio de mando-c, pues, es una parte central de la relación de rección y ello hace aún más importante que establezcamos cuál de las definiciones (1) y (2) es la que posee mayor capacidad explicativa. Como insinuábamos más arriba, cada una de ellas parece requerirse para principios específicos. Aoun y Sportiche (1983), en efecto. proporcionan múltiples pruebas de la necesidad empírica de una definición como la de (2). Sin ir más lejos, si tomáramos (1) como noción adecuada, en las estructuras paralelas de (6) habría que decir que el N" superior está mandado-c (y regido) por V y V" en (6a), pero que no lo está en (6b) porque V' contiene un objeto directo y se crea, por ello, un nudo ramificado, mientras que en (6a) no hay tal ramificación. Sin embargo, no parece plausible (por ahora sólo como aproximación intuitiva) que, en el establecimiento de la relación predicado-sujeto, quién vaya a ser el rector del argumento externo deba depender de la presencia o ausencia de ramificación en el sintagma verbal:

(6)
a.   (6b)

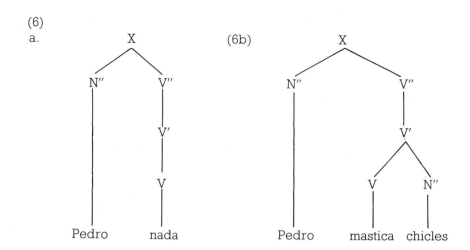

El empleo de una definición restrictiva como la de (1), por otra parte, predice que tiene que haber diferencias, en cuanto a mando-c y rección, entre los constituyentes situados en el interior de un N" como el de (7):

(7)
$_{N''}$[la $_{N'}$[$_N$[descripción] de N"] de N"]

en particular, cabría esperar que el segundo sintagma *de N"* (el situado más a la derecha en la representación de (7)) estuviese no mandado-c y no regido y, por lo tanto, que allí pudiese aparecer un PRO. No está claro, sin embargo, que ese sintagma hijo de N" no esté regido por el núcleo del sintagma nominal; más aún, en algunos trabajos (cf. Cinque, 1980, Demonte, 1985 y Giorgi, 1987) tal sintagma se caracteriza como la posición, en el SN, del argumento externo. Por estas y otras razones cuyo análisis excede con mucho los límites de este capítulo, cuando hablemos de mando-c y de rección estaremos aludiendo (a menos que hagamos explícita referencia en contrario) a la noción de mando-c de Aoun y Sportiche (1983). Por lo tanto, el enunciado (i) de la definición de rección en (4) debe reformularse como «α manda-m a β».

Como indicábamos antes, la rección y el mando-c son relaciones recurrentes y unificadoras que desempeñan un papel importante en el establecimiento de los diversos principios y restricciones del sistema gramatical que enumerábamos al comienzo de esta subsección. De subcategorización, asignación de papeles temáticos y rección de categorías vacías hemos tratado ya en la Primera Parte, veremos en este y en los capítulos que siguen la relevancia de estas nociones para la *Teoría del Caso* y la *Teoría del Ligamiento*.

5.2. La teoría del Caso abstracto

5.2.1. Noción de Caso. Filtro y reglas de asignación de caso

La distribución dentro de la oración de los SSNN fonéticamente realizados, las condiciones bajo las cuales son, por así decir, identificables, parece estar regulada por principios bastante bien definidos. Este conjunto de principios y condiciones de buena formación es lo que se conoce con el nombre de *módulo o teoría del Caso abstracto*.

Tomemos —para ilustrar las nociones intuitivas de distribución e identificabilidad— un ejemplo bien conocido: el del par formado por (a) una estructura de V acompañado de un complemento 'directo' (esto es, un complemento que sigue al núcleo verbal sin ninguna otra mediación) y (b) la estructura paralela constituida con el correspondiente nombre deverbal y el mismo complemento:

(8)
a. *pro* $_{SV}$[establecieron $_{SN}$[nuevas medidas económicas]]
b. $_{SN}$[el establecimiento *(de) $_{SN}$[nuevas medidas económicas]]

La relación temática entre el núcleo y su complemento es la misma en ambos casos, sin embargo, en (8b) esa relación no se puede establecer debidamente si el SN complemento no queda legitimado por medio de la presencia de una preposición intermediaria. Esta noción elemental de legitimación de una relación estructural se formaliza en el subsistema del Caso abstracto a través de la siguiente condición de buena formación o *Filtro del Caso*:

(9) *Filtro del Caso*

*SN, si SN tiene contenido fonético y no tiene Caso.

5.2.1.1 El Caso como rasgo de identificación formal

¿Pero qué es el Caso? ¿qué relación guarda esta noción de Caso abstracto con la tradicional de caso morfológico? La verdad es que la semejanza entre ambas concepciones es muy considerable: el Caso abstracto se puede definir también como una marca morfológica sobre la palabra, como la materialización de ciertos rasgos que hacen reconocible la relación sintáctica que ese SN guarda con los constituyentes de la oración. En esta concepción puramente formalista de la relación de Caso, no hay diferencias entre la noción tradicional y la actual; si acaso sólo cabe añadir que las lenguas difieren en el tipo de marcas que usen para expresar o materializar los Casos. Algunas recurren a rasgos morfológicos —sean éstos morfemas de caso o coindización con el asignador—, otras emplean estrategias sintácticas: orden respecto del asignador, preposiciones y postposiciones. También hay diferencias en cuanto a la riqueza y variación de esas marcas de caso: hay lenguas que distinguen decenas de casos mientras que las actuales que nos son más familiares tan sólo utilizan tres, como veremos inmediatamente.

Sea cual fuere la noción exacta de Caso abstracto, es sencillo reconocer unos patrones básicos y unos contextos en los cuales los SSNN se nos presentan transparentes en su papel sintáctico. Esa intuición general es la que se expone en las *reglas de asignación de caso*:

(10) *Reglas de asignación de Caso*:

    (i) El verbo asigna Caso Objetivo a la posición $[SN, V]_{SV}$ (i.e. al SN hermano de V).
    (ii) INFL asigna Caso Nominativo a $[SN, INFL']_{INFL''}$
    (iii) P asigna Caso oblicuo a $[SN, P]_{SP}$

Pero si hacemos un análisis más detenido de las tres reglas de (10) podremos ver que detrás de esa aparente casuística se esconde una unidad importante. Todos los tipos de (10), en efecto, son un subcaso del siguiente enunciado fundamental:

(11)
El Caso se asigna bajo rección

Como el lector avezado habrá advertido ya, (11) es en realidad una restricción de (4) a ciertos contextos y núcleos bien definidos; de la misma manera que (4) era una relativización de (3) porque lo que expresa (4) es que sólo los núcleos rigen a los elementos que mandan-m. Ahora bien, ¿existe alguna propiedad que unifique a los núcleos asignadores de caso y que los distinga de los que no tienen esa capacidad, en concreto, los adjetivos y los nombres? Chomsky (1981) —donde se exponen las reglas antes mencionadas y al que nos atenemos, por el momento, aunque luego indicaremos algunas modificaciones del sistema de (9)-(10) surgidas recientemente— hace notar que las tres instancias de (10) se siguen, a su vez, de la siguiente generalización:

(12)
Sólo asignan Caso los núcleos que son [−N]

Si adoptamos, en efecto, el rasgo [+/−N] para clasificar a los núcleos léxicos deberemos afirmar que, por razones tanto sintácticas como semánticas, los nombres y los adjetivos son elementos con propiedades nominales, son [+N], mientras que los verbos y las preposiciones carecen de tales propiedades y pueden caracterizarse como [−N]. (11) y (12), en suma, no son nada más que axiomas o enunciados primitivos cuyo desarrollo conduce inevitablemente a la casuística de (10).

Un análisis detenido de los tres casos de (10), por otra parte, obliga a establecer algunas precisiones sobre esos tres marcos generales de asignación de caso. Respecto de (10i), cabe señalar, por ejemplo, que en lenguas como el inglés la asignación de Caso objetivo al SN hermano de V requiere no sólo rección sino también *estricta adyacencia* (cf. *supra*, 2.2.2.3). Ese requisito no parece observarse, en español, al menos para los SSNN que llevan determinante: compárense las oraciones inglesas de (13) con su homólogas españolas de (14) y éstas con las parcialmente similares (sus complementos directos son SSNN sin determinante) de (15):

(13)
a. John *bought the book* for Mary
b. *John *bought* for Mary *the book*

(14)
a. Juan compró el libro para María
b. ?Juan compró para María el libro.

(15)
a. Juan compró *libros* para María
b. *Juan compró para María libros

Las razones por las cuales unas lenguas requieren adyacencia y otras no, o el por qué del contraste entre (14) y (15), deben ser objeto de investigación ulterior y no nos detendremos en ellas aquí.

Otro problema interesante es el que plantea (10ii). La Inflexión, como sabemos, no es una entidad monolítica sino que agrupa varios subconstituyentes entre los cuales se cuentan, como elementos independientes entre sí, el *Ti*(empo), las marcas de persona y número o rasgos de *Conc*(ordancia) y los rasgos de aspecto y modo que probablemente se asocian al elemento *Ti* . Ahora bien, ¿cuál de los dos constituyentes de la Inflexión es el responsable de la asignación de

Caso Nominativo? Lo que se ha afirmado en un primer acceso a los datos (cf. Chomsky, 1981 y Sells, 1985) es que la Inflexión asigna Caso nominativo si contiene Tiempo. Esta afirmación se ve corroborada por contrastes del tipo del de (16), comunes a la mayoría de las lenguas conocidas, es decir, por el hecho de que las oraciones infinitivas generalmente no llevan sujetos léxicos:

(16)
a. Alicia quiere $_{0temp}$[que el conejo entre en el árbol]
b. *Alicia quiere $_{0atemp}$[el conejo entrar en el árbol]

Sin embargo, la existencia de lenguas como el portugués donde los infinitivos se conjugan —tienen rasgos flexivos— y admiten sujetos léxicos (cf. también Suñer, 1986 para datos sobre el español caribeño) ha hecho ver que el elemento Conc es crucial en la asignación de caso nominativo, ya que en situaciones marcadas puede asignar caso aunque la estructura esté especificada como [−Tiempo] (los ejemplos son de Raposo, 1987a):

(17)
a. *[Eles aprovarem   a   proposta] será difícil.
    Ellos aprobar-conc una propuesta será difícil.
    'Aprobar ellos una propuesta será difícil'
a'. *[Eles aprovar a proposta] será difícil.
b. Eu lamento [os deputados terem   trabalhado pouco].
    Yo lamento los diputados haber-conc trabajado poco.
    'Lamento que los diputados hayan trabajado poco'
b'. *Eu lamento [os deputados ter trabalhado pouco]
c. Eu entrei em casa [sem [os meninos verem.]]
    Yo entré en casa sin   los niños   ver-conc
    'Entré en casa sin que los niños viesen'
c'. *Eu entrei em casa [sem [os meninos ver]]

Es necesario señalar, ciertamente, que lo que no sucede en portugués es que las oraciones con infinitivos flexionados y sujetos léxicos sean oraciones matrices o independientes. Ello hace pensar que en estructuras del tipo de las de (17) el sujeto de la subordinada infinitiva (oración sujeto en (17a), completiva en (17b) o adjunta en (17c)) debe recibir Caso por efecto de la rección de un elemento externo a la propia oración. Más concretamente, en estas oraciones, una Inflexión especificada negativamente para el tiempo y positivamente para la concordancia, i.e. [+Conc,−Ti], está regida por un asignador de Caso externo a la subordinada (V,P o Conc), este asignador dará Caso a esa Inflexión [+Conc, −Ti] y es este Caso el que se «copia» en el sujeto del infinitivo —en una relación de concordancia entre núcleo y especificador—. Dice Raposo, literalmente, que «una Inflexión sin tiempo especificada positivamente para Conc puede asignar caso nominativo a un sujeto léxico sólo si está ella misma especificada para Caso» (Raposo, 1987a:107). La inflexión, en este sentido, sería parametrizable y daría lugar a subclases de lenguas con sistemas mínima pero significativamente diferenciados de asignación de Caso.

(10iii), por último, parece que plantea problemas de otra índole relativos a una posible distinción entre dos tipos de asignación y realización del Caso: el del caso estructural y el del caso inherente, que sería el que, de manera característica asignarían las preposiciones. De ello hablaremos en 5.4 de este capítulo, dejamos pendiente, por el momento, esta cuestión.

5.2.1.2. El Caso como condición de visibilidad

En trabajos más recientes sobre la teoría del Caso abstracto (cf.Chomsky, 1986a quien cita como precedente a J.Aoun) se señala que el Filtro de Caso (9) puede afinarse algo más, y hasta cierto punto motivarse, si se lo relaciona con requisitos de la Teoría θ. En este sentido, lo que se ha planteado es que el filtro del Caso pueda ser no simplemente una exigencia de rasgos de identificación para los SSNN realizados fonéticamente sino una *Condición de visibilidad*, en tanto en cuanto pueda demostrarse que un elemento será *visible* para el marcado temático sólo si tiene Caso. El Caso se concibe, en esta concepción alternativa, como un requisito para el reconocimiento de los argumentos en la (F)orma (L)ógica, y la suposición central es que éstos podrán recibir papel θ sólo si se encuentran en una posición a la que se le asigne Caso, o estén ligados a ella a través de una *cadena* (volveremos en 5.3 sobre esta noción).

La concepción de la asignación de Caso como requisito para la visibilidad temática da razón de la mayor parte de los hechos que se justifican a través del Filtro (9), pero tiene algunas consecuencias adicionales que la apartan de (9) y que no conviene perder de vista . Así, por ejemplo, por el Filtro de Caso se requerirá que todos los sintagmas nominales entre paréntesis cuadrados en las oraciones de (18) reciban Caso, pero la Condición de Visibilidad no impondrá tal requisito:

(18)
    a. [Una persona tan indiscreta] no juzgo que sea adecuada para esos menesteres.

b. Mi hermano es [un buen ingeniero.]
c. Elisa quiere ocuparse [ella] de ese asunto.

Los tres sintagmas nominales que destacamos en (18) se encuentran en posiciones no argumentales, en posiciones en las que no se satisface ninguna relación gramatical y donde no se realiza el marcado temático, como señalábamos en 3.2. El sintagma inicial de (18a) es un SN dislocado, situado en un lugar externo a la proposición, en (18b) tenemos una oración copulativa en la que el atributo se predica del argumento externo (cf. Longobardi, 1987), no es, pues, un argumento sino un predicado y no requiere papel θ sino que lo asigna; (18c), por último, contiene un elemento con contenido argumental que es en realidad un pronombre enfático (cf. Piera, 1987, para un análisis de estas y otras construcciones similares) situado en una posición en la que no se asigna papel temático. Datos como éstos son cruciales para el sostenimiento de esta segunda concepción de la naturaleza del caso.

Sin embargo, no todo son ventajas de ésta frente a aquélla. Como señalan Lasnik y Uriagereka (1988), en la concepción del Caso como condición de visibilidad la propiedad clave para recibir Caso no es el estar léxicamente realizado sino el ser un argumento, y ello plantea por lo menos dos nuevos problemas. El primero es el de la asignación de caso a la categoría vacía PRO. Como es sabido, por su ambigua naturaleza de anáfora (sometida por tanto a la condición A de la Teoría del ligamiento) y pronominal (atenido a la condición B), PRO sólo puede aparecer en posiciones en las que no se asigna Caso: típicamente, en la posición de sujeto de las oraciones infinitivas, como en (19):

(19)
Olga quiere [PRO terminar la tesis pronto.]

sin embargo, PRO tiene que recibir papel temático. La existencia de esta categoría, pues, pone en cuestión la hipótesis de que la posesión de Caso sea un requisito para la visibilidad temática, a menos que supongamos que la categoría vacía PRO posee un caso inherente (volveremos sobre esta noción).

En segundo lugar, los expletivos como *it* o *there* en inglés, que son por naturaleza no argumentales parecen, sin embargo, requerir Caso. Ello se percibe con nitidez en las oraciones existenciales del inglés. Observemos el par de oraciones de (20):

(20)
a. There *is* a man in the room.
   Hay (lit: Aquí es) un hombre en la habitación.

b. There *are* many men in the room.
Hay (lit: Aquí son) muchos hombres en la habitación.

El verbo copulativo *to be* 'ser' no es, en sentido estricto, un predicado y no asigna Caso hacia la derecha. Sin embargo, los dos sintagmas nominales que le siguen en (20a) y (21b) poseen Caso, y éste es el nominativo como pone de manifiesto el hecho de que concuerden en número con la cópula oracional. Un análisis plausible de estas construcciones (cf. Safir, 1982) es suponer que la inflexión representada por el verbo copulativo asigna Caso de la manera habitual (hacia la izquierda, al argumento externo) al expletivo *there* y que éste lo transfiere al argumento que lo requiere. Hay otras pruebas convincentes —que no discutiremos aquí— de que los expletivos necesitan tener caso. En suma, disponemos de dos maneras de concebir el proceso de asignación de caso y es materia de nuevos análisis el decidir cuál de ellas es empírica y teóricamente superior.

5.2.2. Otras estructuras que satisfacen las reglas de (10). Las construcciones de «marcado excepcional de caso»

Un hecho interesante cuya trascendencia se puso de manifiesto desde los primeros trabajos sobre el sistema del Caso es que las reglas de (10) predicen la asignación de Caso en estructuras que no son idénticas a las canónicas allí previstas, sólo con que adoptemos el supuesto adicional de que el nudo O (=INFL") es débil o transparente a la rección. Consideremos los siguientes tres grupos de oraciones:

(21)
a. He'd prefer [for John to leave.]
   él-aux preferir   para John ir(se)
   'El preferiría que John se fuera'
b. He is eager [for John to be here]
   él está ansioso   para John estar aquí
   'El está ansioso de que John esté aquí'
c. His proposal [for John to leave.]
   su (=de él) propuesta   para John irse
   'Su propuesta de que John se vaya'
d. [For John to leave] is illegal — It is illegal for John to leave.
     para John irse   es ilegal
   'Que John se vaya es ilegal'. 'Es ilegal que John se vaya'

(22)
I believe [him to be a nice guy]
yo creo lo ser un agradable tipo
'Lo creo un tío majo'

(23)
a. Considero [a Juan inteligente.] / [*Lo* considero inteligente].
b. Nombraron [presidenta a mi prima de Córdoba.]

Las estructuras de (21) a (23) ilustran tres procesos sintácticos en apariencia bastante diversos. (21) presenta un tipo de claúsula completiva muy productiva en el inglés en la que el complementante *for* introduce una oración infinitiva con un sujeto léxico o explícito. Un importante hecho complementario de (21) es que oraciones como las de (24) —sin *for* y con un sujeto vacío léxicamente y controlado por el sujeto de la matriz— resultan completamente normales:

(24)
a. He'd prefer [e to leave.]
b. He is eager [e to be here]

(22) y (23), por otra parte, se asemejan en que el elemento con caso acusativo no es en realidad el objeto semántico del verbo principal sino el sujeto de una cláusula subordinada: una completiva de infinitivo en (22), una oración reducida o *cláusula mínima* [*small clause*](cf. Stowell, 1981 y 1983 y Contreras, 1987) en (23).

Las tres estructuras tomadas conjuntamente constituyen manifestaciones de un fenómeno denominado de *Marcado Excepcional de Caso* [*Exceptional Case Marking*] que aglutina a aquellas construcciones en las que un elemento situado en el interior de una oración completiva (usualmente, pero no necesariamente —cf. Massan, 1985— su sujeto) actúa como si fuera el argumento de un verbo o rector superior y recibe Caso de éste. Cuando el rector es el verbo matriz, el argumento en cuestión es sensible a las reglas que afectan al «objeto directo», como se ve en la oración gramatical de (25) (correlativa con (22)) donde ha operado un proceso de pasivización:

(25)
He was believed to be a nice guy.
el era creído ser un agradable tipo
'Lo creían un tío majo'

En efecto, podemos suponer que (21a) tiene la representación básica (26) y que en ella *for*, al que, siguiendo análisis convencionales (cf. Vergnaud, 1985) consideramos como un complementante y no como una preposición, asigna Caso al elemento de la subordinada que tiene más próximo: al SN léxico situado en el especificador de INFL" [=O]. *For* está allí para legitimar ese sujeto léxico y por ello no puede aparecer, sin producir agramaticalidad, en estructuras como las que enumerábamos en (24).

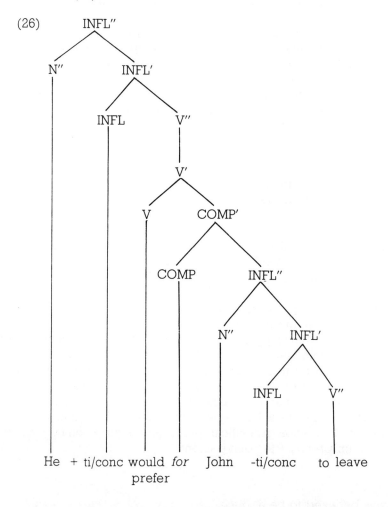

(27), por otra parte, es la configuración básica de (23a), según el análisis propuesto por Stowell (1983):

(27)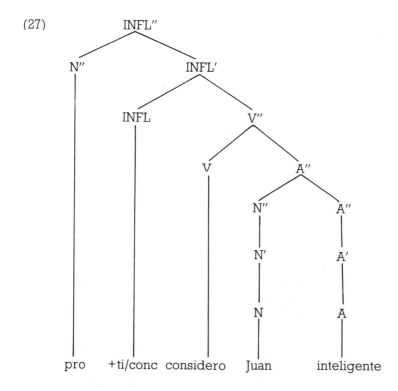

Podemos suponer que en (27) sucede algo similar a lo que caracterizábamos por medio de (26): el verbo matriz asigna Caso al sujeto «próximo» de la claúsula reducida, y de ahí que éste tenga Caso objetivo aunque semánticamente no mantenga ninguna relación con el verbo que se lo asigna. El sujeto acusativo *him* de (22) se explica también, entonces, como resultado de este procedimiento excepcional de asignación de Caso a través de una «barrera débil».

Una pregunta central que se suscita frente a las construcciones que estamos considerando es por qué no sucede esto con todas las oraciones complementarias infinitivas; la suposición más extendida es que tal vez ello se deba a que la naturaleza categorial de estas oraciones completivas es, en algún sentido, diferente. Tomemos (22) como dato característico. La hipótesis nula de que las entradas léxicas se organizan conforme a las restricciones de la selección semántica hace suponer que el verbo *believe* de (22) será el mismo que el que subcategoriza oraciones completivas introducidas por el complementante *that* como *I consider that he will accept the offer* 'Considero que él aceptará la oferta'. Por ello, Chomsky (1981) afirma que en la estructura-P todas estas completivas son O' pero que existe un proceso léxicamente condicionado de elisión de O', o de reducción de la completiva de O' a O; tras la actuación de esta regla la categoría en cuestión deja de ser una proyección máxima y los elementos situados en su interior pueden ser regidos por el verbo o preposición que los manda-c. Esto sería lo que sucede en (22); en (21) y (23) tenemos de partida oraciones complementarias que no son O'.

Una explicación paralela de los fenómenos de marcado excepcional de caso —que, ciertamente, muestra que éstos tienen muy poco de excepcional— es la que desarrolla Massan (1985). Su razonamiento se sustenta sobre dos suposiciones fundamentales: la primera es que los verbos que dan lugar a los fenómenos que comentamos, debido a sus propiedades léxicas idiosincrásicas, no subcategorizan C' (=O') sino que seleccionan INFL" (=O), la segunda es que —como se ha mostrado cierto por razones independientes— cuando un núcleo rige a una proyección máxima X, rige también al especificador y al núcleo de X. Con otras palabras, cuando un verbo o una preposición rigen una oración sin COMP, entonces rigen al sujeto de esa oración; si la completiva seleccionada tiene COMP, el elemento regido por el verbo será su especificador.

Massan justifica su propuesta, entre otras razones, en el hecho de que existen algunas lenguas en que COMP —el especificador del SC, que, en el marco de Chomsky (1981) que Massan adopta, proyecta sólo hasta el nivel barra-prima— tiene marca de caso. Como recuerda Massan (1985), en húngaro un SN-cu puede aparecer opcionalmente con un caso que no sea el asignado por el verbo que asigna papel θ a la posición desde la cual se desplaza ese SN, sino el que otorga el verbo que da papel temático al complemento oracional. En el siguiente par de oraciones —semejantes en todos los demás respectos— se verifica esa alternancia opcional (los ejemplos son de Massan (1985)):

(28)
a. *Kik*   szeretnêd   ha eljönnênek *t*....
    Quién-Nom tú-(te)-gustaría si viniese
b. *Kiket*   szeretnêd   ha eljönnênek *t*....
    Quién-Acus tú-(te)-gustaría si viniese

Esta manera de ver la rección y la asignación de Caso (mucho más compleja, naturalmente, que nuestro somero resumen de ella) abre el camino hacia la explicación de ciertas paradojas de la asignación excepcional de Caso en las lenguas románicas. En francés y en italiano, al igual que en español, no existe marcado excepcional de Caso en oraciones completivas del tipo de las inglesas de (22), véase (29):

(29)
a. *Je crois   [Jean être malade.]
   Yo creo (a) Jean estar enfermo.
b. *Mario affermava [questa donna non essere malata.]
   Mario afirmaba   esta   mujer no estar   enferma.
c. *Yo creo [(a) Mario ser un buen arquitecto.]

Hay varias aproximaciones posibles al contraste entre el inglés y las lenguas romances; el español, ciertamente, no ha sido estudiado a este respecto, y por tanto las hipótesis a las que aludiremos se han planteado siempre sobre datos del francés (Kayne, 1981) o del italiano (Rizzi, 1981).

La razón de la ausencia de esta construcción, en efecto, puede atribuirse al hecho de que, en las lenguas romances, los verbos equivalentes a los ingleses de marcado excepcional de Caso, aunque sean también asignadores de Caso, no seleccionan INFL" sino C". En el espíritu de Chomsky (1981) se podría argüir que las lenguas romances no tienen una regla léxicamente determinada de reducción de O' a O.

Kayne (1981), sin embargo, relaciona la ausencia de «marcado excepcional» en francés con ciertas diferencias significativas entre los complementantes *for* y *de* del inglés y del francés, respectivamente. A su juicio, tanto *believe* 'creer' como *croire* escogen O' como complemento, pero la posibilidad de dar Caso o no al sujeto de éste la atribuye a la diferente capacidad rectora de un complementante preposicional abstracto que encabeza ambas construcciones.

Una tercera tesis, sugerida por Massan (1985), y en línea con Raposo (1987b), imputa la diferencia que nos concierne a que en las lenguas romances —pero no en inglés— los infinitivos son categorías nominales y, por consiguiente, requieren Caso: el Caso que asigna el verbo matriz se otorgará, en suma, el núcleo de la oración infinitiva y no habrá marcado específico de Caso en el especificador. Dejemos al lector profundizar en estas tres posibilidades y volvamos ahora a nuestro centro de interés.

Ciertamente, lo más interesante a nuestros efectos es que, como ha sido puesto de manifiesto por Ruwet (1979) —y retomado por Kayne (1981)— (29a) y (29b) (y otras oraciones similares con verbos como *juger* 'juzgar', *constater* 'comprobar', o *ritenere* 'considerar' y *affermare* 'afirmar') devienen gramaticales cuando el sujeto de la oración incrustada se extrae por movimiento de CU. Compárese (30a) y (30b) con los dos casos de (29):

(30)
a. Qui$_i$ crois-tu [[e$_i$] être malade]?
   Quién crees tú   estar enfermo.
b. La donna$_i$ che Mario affermava [[e$_i$] non essere malata] é mia sorella.
   'La mujer que Mario afirmaba no estar enferma es mi hermana'

Kayne (1981-1984: cap. 5) y Rizzi (1981) explican los hechos de (30) afirmando que en estas construcciones el verbo matriz asigna Caso objetivo al SN una vez que este se desplaza al COMP —puesto que el movimiento es anterior a la aplicación de los mecanismos de asignación y comprobación del caso— y la construcción se legitima porque el sintagma desplazado y la huella situada en COMP forman una *cadena* que satisface los requisitos del Filtro de Caso (cf.Kayne,1984:112 para más precisiones).

Como se ve, la legitimación sintáctica de los argumentos (o de los sintagmas nominales materializados fonéticamente) es bastante más compleja y abstracta de lo que podría sugerir un análisis esquemático de (9) y (10). Trataremos en la sección siguiente de la interacción que parece haber entre Caso abstracto y movimiento sintáctico.

5.3. Caso abstracto y movimiento de SSNN.
La correlación entre asignación de caso y atribución de papel temático

En el capítulo anterior justificábamos la necesidad de un proceso abstracto de Movimiento de alfa que mediaría entre los dos niveles básicos de la representación sintáctica de las oraciones. Este movimiento tiene unas propiedades muy definidas, en virtud de las constricciones sobre la derivación impuestas por el Criterio Temático y el Principio de Proyección; sus características fundamentales, pues, se pueden establecer con bastante precisión. El movimiento, como se recordará, sólo se puede realizar a posiciones no-temáticas (a posiciones en las que no se asigna papel temático) pues de otro modo se violaría el Criterio Temático. En virtud del Principio de Proyección, por otra parte, será necesario que el elemento desplazado deje una huella o categoría vacía en la posición original, de manera que los requisitos léxicos y/o de subcategorización de los núcleos léxicos se satisfagan en todos los niveles del análisis sintáctico.

Todas las huellas fruto del movimiento sintáctico no son, sin embargo, homogéneas (volveremos sobre ello específicamente en 7.2. y 7.3) y precisamente una de las diferencias sustantivas entre ellas es que las huellas de movimiento de CU tienen que tener Caso mientras que las de SN no pueden tenerlo. Lo que deseamos mostrar en esta sección es que existe una conexión significativa entre el movimiento de SSNN y la asignación de Caso nominativo. Más estrictamente, es posible afirmar que ese segundo tipo de movimiento sólo tiene lugar en configuraciones en las que un elemento que recibe papel temático no puede tener Caso en su posición originaria: el movimiento estaría requerido por la necesidad del SN de hacerse visible sintácticamente a través de las correspondientes marcas de Caso.

Para ilustrar esta idea general estudiaremos dos procesos característicos de la gramática universal: las estructuras llamadas de *ascenso* y las *construcciones pasivas*. Al considerar estas estructuras precisaremos algo más las características de los procesos de asignación de Caso.

5.3.1. Las construcciones de «ascenso del sujeto»

En español y en numerosas lenguas existen oraciones como (31a) en las que el sujeto gramatical no es sin embargo el sujeto semántico de la construcción. (31a), en efecto, tiene idéntica interpretación que (31b):

(31)
a. Plácido parece cantar muy bien.
b. Parece [que Plácido canta muy bien].

De la comparación entre las dos oraciones se sigue que *Plácido* es el sujeto lógico de *cantar* en ambas construcciones y que *parecer* es un verbo que no toma, en sentido estricto, un sujeto semántico. *Parecer* pertenece, por tanto, al conjunto de los verbos impersonales. Ese carácter «impersonal» o, más estrictamente, de verbo que no asigna papel temático a la posición externa, se percibe con claridad en lenguas como el inglés y el francés que —por requerir la presencia obligatoria de un sujeto gramatical explícito— tienen que asignarle un sujeto a *seem* o *sembler*: ese sujeto es siempre un pronombre puramente gramatical, o expletivo, como se ve en (32):

(32)
a. *It* seems that your friend will come tomorrow.
    e Parece que tu amigo vendrá mañana.
b. *Il* semble que ton ami viendrá demain.
    e Parece que tu amigo vendrá mañana.

¿Cómo se explica, tras estas consideraciones, la sinonimia entre (31a) y (31b)? La respuesta clásica a esta pregunta es la de que (31a) no es una oración original sino que se trata de una estructura derivada. Más exactamente, la hipótesis nula o de minimización de la complejidad de las entradas léxicas nos lleva a suponer que existe un único verbo *parecer* que aparecería en el léxico especificado del modo siguiente:

(33)
parecer: [θ'- Proposición]

Por consiguiente, la representación de (31a) en la estructura-P habrá de ser (34), que es una secuencia agramatical:

(34)
θ' Parece [Plácido cantar muy bien]

La explicación abstracta de la relación entre (34) y (31a) es la siguiente. El léxico proyectará la estructura básica (34), así como (31b), ambas en correspondencia con los requisitos que impone *parecer*. La única diferencia entre (31b) y (34) radica en la propiedades de la Inflexión, témpica en el primer caso y atémpica en el segundo. Ahora bien, puesto que sólo una Inflexión con rasgos de tiempo (y consiguientemente de concordancia) puede asignar caso nominativo, *Plácido*, el argumento externo de *cantar* en (34) no podrá recibir Caso y la estructura será agramatical por infractora del filtro del Caso. Puesto que (34), como hemos dicho, es sólo una representación en estructura-P, suponemos que sobre ella debe actuar una regla de movimiento de SN que desplazará el sujeto —con papel temático— de *cantar* en (34) hacia la posicion externa destematizada, donde la Inflexión del verbo matriz le asignará Caso nominativo. El movimiento de SN se concibe, así, como una estrategia de salvación de un argumento con papel temático que, no obstante, se encuentra situado en una posición sintáctica en la que ese papel temático no puede hacerse visible. La representación completa de (31a) es, pues, (35):

(35)
Plácido$_i$ parece [e$_i$ cantar muy bien.]

Ese movimiento, forzado por el Filtro de Caso, tiene también lugar en inglés donde oraciones de verbos de ascenso con sujetos expletivos son agramaticales:

(36)
a. *It seems John to sing very well.
   exp parece John cantar muy bien
a'. John$_i$ seems t$_i$ to sing very well.
   John parece cantar muy bien.
b. *It is likely John to arrive tomorrow.
   exp es probable John llegar mañana
b'. John$_i$ is likely t$_i$ to arrive tomorrow.
   John es probable llegar mañana
   'Es probable que John llegue mañana'

Nuestra intuición de que el sujeto gramatical —con Caso nominativo— de un verbo de ascenso es, en realidad, el sujeto temático de un verbo subordinado se explica a través de esta hipótesis. Ella se completa, a su vez, con la suposición de que el elemento desplazado y su huella forman una *cadena* en la cual la *cabeza* (el elemento desplazado) recibe Caso y la *coda* recibe papel temático.

Nos podemos preguntar ahora por qué en estructuras como (34) no hay «marcado excepcional de caso». Efectivamente, el Principio de la Categoría Vacía (cf.*supra* 4.2. y 4.3.) requiere que la huella de (35) esté propiamente regida; puesto que (31a)(=35) es gramatical, debemos suponer que la huella está propiamente regida y, por consiguiente, que está regida. Por otra parte, si las huellas de SSNN son anáforas, como parece comprobado (cf. 7.2), la huella de *Plácido* tendrá que estar en la posición original del sujeto de *cantar/sing* y tendrá que estar ligada en su categoría rectora; ello hace pensar nuevamente que la proyección máxima dentro de la cual se encuentra la huella no es C' sino INFL". El hecho de que *parecer,* al igual que las construcciones inglesas con *believe,* reduzca O' a O debe ser una característica intrínseca de este verbo como lo prueba el hecho de que las oraciones con el verbo, en otros sentidos similar, *resultar,* no permitan el ascenso del sujeto, según muestra la agramaticalidad de (35').

(35')
*Juan resultó [e cantar muy bien]

La semejanza con las construcciones de marcado excepcional de caso, pues, no puede ser mayor y, sin embargo, en (34) no hay marcado excepcional de caso. Lo que muestra el contraste entre (34) y las oraciones de marcado excepcional de caso es que si bien la asignación de Caso abstracto es una parte de las relaciones generales de rección, el uno no es totalmente reducible a las otras. Para que haya asignación de Caso el verbo debe ser, por así decirlo, transitivo, debe llevar incorporado el rasgo [+Caso]. *Parecer*, pues, tendrá que caracterizarse como un verbo intransitivo, frente a *believe* 'creer' o *ritenere* ' considerar' que deben de ser transitivos. Una cuestión que dejamos pendiente es en qué principio se funda —si es que lo hubiere— la adopción de ese rasgo de transitividad. Lo que sí veremos inmediatamente es el hecho más externo de que parece haber una interesante correlación entre tener capacidad para asignar Caso a un argumento regido directamente y poder asignar papel temático a la posición externa.

5.3.2. Las construcciones pasivas

5.3.2.1. El análisis clásico de las construcciones pasivas

En numerosas lenguas existen alternancias como la que se ilustra en (37) donde una misma estructura argumental se puede presentar en dos variantes: una denominada activa, (37a) en nuestro ejemplo, y la otra pasiva, (37b):

(37)
a. Felipe vendió la casa.
b. La casa fue vendida por Felipe.

En una caracterización somera, podemos afirmar que estas estructuras presentan tres propiedades características: se dan fundamentalmente —aunque no exclusivamente— con verbos transitivos, la variante activa y la variante pasiva presentan una diferencia sistemática en la morfología verbal, el argumento interno u objeto de la construcción activa es el sujeto o argumento externo en la formación pasiva.

Estos rasgos distribucionales se han explicado por medio de la hipótesis (Chomsky, 1981) de que las dos propiedades teóricas fundamentales de las construcciones pasivas son las siguientes:

(38)
a. La posición $[V, SN]_{SV}$ no recibe caso.
b. La posición $[SN, SV]_o$ no recibe papel temático.

¿Dónde se originan estas propiedades? ¿son autónomas y se unen la una a la otra por casualidad o tienen alguna interdependencia? Es relativamente fácil razonar que la propiedad (38a) se sigue de la conversión del verbo en participio. Hay bastantes razones, en efecto, que dan soporte a la afirmación de que los participios son, en algún sentido, adjetivos y que, por ello, no tienen capacidad para asignar Caso —al menos Caso estructural— y de ahí que el paso a la variante pasiva suponga la adopción automática de la característica (38a).

Roberts (1987) formaliza esta misma intuición en términos más estrictos (siguiendo una idea original de Rouveret y Vergnaud,1980). Su suposición central es que el morfema de pasiva (-*en* en inglés, -*do* en castellano) pertenece a la categoría [+V], que es una categoría neutral entre verbos y adjetivos, y carece por lo tanto del rasgo [−N], el segundo rasgo definitorio de los elementos verbales. El afijo pasivo determina el estatus categorial del complejo verbal pasivo y, así, como sólo los elementos que son [−N] pueden asignar Caso estructural, la contraparte pasiva de un verbo asignador de Caso pierde esa virtud por imperativo de la morfología.

Ahora bien, si este razonamiento es correcto, la característica (38b) es parasitaria de la que acabamos de caracterizar. Una propiedad común de las lenguas naturales —advertida por vez primera por Perlmutter (1978)— es la que se ha dado en caracterizar como «generalización de Burzio» (cf. Burzio 1981 y 1986 y *supra* 3.2:(24)), que establece una estrecha correlación entre la capacidad de asignación de Caso de un determinado verbo y su poder de atribuir papel temático:

(39)
Si el objeto directo recibe Caso, entonces el sujeto recibe papel temático.

La generalización de Burzio describe una propiedad externa —aunque no obvia— de las lenguas y, más específicamente, da razón del paralelismo sintáctico que existe entre verbos transitivos que asignan caso objetivo y verbos ergativos, de una parte (véase (40)), y construcciones pasivas y con *si*-impersonal del italiano, de otra (véase (41)): (los ejemplos son de Burzio, 1986)

(40)
a. Giovanni inviterà molti esperti. (Transitivo)
   Giovanni *ne* inviterà molti.
b. Arriveranno molti esperti. (Ergativo)
   Ne arriveranno molti.

(41)
a. Molti esperti saranno invitati. (Pasivo)
   Ne saranno invitati molti.

b. Alcuni articoli si leggeranno volontieri.
    Se *ne* leggeranno alcuni.

(40) y (41) ilustran la mayoría de los contextos en que es posible que bien un objeto directo bien un sujeto sintáctico cuantificados se pronominalicen por medio del clítico partitivo *ne*, cuyo significado es «de ellos», «de eso». Un dato clave de este paradigma es que la cliticización con *ne* no resulta posible cuando el verbo es de la clase de los intransitivos, obsérvese (42):

(42)
a. Telefoneranno molti esperti
b. *Ne telefoneranno molti

Esta distribución en apariencia tan diversa se puede deducir adecuadamente si se supone que el clítico *ne* pronominaliza siempre y solamente los objetos directos profundos. (40a) y los casos de (41) quedan cubiertos también por esta caracterización si entendemos que los sujetos que *ne* suplanta son, en realidad, sujetos derivados y que, precisamente, el objeto profundo —que no puede obtener Caso bien por limitaciones léxicas del propio verbo (como sucedería con los ergativos), bien por constricciones que impone la morfología (como en las pasivas y en las oraciones con *si*)— se desplaza a la posición externa destematizada para allí recibir Caso nominativo.

En suma, los verbos de ascenso y las construcciones pasivas confluyen en requerir el movimiento de un elemento privado de Caso hacia una posición donde debe recibirlo, para así satisfacer la condición de Visibilidad e impedir que se vulnere el Criterio Temático. Se diferencian, no obstante, en lo que respecta a la génesis de esa posición destematizada. En los verbos de ascenso esto es una consecuencia de la naturaleza léxica del verbo, en las pasivas se derivaría del hecho de que la morfología pasiva absorbe el Caso del objeto directo.

Otra diferencia importante entre las dos construcciones estriba, aparentemente, en que en las pasivas la asignación de Caso puede realizarse por «transmisión», mecanismo que no es posible en las estructuras de ascenso. En efecto, una característica de las lenguas pertenecientes al parámetro que permite omitir el sujeto (las llamadas lenguas *pro drop* —cf. 1.2 y 7.4) es que aceptan oraciones pasivas como la de (43) donde el sujeto permanece *in situ* (es decir, en la posición canónica de objeto); se niega así, al menos en apariencia, la hipótesis anterior de que el movimiento es una precondición para la recepción de Caso:

(43)
Fue enviado el telegrama a los autores premiados.

En contrapartida, las construcciones de ascenso requieren siempre movimiento como muestra la agramaticalidad de (44) (igual a (34)):

(44)
*Parece Plácido cantar muy bien

Para explicar el por qué de este contraste podemos partir de la observación de que en inglés una estructura como (43) (véase (45)) es completamente imposible:

(45)
*(It) Was sent the telex to the honoured authors.

Ahora bien, la existencia de (43) se puede relacionar con otras propiedades del español y de las lenguas romances, todas ellas imputables al valor paramétrico escogido por estas lenguas respecto de la mención del sujeto gramatical. Este parámetro permitirá habilitar una categoría vacía, un *pro* expletivo o semánticamente vacío, en la posición de sujeto. Este elemento será el que recibirá caso nominativo y lo transmitirá al objeto («profundo»). El inglés, por no ser una lengua *pro drop,* no tiene la posibilidad de llenar esa posición con dicha categoría vacía y, por consiguiente, sólo puede asignar Caso tras el movimiento sintáctico.

La agramaticalidad de (44) —la construcción de ascenso— se debe probablemente a las restricciones que operan sobre las «cadenas» de transmisión de caso: si estas estructuras, como cabe esperar, obedecen a los principios de la teoría del ligamiento, y si tienen que reconstruirse en la (F)orma (L)ógica en forma de estructuras de antecedente-anáfora (cf. Chomsky, 1986a:179), (44) se podría explicar como una violación del principio A ya que la anáfora no tendría un antecedente que la mande-c en su categoría rectora. Pero si el Principio A se aplica —como parece ser— en la FL, esta explicación no se sostiene y la asimetría entre (43) y (44) no es de rigor. (44) bien podría constituir, entonces, una infracción del PCV o, acaso, en (43) no habría transmisión de Caso a un argumento *in situ* sino a un sujeto invertido adjunto al SV (cf. *infra* : 206).

De todos modos, la versión estándar de la pasividad no es la única caracterización posible de esta construcción. Abordaremos de manera esquemática algunos datos adicionales relativos a las construcciones pasivas, que nos permitirán asimismo entrar más a fondo en la naturaleza de los procesos de asignación de Caso.

5.3.2.2. Otras formas de la pasividad y la «absorción» del caso del objeto directo

Si (38a) formula de manera cabal una propiedad central de las construcciones pasivas —y (38b) y el movimiento que implica se derivan de ella— no cabe esperar que existan pasivas en las que el verbo asigne caso en el interior del SV. Esto sucede, sin embargo en las construcciones llamadas ditransitivas o *de doble objeto*: (46a) es la variante pasiva de (46b):

(46)
a. John was given a book by her sister.
   John fue dado un libro por su hermana.
   'Su hermana le dio un libro a John'
b Her sister gave John a book.
   Su hermana dio John(Acus.) un libro
   'Su hermana le dio a Juan un libro'

Jaeggli (1986a) trae a colación datos de lenguas escandinavas y del kinyarwanda que nuevamente ponen en cuestión el supuesto de que los participios pasivos no son capaces de asignar Caso. En las construcciones ditransitivas de esta última lengua, en efecto, cualesquiera de los complementos internos (independientemente de su papel temático) puede devenir sujeto paciente, y si el segundo argumento interno permanece en el SV (*ibaruwa* en (47a y b)) éste se comporta sintácticamente como un objeto directo (los ejemplos son de Jaeggli, 1986a: 590-597):

(47)
a. María yohererejwe ibaruwa na Johani
   María envía+PAS carta por Juan
   Lit: María fue enviada una carta por Juan
b. Ikaramu yandikishijwe ibaruwa na Johani
   Lápiz escribe+con+PAS una carta por Juan
   Lit: El lápiz fue-escrito-con una carta por Juan

Más aún, si la pasividad es la pérdida de la capacidad de asignar caso —como se dice en (38)—, ello implicará que no puede haber pasivas de verbos intransitivos; sin embargo, en alemán (véase (48)) y en holandés (véase (49)), los ejemplos son de Jaeggli (1986a)) hay verbos intransitivos que se pasivizan:

(47)
Es wurde getanzt.
Ello fue bailado

(48)
Er wordt gefloten.
Ello fue silbado

La explicación de estos hechos complejos desarrollada por Jaeggli (1986a) y Roberts (1987) parte de atribuir al morfema de pasiva propiedades argumentales, razón por la cual tendrá que poseer Caso y papel temático. Se puede conjeturar que el morfema de pasiva, en efecto, recibe el papel temático que el verbo atribuye normalmente a su argumento externo y toma *uno* de los casos que el verbo asigna a sus argumentos internos. (37b), entonces, tendrá en la estructura-S la representación de (49):

(49)
La casa   fue vendida
θ Tema; Nom.   θAgente, Obj. (omitimos deliberadamente la consideración del estatuto estructural del «complemento agente» introducido por *por,* pero véanse Zubizarreta, 1985, Jaeggli, 1986a, Demonte, 1986 y Roberts, 1987).

Las pruebas de las propiedades argumentales del morfema de pasiva son ciertamente bastante incuestionables: éste hace legítimos adverbios orientados hacia el sujeto (v. 50a), controla a PRO en estructuras de control (v. 50b), liga anáforas (v.50c) y manda-c a predicativos del sujeto (v.50d) (cf., en el mismo sentido, Demonte, 1986):

(50)
a. Los culpables fueron castigados deliberadamente.
b. Los inocentes fueron castigados para PRO mostrar el poder de la policía.
c. No es sano ser golpeado por el placer de uno mismo.
d. El aria del acto III de Turandot debe ser cantada emocionado.

En esta manera de ver los fenómenos de la pasividad, la «destematización» de la posición externa no tendría que ver con ningún bloqueo de la capacidad de asignar Caso sino simplemente con el proceso —muy probablemente léxico— de enlazar un papel temático a un morfema ligado. Como consecuencia de ello, la posición externa quedaría disponible para ser receptora de un elemento que se desplace ulterior-

161

mente por efecto del movimiento sintáctico. Pero si este análisis es correcto, las construcciones pasivas se relacionan de una manera más indirecta con la generalización de Burzio que, probablemente, sería sólo la punta de un iceberg que oculta numerosos montes y torrentes.

Ahora bien, y continuando con el meollo del análisis que estamos considerando, si el morfema de pasiva es un argumento, tendrá que recibir Caso precisamente para hacerse visible en cuanto argumento. Y si el verbo asigna un único Caso, el argumento interno deberá desplazarse a la posición externa para allí obtener un Caso que le será atribuido por el elemento que rige esa posición, o sea, por la inflexión. Construcciones como las de (46) y (47) se explicarán, pues, afirmando que, en ciertas condiciones, el verbo puede asignar más de un Caso.

Con este análisis, las únicas construcciones que quedan algo desmañadas son las pasivas intransitivas de (47)-(48). Para poder dar razón de ellas tendremos que suponer, tal vez, como Jaeggli (1986a) que el alemán y en holandés los verbos intransitivos asignan Caso estructural en el interior del SV. Una explicación alternativa más acorde con nuestra intuición (pero cuyos complejos aspectos técnicos no recorreremos aquí por mor de la simplicidad) es la propuesta por Roberts(1987) quien supone que en (47) el morfema de pasiva recibe en realidad Caso nominativo, acaso porque tiene que desplazarse a una posición superior ya que el verbo no tiene el rasgo [+Caso].

5.4. Caso estructural y Caso inherente. Las restricciones temáticas en la asignación de caso

5.4.1. La condición de uniformidad

Los fenómenos a los que hemos hecho referencia en los apartados precedentes ilustran el principio más general de asignación de *Caso estructural*. En estudios recientes (cf. Chomsky, 1986a) se ha llegado a la conclusión de que es necesario distinguir entre dos variantes del Caso abstracto, el estructural antes mencionado y el *Caso inherente*. Veamos someramente cuál es la diferencia entre ambas formas de asignación de Caso y qué consecuencias teóricas se asocian a esta distinción.

Por medio de la noción de *Caso estructural* se alude a los elementos en nominativo y acusativo que reciben Caso de una manera «ciega», esto es, con total independencia de la relación temática que mantengan con la inflexión y el verbo principal que son quienes, respectivamente, asignan ambos casos. (Las reglas anteriores [10(i)] y [10(ii)], en suma, exponen la noción actual de caso estructural). Esta forma de Caso es la que se asigna en la estructura-S.

Decimos que el Caso estructural es ciego no sólo porque el acusativo y el nominativo se asocian a posiciones con papeles temáticos muy diversos (un objeto directo, por ejemplo, puede ser un Paciente, una Meta, un Origen, una Locación, etc.) sino también porque puede darse el caso de que el asignador de Caso y el asignador de papel temático no coincidan, como se nos mostraba en las construcciones de ascenso de (34) y (35) o en todas las estructuras de «marcado excepcional de caso» (véase *supra*, 5.2.2).

En contraste con este paradigma básico, se postula que los nombres, los adjetivos y las preposiciones (también los verbos en algunas circunstancias que luego reseñaremos) otorgan Caso inherente. Una idea clave de esta nueva concepción de los fenómenos de visibilidad de los SSNN es que el Caso inherente se asigna en la estructura-P y es un proceso temáticamente constreñido. Para ser más exactos, la asignación de Caso inherente parece estar sometida a la siguiente «condición de uniformidad»:

(51) *Condición de Uniformidad*

α asigna caso a β si y sólo si α marca también temáticamente a β (donde marcado temático implica *asignación* en la estructura-P y *materialización* en la estructura-S).

En una primera aproximación, la diferencia entre el caso estructural y el inherente se puede ilustrar a través de la serie (52) de oraciones inglesas:

(52)
a. I gave <u>a book to John</u>.
          Tema   Meta
   Yo di un libro a John.
b. I gave John a book.
   Yo di John un libro
   'Di un libro a John'
c. A book was given to John.
   Un libro fue dado a John
d. John was given a book.
   John fue dado un libro
   'Un libro (le) fue dado a John'
e. *John$_i$ was given a book to t_i
   John fue dado un libro a
f. Who$_i$ did you give a book to t_i
   quién aux. tú diste un libro a
   'A quién (le) diste un libro'

(52a) y (52b), construcciones ditransitivas o de «doble objeto», muestran como una misma estructura argumental puede representarse bajo diversas variantes sintácticas. Lo que indican (52c) y (52d), a su vez, es que cualquiera de los dos argumentos que puede ser objeto sintáctico tiene la posibilidad de desplazarse a la posición externa para allí recibir Caso nominativo; tanto la asignación como la materialización tienen lugar, en estos casos, en la estructura-S. Como la imposición de Caso nominativo —una de las dos formas del Caso estructural— no está constreñida por factores temáticos, este desplazamiento y esta asignación son independientes del papel temático que el objeto posea.

Ahora bien, la Condición de Uniformidad (51) impide que el argumento Meta pueda recibir Caso oblicuo en (52e). Ello se debe a que la preposición *to* (a diferencia de la Inflexión que es la que entra en juego en la asignación de Caso nominativo) no asigna Caso estructural sino Caso inherente a un SN al que también selecciona semánticamente. Más explícitamente, en la estructura superficial *to* asigna papel temático a la cadena cuyo núcleo es *John* y, por consiguiente, dada la Condición de Uniformidad, debería asignarle Caso a *John*; sin embargo, ello no es posible porque tras el movimiento *John* está regido por la inflexión, un atribuidor de Caso distinto del asignador de papel temático. (52e), pues, viola la Condición de Uniformidad, y de ahí su agramaticalidad. (52f) es posible, por el contrario, porque la cadena [who,t] recibe Caso y papel temático sólo de *to,* ya que *who* se ha colocado en una posición extraargumental donde ninguna de esas asignaciones es posible.

Indicábamos en (51) que una propiedad característica de la asignación de Caso inherente es el hecho de que éste sea un proceso bipartito: asignación en la estructura-P y materialización en la estructura-S; esta circunstancia puede llevar a que un mismo Caso tenga la opción de realizarse en dos posiciones diferentes. Esta es, por ejemplo, la manera como Chomsky (1986a) explica la asignación de Caso genitivo en el interior de los SSNN. Típicamente, este Caso inherente atribuido por ciertos nominales se asigna a la posición postnominal, más estrictamente, al SN situado en ella. Sin embargo, en el inglés, tal Caso puede materializarse allí, en la forma de *of* 'de' afijado al SN, o puede hacerlo en la posición prenomial como SN's$_{gen}$ una vez movido el complemento a la posición del especificador; la única condición que se cumple en las dos circunstancias es que el núcleo marcador de Caso rige a ambas materializaciones:

(53)
a. [$_{SN}$ The [$_{N'}$ [$_N$ destruction] of the city]]
b. [$_{SN}$ The city's$_i$ [$_{N'}$ [$_N$ destruction] t_i]]

La hipótesis del caso inherente está aún en proceso de contrastación y elaboración, pero parece ya relativamente claro que el haber distinguido entre «identificación ciega» e «identificación temáticamente constreñida» ha permitido avanzar en la comprensión de las condiciones de aparición de los SSNN. Para ilustrar algo más la naturaleza del Caso inherente presentaremos un fenómeno con el cual parece estar directamente relacionado: el relativo a ciertos efectos de indefinitud que se dan con verbos ergativos y existenciales.

5.4.2. El caso partitivo inherente de los argumentos de verbos ergativos y existenciales

Belletti (1987) reexamina las restricciones que operan sobre los SSNN argumento de las oraciones existenciales, restricciones que requieren que esos SSNN sean indefinidos. Un par ilustrativo característico es el de (54), ((55) muestra que la misma *restricción o efecto de definitud* opera en las oraciones existenciales españolas, si bien la sintaxis de estas construcciones difiere de la de las inglesas:

(54)
a. There is a cat on the roof.
    aquí es un gato en el tejado
    'Hay un gato en el tejado'
b. *There is *the* cat on the roof.
    'Hay el gato en el tejado'

(55)
a. Hay un gato sobre el tejado.
b. *Hay *el* gato sobre el tejado.

En la literatura precedente (véanse las referencias y la exposición de las diversas hipótesis en Belletti, 1987:175-177) este efecto de definitud se concebía como el resultado de una serie de restricciones tanto sintácticas como semánticas. Belletti (1987) —tras comprobar que este fenómeno no acontece sólo con oraciones existenciales semejantes a las del inglés sino también con verbos ergativos, con otros verbos ingleses, asi como en el húngaro—, va a desarrollar la hipótesis de que esa indefinitud es el resultado de que los verbos inacusativos o ergativos —entre los cuales incluye a los existenciales— asignan inherentemente Caso *partitivo*, Caso que sólo es compatible con los SSNN indefinidos.

Lo que Belletti hace, en esencia, es extender a todas las lenguas una característica explícita del finlandés, lengua en la cual el SN argumento de predicados monoargumentales existenciales o ergativos sólo puede estar marcado con caso partitivo morfológico —si ese SN es un nombre plural contable—, o, si es singular, bien ir en partitivo o quedarse sin terminación morfológica (la forma no marcada del caso morfológico). En este último caso, a cada variante morfológica se asocia una distinta interpretación semántica: lectura de «objeto parcial» frente a lectura de clase:

(56)
a. Helsingistä tulee kijeitä$_{part}$
De Helsinki llegan (algunas) cartas

b. Helsingista tulee kirje$_0$
De Helsinki llegó una carta

Conforme a la propuesta de Belletti, entonces, en las construcciones españolas de (57) —donde (57a) es una oración existencial y (57b) una oración con un núcleo verbal ergativo— el SN indefinido estaría marcado con caso partitivo; la razón de esa indefinitud provendría del hecho de que «el caso partitivo...suscita un significado equivalente al expresado por un cuantificador léxico como 'alguno'. En consecuencia, el partitivo es incompatible, por definición, con un SN definido» (*op. cit:* 177-78):

(57)
a. Hay (*las) (falsas) promesas en el aire.
b. Llegaron (los) invitados ayer por la tarde.

La imputación de la restricción de definitud de (57a) y la diversa interpretación semántica de (57b) —con y sin artículo— a la asignación de caso partitivo tiene algunas secuelas explicativas interesantes (además de algunos problemas, que no consideraremos aquí, planteados por la manera como debe entenderse la asignación de Caso nominativo a los sujetos invertidos). Sin ir más lejos, si postulamos que el Caso partitivo inherente requiere adyacencia estricta entre el rector y el nombre marcado con Caso, podremos entender que (58a) y (59a) sean agramaticales mientras (58b) y (59b) no lo son: en este último caso el SN adjunto por la derecha es el resultado del «Desplazamiento de SSNN pesados»:

(58)
a. *Hay en el aire promesas.
b. Hay con frecuencia amores que matan.

(59)
a. *Llegaron ayer por la tarde invitados.
b. Llegaron ayer por la tarde invitados que darán mucho que hablar.

Por otra parte, si entendemos que todo nombre indefinido puede ser una manifestación de Caso partitivo, la hipótesis partitiva nos permite explicar por qué los sujetos de cláusulas reducidas como las de (23) nunca pueden ser indefinidos (véanse las variantes de (23) en (60)):

(60)
a. *Considero [(a) hombres inteligentes.]
b. *Nombraron [alcaldes (a) primos.]

Como indicábamos más arriba, en estas construcciones (que englobábamos dentro de las de «marcado excepcional de caso») el verbo matriz asigna Caso al sujeto de la cláusula reducida, que, a su vez, recibe papel temático de su predicado. Si este análisis es correcto, el Caso partitivo no es posible en estas construcciones porque se violaría la Condición de Uniformidad (51) ya que el asignador de Caso y el asignador de papel temático no coincidirían.

En suma, la clase extendida de los verbos inacusativos parece que se puede caracterizar de manera convincente como la de aquellos predicados que, en efecto, no pueden asignar caso acusativo porque identifican a su argumento interno a través de la asignación de un Caso inherente. Este descubrimiento —como señala Belletti, 1987: 3.4— no implica echar por tierra la generalización de Burzio, pero lo que sí parece claro es que ésta deberá reformularse en los términos de (61):

(61)
No papel temático al sujeto si no caso *estructural* a la posición de objeto.

5.5. Caso estructural como Caso por concordancia. Los verbos preposicionales

En la lengua castellana los verbos denominados de «régimen preposicional» no parecen tener una conducta sintáctica uniforme. Como se ha señalado en estudios previos (cf. Martínez García, 1986), en el interior de esta serie de verbos hay que distinguir entre los que piden ir siempre acompañados del complemento prepositivo (véanse los casos (b) de (62)) y los que pueden omitirlo en ciertas condiciones (véase (63):

(62)
    a.   ¿La reunión *consistió en* un debate?
    b.   ??No, creo que no consistió.
    a.   ¿La tesis *versa sobre* el adjetivo?
    b.   ??Sí, creo que versa.

(63)
    a.   ¿Discrepa ese artículo de tus puntos de vista?
    b.   Sí, creo que discrepa.
    a.   ¿Incurre el nuevo texto en los mismos errores?
    b.   No, creo que no incurre.

Al grupo de los de (62) corresponden también *prorrumpir en, atenerse a, adolecer de, carecer de, redundar en, constar de,* entre otros; en el segundo subgrupo, el de (63), están *abusar de, insistir en, prescindir de, desconfiar de, influir en, alardear de, aludir a,* etc.

Lo interesante del caso es que esta distribución no parece que sea fortuita sino que a cada subgrupo se asocia otro peculiar conjunto de propiedades. Los verbos de (62), en efecto, dan lugar a estructuras oracionales que, por poner un ejemplo, no admiten como sujeto un *pro* de tercera persona del plural con interpretación arbitraria (véanse los ejemplos de (64)), variante que sí es posible con los verbos de (63) (véase (65)):

(64)
    a.   *Ayer, *pro* han abundado en improperios.
    b.   *Aquí, *pro* prorrumpieron en sollozos.
    c.   *En esta clase, *pro* adolecen de múltiples defectos.

(65)
    a.   Aquí, *pro* abusan de los empleados.
    b.   En este país, *pro* insisten en ser maleducados.
    c.   Así, *pro* no influirán en mis opiniones.

No es éste el lugar de debatir las complejas razones por las cuales ciertos verbos admiten como sujeto un *pro* arbitrario y otros no lo hacen, lo que sí parece claro es que este rasgo distribucional —junto con otros aspectos que no consideraremos aquí,(pero cf. Demonte, 1989)— permite distinguir las oraciones que llevan un sujeto que es tal desde la estructura-P (estas serían, precisamente, las oraciones que admiten como sujeto un *pro* arbitrario de tercera persona del plural, cf. 7.4) de aquéllas cuyo sujeto es «derivado». Los verbos de la clase de (62), con otras palabras, tendrían posiciones de sujeto destematizadas mientras que los de (63) asignarían papel temático a la posición externa (véase, para la génesis de esta distinción, Belletti y Rizzi, 1987 y *supra* 3.2.1).

Hay otras manifestaciones del contraste entre estas dos clases de verbos en apariencia similares. Obsérvese, por ejemplo, que los supuestos complementos preposicionales de estos verbos no se se comportan de manera parecida en los contextos de extracción desde islas interrogativas. El desplazamiento de los SSPP de los verbos de la clase de (62) es agramatical, como se ve en (66), los de la clase de (63) se extraen sin problemas (v. (67)):

(66)
a. *¿En qué no sabes si consistió t_i la reunión?
b. *¿De qué no sabes si María adolece t_i?

(67)
a. ¿De qué$_i$ no sabes si tu hijo discrepa t_i?
b. ¿Sobre qué$_i$ no sabes si Pepe influirá t_i?

Dicho de una manera elemental, los supuestos complementos preposicionales de la clase de (62) tienen la conducta típica de los adjuntos mientras que sus correlativos de (63) se comportan como los complementos subcategorizados.

Existen numerosas pruebas independientes, en efecto (cf.Demonte, 1989), de que el SP de estructuras como la de (62) es en realidad el predicado de una claúsula mínima (cf.*supra* 3.3.3.2) y de ahí se seguiría su conducta en (66). ¿Pero qué sucede con las estructuras de (63) y (67) que son las que aquí nos conciernen? ¿cuál es la verdadera naturaleza de la preposición de verbos como *abusar de*, *prescindir de* o *incurrir en*? La hipótesis nula es la que supone que estas preposiciones son, como la mayoría de ellas, formas normales asignadoras de Caso y de papel temático.

Tal hipótesis, sin embargo, tropieza de nuevo con la resistencia de los datos. Vemos, por ejemplo, que una característica llamativa de los verbos de la clase de (63) es su posibilidad de alternar con formas semánticamente equivalentes pero sin preposición: *pensar-pensar en*, *renunciar (el puesto)-renunciar (al puesto)*, *resistir-resistir a*, *prescindir-prescindir de*, etc. Como hacíamos notar en 3.5.2. la única diferencia entre las variantes con y sin preposición parece tener que ver con el modo de ser de la acción, con el significado «aspectual» que se asocia al verbo. El par de oraciones de (68) ilustra lo que acabamos de señalar: las restricciones de coaparición con adverbiales de duración muestra que en un caso la acción se ve como un resultado y en el otro como un proceso:

(68)
a. El presidente renunció su puesto en el noveno congreso /* durante dos largas sesiones.
b. El presidente renunció a su puesto en el noveno congreso / durante dos largas sesiones.

Dados estos elementos de juicio, una hipótesis concebible es la de que las preposiciones que acompañan a los verbos de las clase de (63) no son en realidad preposiciones verdaderas sino que constituyen la materialización de una variante del Caso acusativo asignado por el verbo en cuestión, una variante condicionada por los rasgos del Aspecto presente en la configuración. Hay dos cuestiones que se deben resolver para dar sentido a esta suposición. Una es la de si tenemos pruebas adicionales acerca de la naturaleza no preposicional de esta preposición, valga el juego de palabras. Otra es la manera de articular esta concepción dentro de la teoría del Caso.

En cuanto a lo primero, en efecto, esta hipótesis da razón de un hecho aparentemente paradójico, a saber, el de que en las así llamadas construcciones de «elisión en estructuras coordinadas» las preposiciones de la otra clase de verbos preposicionales —las de (62), que asignarían probablemente Caso inherente— pueden omitirse, mientras que la elisión de la preposición meramente materializadora de una variante del Caso acusativo —según nuestra hipótesis— provoca agramaticalidad:

(69)
a. La mujer prorrumpió en fuertes sollozos y violentas patadas.
b. La tesis versa sobre el adjetivo y las oraciones de relativo.

(70)
a. ??La Universidad prescindió de sus servicios y su ayuda.
b. ??El nuevo texto incurre en los mismos defectos y parecidos despropósitos.

El *test* de la conjunción ha sido empleado por varios autores (cf.referencias en Demonte 1987) para singularizar a las preposiciones reales frente a las falsas preposiciones. La generalización que subyace a estos hechos es que las preposiciones meramente marcadoras de

Caso no pueden elidirse mientras que las preposiciones reales, que asignan Caso y papel temático, sí pueden hacerlo. Ahora bien, si suponemos, en línea con Brucart (1987), que en (63) y (70) no hay, en realidad, elisión sino mera coordinación de sintagmas nominales, podemos razonar que puesto que la preposición materializadora no configura un verdadero SP, cuando se introduce para materializar el Caso debe hacerse patente en todos y cada uno de los SSNN.

¿Pero cómo se asigna este Caso aspectualmente condicionado y qué tipo de Caso es? Parece claro, para empezar por la segunda de las cuestiones anteriores, que el Caso que se asigna en estas construcciones es estructural y no inherente. En (71) se ve, en efecto, que el Caso en cuestión se puede atribuir al sujeto de una claúsula reducida; por lo tanto, el asignador de Caso y el asignador de papel temático no tienen por qué coincidir como es propio de las circunstancias de atribución de Caso estructural:

(71)
a. Alardea de [su hija en el mejor ballet de Inglaterra]
b. *Alardea de [una hija en el mejor ballet de Inglaterra]

El problema del contexto y la forma de asignación de esta variante del Caso acusativo aspectualmente condicionada no es excesivamente complejo si hacemos nuestros dos principios recientemente establecidos de la gramática universal. Supongamos, en primer lugar, que la asignación de Caso es una de las formas que puede asumir una relación de coindización (o de «concordancia») entre un núcleo y un constituyente regido por él (cf. Chomsky, 1986b). Esta coindización podrá efectuarse, pues, entre el par núcleo-especificador (el Caso nominativo sería la manifestación de esa relación), entre el par núcleo-complemento marcado—L (el Caso acusativo) o entre un núcleo y el Esp de la proyección regida por él (los casos estructurales «excepcionales»). Supongamos, asimismo, —tal como hemos razonado extensamente en 2.3. y en 4.1.4.— que todos los núcleos funcionales pueden dar lugar a proyecciones máximas y que entre ellos están no solamente el Tiempo y la Concordancia sino también el Aspecto, que sería probablemente la proyección más profundamente incrustada puesto que está condicionada por el Tiempo. Así las cosas, si la raíz verbal ha de irse desplazando para unirse a los varios afijos morfológicos de la manera como indicábamos en 4.1.4., podemos suponer que la configuración de (72) (donde se eliminan ramificaciones intermedias no relevantes) será un marco adecuado para la asignación de Caso acusativo. Damos por supuesto que la huella t_i está propiamente regida bien porque adoptemos el

«Corolario de transparencia en la rección» (Baker, 1988), bien porque la extracción se realice por adjunciones:

(72)
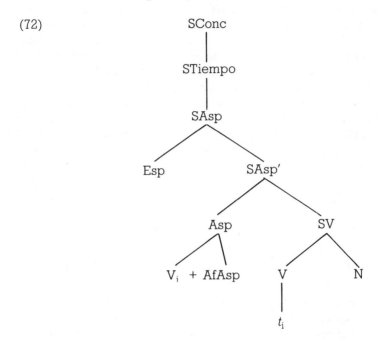

En suma, nuevos datos y nuevas generalizaciones parece que permiten afinar hoy algo más la noción de Caso estructural y vincularlo a las relaciones genéricas de coindización. La distinción, por otra parte, entre esta forma de la visibilidad y la que se obtiene por la recepción de un Caso inherente, permite entender mejor la conexión entre asignación de Caso y asignación de papel temático. Probablemente sólo a partir de estas coordenadas podremos realizar nuevos avances en el conocimiento de los problemas que nos han ocupado en este capítulo.

6.
Restricciones sintácticas sobre la interpretación semántica: la teoría del ligamiento

6.1. Un paradigma de relaciones de significado determinadas por propiedades estructurales

6.1.1. Sobre las «dependencias referenciales» y su lugar en el módulo lingüístico

Si nos preguntáramos a nosotros mismo de dónde y cómo toma su referencia un pronombre personal, contestaríamos seguramente sin demasiada vacilación que este elemento refiere libremente, o que es un deíctico y, por tanto, se apropia del significado de otro término situado en el contexto discursivo o gramatical. Esta respuesta, que es correcta como caracterización aproximada, y que se ilustra de manera clara en el ejemplo de (1), (donde *él* puede ser el mismo presidente, alguien presentado antes en el discurso o alguien no mencionado hasta el momento):

(1)
El presidente dijo que *él* no jugaría a la gallina ciega

queda en entredicho, no obstante, frente a construcciones como las de (2) donde, precisamente, no es posible la primera opción que comentábamos, la deixis oracional. En (2) el pronombre tiene necesariamente que tener una referencia distinta de la de la otra expresión referencial situada en su mismo entorno oracional:

(2)
a. El dijo que *el presidente* no jugaría a la gallina ciega.
b. *Mi hija la* admira mucho.

Como tendremos ocasión de mostrar de inmediato, estas restricciones respecto de la posibilidad de co-referir un elemento con otro no son fortuitas sino que están determinadas por *propiedades de las estructuras* en que se encuentran, por las relaciones estructurales que mantienen entre sí esos pares de elementos. Semejantes constricciones estructurales son las que, por otra parte, obligan a que el reflexivo y el nombre definido tengan la misma referencia en (3):

(3)
La lingüista se ríe de *sí misma* más que de su prójimo.

Las relaciones de dependencia —o independencia— en la referencia estructuralmente determinadas forman el núcleo conceptual de la subteoría o *Módulo del Ligamiento,* de cuyo contenido básico, elaboración y problemas que aún condicionan su forma definitiva nos ocuparemos en este capítulo.

Al anunciar que en este capítulo trataremos de problemas de la referencia, tal vez sea oportuno hacer una breve digresión para recordar que a la presente teoría sintáctica sólo le conciernen aquellos aspectos del significado que tienen una relación directa con las reglas y/o principios de la sintaxis —sin que ello suponga, naturalmente, afirmar que éstos son los únicos aspectos del significado de las expresiones del lenguaje natural.

Más concretamente, parece que el significado se representa (o interviene) parcialmente —para determinar o para ser determinado— en los tres niveles de análisis de las oraciones: la estructura-P, la estructura-S y la FL. En la estructura-P, porque, como hemos visto en 2.5., la información sobre relaciones predicado-argumentos especificada en las entradas léxicas parece estar en la base de la correcta formación sintáctica de las oraciones. En la estructura-S, como tendremos ocasión de comprobar en las páginas que siguen, porque los mismos principios estructurales que explican la legitimidad formal de los SSNN, dan razón de las restricciones sobre la referencia de pares de elementos bien determinados. En la FL, porque las propiedades de «alcance» de ciertos elementos lógicos como los cuantificadores sólo se formalizan adecuadamente si se tratan como subcasos del proceso sintáctico general de «Muévase alfa». Más específicamente, en la FL se representan las propiedades de la estructura semántica que se expresan sintácticamente.

Esta manera de entender la representación del significado permite poner sobre el tapete diversas cuestiones. Descubre; de una parte, la profundidad o penetración de ciertos principios estructurales que van a intervenir tanto en cuestiones relacionadas con la forma de las oraciones como con su significado; en esta ubicuidad estaría la clave de la autonomía de la sintaxis, o de la especificidad del módulo lingüístico frente a otros módulos del sistema cognitivo.

Pero, además, si el léxico es antes que otra cosa el punto de partida de las configuraciones sintácticas básicas y si, por otra parte, problemas típicos de la semántica oracional como la referencia o la cuantificación se formalizan —al menos parcialmente— con los procedimientos propios de la sintaxis, es posible pensar que tal vez el terreno específico del así llamado nivel semántico podría ser más reducido de lo que se había supuesto.

La penetración a fondo en estas líneas de indagación ha llevado a algunos investigadores (cf. Jackendoff, 1987 y Hornstein, 1984, a través de dos caminos distintos e independientes) a suponer que probablemente no exista un nivel semántico propiamente dicho; como señala Hornstein (1984), si los fenómenos de interpretación no se explican por medio de nociones propias de la semántica, no será posible afirmar que existe una teoría semántica.

Así las cosas, nos quedaríamos con un nivel léxico-conceptual intermedio entre el sistema cognitivo y el sistema sintáctico, un nivel de la Forma Lógica que, a su vez, mediaría entre la sintaxis y la representación de una parte del significado y, finalmente, con un nivel pragmático. Por apasionantes que sean, no continuaremos con estas disquisiciones cuyo único objetivo era situar las consideraciones de este capítulo en una perspectiva más general. Volvamos, pues, al problema de las dependencias en la referencia, a su trascendencia lingüística y a la manera de plantearlo y razonarlo.

6.1.2. Anáforas, pronominales y expresiones referenciales: Características fundamentales

Hablar de relaciones de dependencia en la referencia supone tratar sobre expresiones que pueden referir, sobre entidades lingüísticas designadoras de objetos individuales o de conjuntos de objetos que existen en el mundo, de modo que sea posible afirmar que dos términos son *correferentes* porque designan un mismo objeto. Con estos presupuestos, las expresiones cuantificadas de (4a) son *no-referenciales*, o no lo es un SN situado en un contexto opaco, como el que subrayamos en (4b):

(4)
   a. *Todas las madres* dudan alguna vez.
   b. Enriqueta quiere casarse con *un hombre calvo*.

En el mismo sentido, a una teoría de las dependencias en la referencia como la que aquí vamos a caracterizar no le concernirán los pronombres que son en realidad variables ligadas por un cuantificador: en (5a), por ejemplo, *los* no alude al conjunto de los estudiantes sino a cada uno de los elementos de él (cf. Evans, 1980, para una interesante tipología de los pronombres), en (5b) se hace patente también la condición de variable ligada por un operador que, en ciertas circunstancias, pueden ostentar los pronombres:

(5)
   a. Todos los estudiantes quieren que los aprueben.
   b. Quién$_x$ e$_x$ va a creer que su mujer lo/le$_x$ engaña

El estudio en profundidad de los fenómenos de dependencia en la referencia ha permitido detectar tres tipos de elementos relevantes para una teoría respecto de ellos: las *anáforas*, los *pronominales* y las *expresiones referenciales*.

En un primer acercamiento a estas tres clases de elementos podemos caracterizarlas de una manera extensional: las anáforas son los pronombres reflexivos (*se ... sí mismo*), recíprocos (*unos a otros*) y, en español, el adjetivo distributivo *sendos* (cf. Bosque,1985); son pronominales todos los pronombres personales excepto los reflexivos y recíprocos (*el, ella, lo, la, mí*, etc.), y son expresiones referenciales todas las expresiones definidas, sean nombres propios o comunes (*el niño, José Manuel*).

Pero no sólo es posible realizar una caracterización extensional, también se puede proporcionar una definición conceptual de los elementos que pertenecen al ámbito de la teoría del ligamiento si consideramos que los rasgos [+/− pronominal] y [+/− anafórico] son suficientes para delimitar su contenido intrínseco (cf. también Chomsky, 1982). El esquema que resulta es el siguiente:

(6)
anáfora: [+ anáfora, − pronominal]
pronominal: [− anáfora, + pronominal]
e. referencial: [− anáfora, − pronominal]

Obsérvese que la postulación de esos dos rasgos también nos permite clasificar a las categorías vacías, en tanto en cuanto es posible afirmar que las cuatro categorías básicas de esta clase de entidades son una realización de ellos (cf. también Chomsky, 1982). La huella de SN, en efecto, es un elemento con valor de anáfora, como expresa (7a), aunque carece de Caso; la variable o huella del movimiento de CU corresponde a una expresión referencial, véase (7c) (y debe tener Caso dada la Condición de Visibilidad); *por* es bien un pronombre puro equivalente a *él* o *ella*, véase (7b), bien un expletivo vacío de contenido semántico; finalmente PRO es un elemento que puede estar libre al igual que los pronominales (en cuyo caso tiene una interpretación arbitraria) o que puede estar controlado y tomar su interpretación de otro elemento, como veremos que pasa con las anáforas. Por el hecho de satisfacer, a la vez, ambas propiedades PRO ha de carecer de categoría rectora y, por consiguiente, no puede estar regido (volveremos en el capítulo 7 sore las propiedades de estas categorías vacías):

(7)
a. *huella de SN*: [+ anáfora, − pronominal]
b. *pro*: [− anáfora, + pronominal]
c. *huella de CU*: [− anáfora, − pronominal]
d. *PRO*: [+ anáfora, + pronominal]

El hueco en el paradigma de (6) respecto del de (7) se debe a que una anáfora pronominal fonéticamente realizada ha de tener Caso (dado el *Filtro de Caso*), pero para llevarlo debería estar regida, con lo cual dejaría de poseer la propiedad fundamental de PRO. Una categoría plena correspondiente al PRO del paradigma de las categorías vacías parece, pues, imposible por definición.

De todos modos, las tres categorías que estamos presentando se distinguen entre sí, sobre todo, por su distribución complementaria en cuanto a la capacidad de referir o no, en ciertas condiciones, a otro elemento de su entorno. Las oraciones de (8), (9) y (10) desarrollan, respectivamente, los paradigmas clásicos de aparición de las anáforas, los pronominales y las expresiones referenciales. Los subíndices indican los valores referenciales, y los asteriscos se refieren siempre a que tales relaciones de correferencia sean o no admisibles:

(8)
a. Juan$_i$ se quiere a *sí mismo*$_i$
b. *Juan$_i$ quiere que [Marta se quiera a *sí mismo*$_i$]

(9)
a. *Juan$_i$ *lo*$_i$ quiere
b. Juan$_i$ sabe [que *el*$_i$ siempre llega tarde]

(10)
a. *Marta$_i$ quiere a Marta$_i$
b. *Marta$_i$ quiere [que Marta$_i$ la vea]

Como decíamos más arriba, la observación detenida de los ejemplos de (8), (9) y (10) hace ver que la distribución de las anáforas y los pronominales es complementaria: donde tenemos una anáfora no podemos tener un pronombre correferencial. Frente a ellas, las expresiones referenciales parecen ser aún más estrictas en sus posibilidades de correferir. De una manera aún informal y laxa, podemos caracterizar el paradigma anterior por medio de las siguientes generalizaciones:

(11)
a. Una *anáfora* tiene que tener un antecedente en un dominio local.
b. Un *pronominal* no puede tener un antecedente en un dominio local.
c. Una *expresión referencial* no puede tener un antecedente.

Los enunciados de (11), sin embargo, son muy imprecisos y para sacarlos de la penumbra debemos intentar aclarar dos cuestiones fundamentales: qué significa *ser un antecedente de* y qué requisitos debe satisfacer una secuencia de elementos para cualificarse como *dominio local*.

6.2. Los tres principios del ligamiento

6.2.1. Mando-c y coindización

Las tres oraciones siguientes, paralelas a las de (8)-(10), muestran que para que un determinado elemento se cualifique como «antecedente» de otro no basta con que simplemente lo preceda, es necesario que ocupe también una posición estructural prominente. Más específicamente, es imprescindible que el elemento con el cual una anáfora *debe* correferir —y un pronominal *no puede* correferir— tenga mando-c sobre esos dos elementos:

(12)
*[La hija [de Juan$_i$]] se quiere a sí mismo$_i$

(13)
[La hija [de Juan$_i$]] lo$_i$ quiere

(14)
[El hijo [de Marta$_i$]] quiere a Marta$_i$

Por tanto, es la jerarquía estructural y no la mera relación de orden o precedencia la que cuenta en el establecimento de las dependencias referenciales. Compárese (15a), que es la representación de (8a), con (15b) que analiza la configuración de (12):

(15)

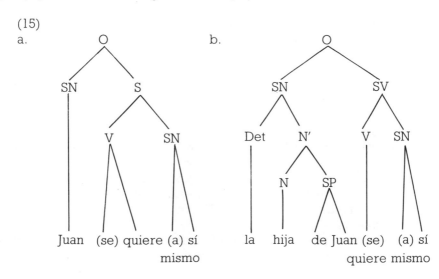

a. Juan (se) quiere (a) sí mismo

b. la hija de Juan (se) (a) sí quiere mismo

En (15a) *Juan* manda-c a la anáfora, en (15b) no puede mandarla porque la proyección máxima SP impide que el potencial antecedente se relacione con el elemento anafórico. Recordemos la definición de mando-c (2) del capítulo quinto: «Alfa manda-c a Beta si y sólo si ni alfa ni beta se dominan mutuamente y toda proyección máxima que domina a alfa domina también a beta».

La teoría sintáctica ha acuñado la noción de *ligamiento* para nombrar la relación estructural que acabamos de presentar someramente. En una caracterización más rigurosa de los hechos de (8)-(10) y (12)-(14) diremos, pues, que

(16) un elemento alfa *liga* a un elemento β si y sólo si alfa manda-c a β y ambos tienen el mismo índice.

En contrapartida, un elemento beta estará *libre* si y sólo si no hay ningún alfa que esté coindizado con él y que lo mande-c, pudiéndose satisfacer este requisito bien en un contexto sintáctico local al que denominaremos *categoría rectora* (y sobre cuya definición volveremos de inmediato), bien en términos absolutos.

Conviene aclarar que «estar coindizado» o tener un mismo índice referencial se emplea aquí en el sentido clásico (cf. Chomsky, 1965) de, por convención, asignar una marca o rasgo —en la forma de un entero— a cada aparición de un elemento referencial. En Chomsky (1965:145-146) se indicaba que, sólo en el caso de que dos piezas léxicas recibiesen el mismo índice en la estructura profunda, serían luego interpretados por el componente semántico como de la misma referencia. (Quien esté interesado en el ulterior empleo más extendido de la noción de índice referencial para aludir a membritud en una misma cadena, y en una crítica de ese uso, puede acudir a Rizzi, 1988b).

Es necesario hacer notar, por otra parte, que la noción de mando-c a la que se alude en (16) es la estricta de Reinhart (1976) asentada sobre el criterio de la ramificación (cf. *supra* 5.1). Este es el punto de vista comúnmente aceptado en este momento y es el que se razona en extenso en Giorgi (1987). No entraremos aquí, no obstante, en el complejo dominio empírico y la sutil casuística desarrollada en este último trabajo —aunque recomendamos al lector su examen y confrontación con los datos similares del español, no siempre coincidentes— y simplemente entenderemos que (16) da por supuesta la definición antes mencionada de mando-c.

Tras estas precisiones, podemos ahora reformular en los términos de (17) los tres principios del ligamiento enunciados de manera laxa en (11):

(17)
Principio A: Una *anáfora* ha de estar ligada en su categoría rectora.
Principio B: Un *pronominal* ha de estar libre en su categoría rectora.
Principio C: Una *expresión referencial* ha de estar libre.

Si examinamos nuevamente ahora los hechos de (8a) y (12) representados en (15) concluiremos que en (8a)(=15a), donde *Juan* manda-c a *sí mismo* también lo liga puesto que está coindizado con él. En (12)(=15b) *Juan* no puede ligar a la anáfora *sí mismo* porque aunque está coindizado con ella no la manda-c. Similar relación estructural se encuentra en (13) y (14) donde el pronominal y la expresión referencial están libres porque *Juan* y *Marta*, respectivamente, no los mandan-c.

Si bien en (17) hemos establecido tres principios relativos a tres clases de argumentos, en lo que queda de este capítulo —por razones de relevancia y economía— aludiremos sólo a los principios A y B y, por consiguiente, a las anáforas y los pronominales. Volveremos sobre el principio C y las expresiones referenciales en el capítulo 7, cuando tratemos de las huellas del movimiento de CU.

6.2.2. Categoría rectora.

Ahora bien, ¿cuál es ese dominio sintáctico local en el cual se ejercen las relaciones de ligamiento? La búsqueda de la respuesta adecuada a la pregunta que acabamos de formular es la que ha dado y sigue dando más problemas a la investigación sobre esta materia. En efecto, con el reducido corpus que hasta aquí hemos manejado se podría afirmar que el ámbito propio de las relaciones posibles de ligamiento es la O mínima en la cual se encuentre alguno de los elementos antes mencionados.

Por extensión, puesto que ciertos nombres comunes (los nombres «pictóricos», en particular) y ciertos nombres derivados o nominalizaciones desarrollan una estructura argumental completa, cabe pensar que tal ámbito puede ser también el sintagma nominal mínimo que contiene a las anáforas o pronominales en cuestión. (18a) muestra que, en efecto, una anáfora puede tener su antecedente en el interior del SN en el que aparece y (18b) señala que en ese mismo contexto un pronominal debe estar libre si hay otro SN coindizado con él (no entraremos ahora en el complejo asunto de por qué la correferencia sí es posible cuando el correspondiente complemento genitivo es de Posesión en vez de Agentivo):

(18)
a. Adriana$_x$ guardaba celosamente [la foto de María$_i$ de sí misma$_{i/*x}$]
b. Pedro$_x$ guardaba celosamente [la foto de Julio$_i$ (Agente) de él$_{*i/x}$]

Afirmar, sin embargo, que una categoría rectora para un elemento alfa es aquella O u SN mínimos en los que aparece alfa no es suficiente para caracterizar adecuadamente el dominio propio de las relaciones de ligamiento. En efecto, (19) indica que no sólo es importante el lugar en que se encuentre el elemento ligado sino que también cuenta aquél en el que esté situado su rector, esto es, la categoría léxica que lo rige. En (19) (como veíamos en 5.2.2.) el V de la O matriz rige y asigna caso excepcionalmente al sujeto de la oración completiva; en casos como éste, la categoría rectora para la anáfora sujeto es la oración en su totalidad, O_2, y no la O mínima en la cual se encuentra ella misma:

(19)
$_{O2}$[John believes $_{O1}$[himself   to be intelligent]]
 John cree   sí mismo ser   inteligente
   'John se cree inteligente'

Por otra parte, si sólo decimos que las anáforas están ligadas en la O u SN mínimos que contienen a la anáfora y a su rector no podríamos explicar el contraste entre (20a) (que es semejante a la anterior (18a)) y (20b):

(20)
a. Pedro$_i$ y Demetrio$_i$ guardaban celosamente [la foto de María$_j$ de sí misma$_j$ / *de sí mismos$_i$]
b. Pedro$_i$ y Demetrio$_i$ guardaban celosamente [las fotos de sí mismos$_i$]

Para entender el contraste de (20) es conveniente que mencionemos algunos supuestos acerca de la estructura interna de los SSNN, más específicamente, hace falta que recordemos que en la literatura sobre esta materia se ha razonado de manera convincente que el complemento genitivo pendiente de N" (generalmente, pero no exclusivamente un elemento agentivo) es el sujeto del SN. Así las cosas, podemos conjeturar que lo que sucede en (20b) es que si bien la anáfora se encuentra en un SN y tiene allí mismo su rector, ese SN no es su categoría rectora porque, aún siendo SN, no contiene un sujeto explícito, y por ello la anáfora puede y debe buscar su antecedente en O. En contraste con ella, lo que sucede en (20a) es que el sujeto del sintagma nominal se interpone, por así decirlo, entre el sujeto de la matriz y la anáfora situada en el interior de ese constituyente. La presencia de un sujeto explícito, en suma, parece ser un elemento clave para que un constituyente se cualifique o no como dominio adecuado para el ligamiento.

Con estos elementos de juicio podemos acercarnos a una formulación más elaborada del concepto de *categoría rectora,* la que enunciamos en (21); esta definición, por otra parte, incorpora en el módulo del ligamiento la clásica «Condición del sujeto especificado» formulada originalmente para constreñir la aplicación de ciertas reglas transformatorias y de interpretación semántica (cf. Chomsky,1976):

(21)
α es una categoría rectora para β ssi α es el SN u O mínimos que contiene a β, a la categoría léxica que rige a β y posee un sujeto.

(21) da razón de manera adecuada de los hechos de (20): en (20a) la anáfora *sí mismos* no tiene antecedente posible en el SN mínimo que la contiene, que contiene a su rector y en el que aparece el sujeto del SN, *de María.* En (20b), como el SN en el que se encuentra la anáfora carece de sujeto (puesto que este elemento es opcional en los SSNN) la categoría rectora para la anáfora debe ser la oración, donde *Pedro y Deme-*

trio, por estar coindizados con ella y mandarla-c, pueden ligar a la anáfora *sí mismos*.

6.2.3. La noción de SUJETO y el SUJETO accesible

La definición (21), no obstante, no resulta suficiente para dar razón de las dependencias referenciales. (21) predice, efectivamente, que una oración como (22), donde tenemos una anáfora en la posición de sujeto de la subordinada, debería ser gramatical. Lo que sucede en (22) es que *sí mismas*, aún siendo sujeto, no se manda-c a sí mismo, ya que la relación de mando-c no es reflexiva, como se decía en la definición que recordábamos más arriba; por consiguiente, el dominio para el ligamiento de tal anáfora debería ser la oración superior —según (21)— y (22) no tendría por qué resultar agramatical:

(22)
* $_{O2}$[Luisa y Emilia creen $_{O1}$[que sí mismas son espabiladas]]

El hecho generalizado de que no sean posibles las anáforas en la posición de sujeto gramatical llevó a Chomsky (1981) a proponer una noción doble de sujeto, designada como SUJETO (con mayúsculas) que incluye el sujeto sintáctico y el elemento Conc(ordancia); de esta manera se incorporaba a la teoría del Ligamiento la «Condición de la oración temporalizada» de Chomsky (1976).

En efecto, si consideramos que Conc es un SUJETO que manda-c a la anáfora podemos deducir sin dificultad los hechos de (22) y, más en general, la inexistencia de anáforas en posición de sujeto: por ser Conc su sujeto y rector, la categoría rectora para *sí mismas* en (22) es la subordinada O_1, pero como allí la anáfora no tiene ningún antecedente coindizado que la mande-c, se viola el Principio A y la oración resulta agramatical. (21), por lo tanto, debe reescribirse de la manera siguiente:

(23)
α es una categoría rectora para β ssi α contiene a β, al rector de β e incluye un SUJETO.

Pero aún revisando y extendiendo la noción de sujeto al doble sentido que encubre la de SUJETO no se alcanzan a cubrir los complejos datos del ligamiento. En efecto, si adoptamos (23) como formulación definitiva, no podremos explicar el que las anáforas sean posibles en el interior de ciertos sujetos sintácticos: si es verdad que el dominio de ligamiento es O_1 porque allí hay un sujeto Conc, (24) debería ser agramatical porque la anáfora no tiene antecedente en su categoría rectora:

(24)
$_{O2}$[Juan piensa $_{O1}$[que [el retrato de *sí mismo*] se venderá a precio de oro]]

Es conveniente tener presente asimismo que si bien estas anáforas (generalmente en sintagmas cuyo núcleo es un nombre pictórico) tienen una distribución reducida, no obstante, no pueden aparecer en cualquier sitio; no son, con otras palabras, falsas anáforas como las que describe Bouchard (1983). Así, no son posibles en (25) donde O_1 contiene un sujeto que manda-c a la anáfora —pero que no está coindizado con ella— y donde, por lo tanto, el dominio de ligamiento es la oración subordinada:

(25)
* $_{O2}$[Juan piensa $_{O1}$[que yo quiero [el retrato de *sí mismo*]]

Ahora bien, la diferencia significativa entre (22) y (24) es que en la segunda oración la anáfora está contenida en el interior del sujeto sintáctico, que, a su vez está coindizado con Conc. Para poder expresar esta intuición y dar cabida a los hechos de (24), sin dejar fuera a los que justificaban la postulación de (23), se ha elaborado precisamente la noción de «sujeto accesible». Presentamos esta noción en (27), en los términos en que la precisan Lasnik y Uriagereka (1988). En (26) —mera revisión de (24)— sustituimos el SUJETO de allí por SUJETO accesible:

(26)
α es una categoría rectora para β ssi α es el SN u O mínimos que contiene a β, al rector de β y que incluye un SUJETO accesible; donde

(27)
β es accesible a α si
(i) β manda-c a α y
(ii) β no está coindizada con ninguna categoría que contenga a α. (Lasnik y Uriagereka, 1988: 58)

Dado (27), podemos afirmar ahora que en (24) el SUJETO Conc no cuenta para definir a O_1 como la categoría rectora para la anáfora por no ser accesible, puesto que está coindizado con *el retrato de sí mismo*, es decir, con la categoría que contiene a la anáfora; por ello la anáfora tendrá a O_2 como dominio para su ligamiento y es allí donde, en efecto, encontrará su antecedente. (28), de nuevo, muestra que una anáfora en el interior de un sujeto cuyo núcleo sea un nombre pictórico sólo es posible si en la oración matriz hay un potencial ligador:

(28)
*$_{O2}$[Juan piensa $_{O1}$[que [el retrato de *sí misma*] se venderá a precio de oro]]

Con las precisiones de (26)-(27) podemos dar por presentada la formalización clásica de los fenómenos de dependencia en la referencia. No obstante, ni los hechos precedentes agotan empíricamente el campo de las dependencias referenciales ni la formalización estándar parece ser suficiente para dar razón de ellos. En la subsección que sigue nos enfrentaremos con algunos datos recalcitrantes que nos permitirán bien extender, bien revisar algunos de los supuestos hasta aquí establecidos.

Allí examinaremos, en primer lugar, algunas construcciones en las que el ligamiento de las anáforas no parece satisfacer el requerimiento de mando-c, estudiaremos luego ciertos contextos en los que las anáforas y los pronominales no siempre muestran la distribución complementaria que cabe esperar de la formulación de los principios A y B propuesta en (17); consideraremos, por último, el comportamiento de anáforas y pronominales en el SP. En todos los casos nos limitaremos a esbozar el problema y a sugerir líneas de aproximación a su esclarecimiento, pero no pretenderemos dejar agotado su examen ni justificada la mejor manera de explicarlo.

6.3. Algunos datos nuevos y nuevas precisiones

6.3.1. Verbos con complementos dativos y el papel de los clíticos en el ligamiento

Las oraciones de (29) y sus variantes de (30) son semejantes a (24) en que, como ésta, contienen una anáfora en el interior de un sujeto gramatical. Pero se diferencian de ella en que el ámbito posible de ligamiento no puede extenderse más allá de la oración simple:

(29)
   a. [La confesión sobre sí mismo$_i$] le costó mucho trabajo a Juan$_i$
   b. ?[La foto de sí mismo$_i$] le agradó mucho a Emilio$_i$

c. [La información sobre sí mismo$_i$] le llegó a Pepe$_i$ muy deteriorada.

(30)
a. A Juan$_i$ le costó mucho trabajo [la confesión sobre sí mismo$_i$]
b. A Emilio$_i$ le agradó mucho [la foto de sí mismo$_i$]
c. A Pepe$_i$ le llegó muy deteriorada [la información sobre sí mismo$_i$]

En estas oraciones el antecedente de la anáfora es el complemento dativo y la anáfora tiene que estar coindizada con el núcleo de ese complemento, como muestra la agramaticalidad de las oraciones de (31):

(31)
a. *A la hija de Juan$_i$ le gustó mucho la foto de sí mismo$_i$
b. *A la hermana de Pepe$_i$ le llegó muy deteriorada la información sobre sí mismo$_i$.

Estas oraciones, por otra parte, no deben confundirse con aquellas en las que la anáfora morfológica no está en realidad ligada sintácticamente, sino que equivale al posesivo enfático *su propio/a N*; esta circunstancia es la que se ilustra en (32). Conviene hacer notar, en el mismo sentido, que no todos los hablantes dan por buenas a las oraciones semejantes a las que enumeramos en (30), y ello tal vez ponga de manifiesto, como ha hecho ver Bouchard (1983), el carácter marcado de estas construcciones. Esta condición marginal puede caracterizarse afirmando que, en ciertos casos, un elemento con la forma morfológica de un reflexivo ha de ser considerado, no obstante —por el tipo de relación que establece con un antecedente— como un pronominal.

(32)
a. La descripción de *sí mismo* circuló profusamente (= Su propia descripción / La descripción de él circuló profusamente)
b. El retrato de *sí mismo* tiene una mancha de tinta negra.

Volviendo a nuestro paradigma de (29) y (30), observemos ahora que para que haya ligamiento y la anáfora sea posible es imprescindible —para algunos hablantes— no sólo que exista el complemento dativo sino que éste esté «doblado» por medio del clítico: en las variantes (b) de (33) y (34), donde falta el clítico doblador, no se suscita la lectura correferencial. Es imprescindible precisar, sin embargo, que esta distribución no es general para todos los hablantes de español y que acaso pueden distinguirse dos dialectos bastante coherentes en su comportamiento: el que acabamos de caracterizar y el de los que aceptan una lectura anafórica también en los casos (b) de (33)-(35):

(33)
a. Los comentarios maledicentes sobre sí mismo$_i$ le$_i$ preocupan a Juan$_i$ de manera obsesiva.
b. $^{??}$Los comentarios maledicentes sobre sí mismo$_i$ preocupan a Juan$_i$ de manera obsesiva.

(34)
a. La foto de sí mismo$_i$ le gustó mucho a Juan$_i$
b. $^?_?$la foto de sí mismo$_i$ gustó mucho a Juan$_i$

(35)
a. Esa caracterización de sí misma$_i$ le$_i$ horrorizó a la psicoanalista$_i$
b. $^{??}$Esa caracterización de sí misma$_i$ horrorizó a la psicoanalista$_i$

Los problemas teóricos que emanan de las oraciones de (29) y (30) son sencillos de caracterizar; la solución de los mismos, no obstante, no parece fácil de delimitar, ni tampoco están claros los datos sobre los que asentar la explicación más aceptable.

En efecto, si los reflexivos de (29) y (30) son anáforas sintácticas, deben estar ligadas por un antecedente; en estas oraciones ese antecedente es el SN Experimentante situado en el interior del dativo que, por consiguiente, no manda-c al sujeto gramatical contrariamente a lo que esperaríamos que sucediera. Una dificultad paralela planteada por los datos de (29) y (30) es que si (26) —con la noción de SUJETO accesible de (27)— es la definición correcta de categoría rectora, en realidad no cabría esperar que las anáforas de (29) y (30) fuesen en absoluto posibles, ya que las oraciones en las que se encuentran no se cualificarían como tales puesto que el SUJETO Conc «está coindizado con la categoría que contiene a la anáfora» (cf. (27)).

Una primera manera de enfrentarse con estos datos problemáticos consiste en afirmar, como Koster (1984), que los reflexivos que parecen violar la teoría del ligamiento no están en realidad ligados por su antecedente sino sólo «controlados» por él, siendo el control una relación menos constreñida que la de ligamiento. En una teoría restrictiva de la gramática, no obstante, se debe esperar que los fenómenos de control sean solamente un subcaso de una teoría general de las dependencias referenciales (cf., en este sentido, Manzini, 1983). Por consiguiente, mientras no se esclarezcan las relaciones entre ambos dominios sólo cabe suspender el juicio en lo que respecta a la verosimilitud de esta explicación frente a otras que tengamos disponibles.

En segundo lugar, cabe concebir una salida del dilema que nos ocupa concediendo una importancia central a los contrastes de (33)-(35). Si, en efecto, la anáfora sintáctica sólo es posible cuando el clítico del dativo aparece expreso, se puede imaginar que el clítico es el que liga en realidad a la anáfora. Esta hipótesis, para tenerse en pie y dar razón de las anáforas de (29) y (30) sin transgredir la definición normal de ligamiento, requiere adoptar el supuesto adicional de que los clíticos de objeto, en algún momento de su derivación, se sitúan en la Inflexión. Es posible suponer, en efecto, que se desplazan allí junto con el verbo cuando éste lo hace para adjuntarse a sus marcas de persona y número (cf. *supra* 4.1); desde esa posición, naturalmente, mandan-c al sujeto sintáctico. (33') sería la representación de (33):

(33')

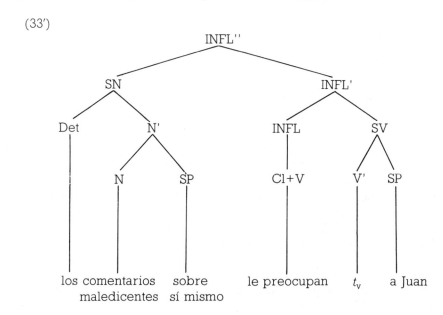

Por otra parte, si los clíticos de objeto están en la Inflexión y se conciben asimismo como rasgos de concordancia, cabría pensar que configuran un SUJETO. En este marco, la definición de (27) no resultaría violada porque ese sujeto no estaría coindizado con la categoría que contiene a la anáfora, sino sólo con la anáfora misma. La aceptación de esta solución, no obstante, plantea problemas tanto conceptuales como empíricos. De una parte, requiere articularse en el marco de una explicación global de los clíticos cuya elaboración está aún pendiente; por otra, a simple vista no parece explicar las anáforas similares del italiano (cf. (36)) ni tampoco el dialecto de los que aceptan anáforas sintácticas en los casos (b) de (33)-(35):

(36)
Questi pettegolezzi su di *se* preocupano Gianni piú di ogni altra cosa. (De Belletti y Rizzi, 1987: 79)

Justamente, la tercera vía de aproximación al problema suscitado por (29) y (30) explota de manera crucial el hecho de que las anáforas que estamos considerando sean características en oraciones cuyos núcleos son verbos psicológicos. En italiano, según señalan Belletti y Rizzi en el trabajo antes mencionados, la presencia de una anáfora en el sujeto de un verbo transitivo produce agramaticalidad (cf.(37a). En castellano, para esta autora al menos, datos similares suscitan juicios de gramaticalidad semejantes; pero conviene decir que no hay acuerdo unánime entre los hablantes, muchos de los cuales encuentran anáforas en (37b) y (37c):

(37)
a. *Questi petegolezzi su di sé *descrivono* Gianni più di ogni altra cosa.
b. ?La información sobre sí mismo$_i$, *describía* al policía mucho más elocuentemente que mil palabras.
c. ?El retrato de sí mismo$_i$ *arrancaba* aplausos al hombre del sombrero de paja$_i$

Ahora bien, Belletti y Rizzi (1987), en un trabajo sobre los aspectos léxicos y sintácticos de las estructuras con verbos psicológicos, muestran de manera convincente que oraciones como la de (36) poseen las propiedades características de las construcciones con sujetos derivados y que la estructura-P de dicha oración tiene la forma de (38):

(38)

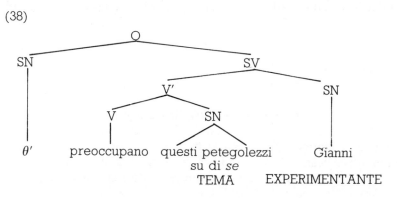

El carácter inacusativo de los verbos psicológicos, unido a razones de jerarquía temática y a restricciones impuestas por la naturaleza inherente del Caso que se asigna al Experimentante, forzarán a que el elemento desplazado para recibir Caso en la estructura-S sea el argumento Tema, (no analizaremos aquí esas razones, pero véase Belletti y Rizzi, 1987). Lo interesante a nuestros efectos es que si (38) es la estructura básica de oraciones como las de (29) y (30), ya no se podrá decir que sea imposible satisfacer el requisito impuesto en el Principio A de la teoría del ligamiento de que el antecedente mande-c a la anáfora. Lo único que deberá estipularse —y parece haber razones independientes que abonan esta tesis— es que ese Principio A puede formalizarse en la Estructura-P donde, como se ve en (38), el antecedente sí manda-c a su anáfora. El desplazamiento ulterior del elemento anafórico no alteraría las relaciones de ligamiento creadas en la estructura-P.

Ciertamente, esta concepción de los verbos psicológicos y esta manera de explicitar la relación antecedente-anáfora no está reñida con la suposición de que, en ciertas condiciones, el clítico pueda ligar a la anáfora, lo que hace falta es una aproximación que englobe estos hechos en una explicación unitaria. Dejamos al lector la elaboración de una comparación detallada de estos tres enfoques del problema y la profundización en sus contenidos e consecuencias.

6.3.3. Anáforas y pronominales. Su hipotética distribución complementaria

Como señalábamos más arriba, una implicación clara de los principios del ligamiento formulados en (17) es que las anáforas y los pronominales están en distribución complementaria; esto significa que, dado un lugar L donde pueda aparecer una anáfora, todo pronominal que allí concurra en vez de aquélla deberá tener referencia disyuntiva respecto del potencial antecedente de la anáfora. El paradigma típico es el de (39):

(39)
a. Luisa$_i$ se$_i$ trata bien.
b. Luisa$_i$ la$_{*i/x}$ trata bien.

De hecho, no obstante, esa teórica distribución complementaria sólo se cumple de manera cabal cuando el ligador es el sujeto de una oración con tiempo, y el elemento ligado el objeto directo; o sea, cuando necesariamente la categoría rectora para el constituyente ligado es la oración simple. Pero cuando las anáforas o los pronominales aparecen incluidos en SSNN o en SSPP se plantean nuevos problemas empíricos y conceptuales. Chomsky (1986a), en efecto, somete a consideración, nuevamente, algunos ejemplos clásicos de incumplimiento de esa expectativa de distribución complementaria. En (40), por ejemplo, el pronombre *their* 'su (=de ellos)' puede tener la misma referencia que *the children* 'los niños' y alterna en esta posición con la anáfora *each other* 'cada uno' ligada por el sintagma nominal recién mencionado:

(40)
    a. The children$_i$ like   [each other's$_i$ friends]
       los niños   gustan cada-uno-de-ellos-gen amigos
       'A cada uno de los niños les gustan sus respectivos amigos'
    b. The children$_i$ like   [their$_i$ friends]
       los niños   gustan sus   amigos
       'A los niños les gustan sus amigos'

La hipótesis de Chomsky (1986a), basada en Williams (1985) (cf. también Demonte,1988c), es que la categoría en la que concurren la anáfora y el pronominal, el SN objeto de *like*, no tiene la misma estructura en ambos casos. En (40b), pero no en (40a), habría un PRO en la posición de sujeto del SN: el pronominal *their*, entonces, sería libre con respecto al PRO que lo liga, posiblemente un PRO arbitrario en el ejemplo que comentamos —aunque podría concurrir allí también un PRO controlado. En (40a), por el contrario, la anáfora *each other* tendría a *the children* como elemento ligador. Lo significativo de esta manera de caracterizar los hechos de (40) —de apariencia, en principio, arbitraria— es que lleva consigo el supuesto más general —y ya no tan *ad hoc*— de que el dominio local relevante para el ligamiento de las anáforas y de los pronominales podría ser tal vez diferente.

Entenderemos mejor lo que acabo de afirmar tras el examen de las oraciones castellanas de (41) y (42) (cf. Raposo,1985, para datos similares del portugués):

(41)
    a. Los niños$_i$ oyeron [PRO$_{arb}$ chismes sobre ellos$_i$]
    b. Los niños$_i$ oyeron [chismes sobre sí mismos]
    c. Los niños$_i$ oyeron [chismes los unos sobre los otros$_i$]

(42)
    a. Los niños$_i$ contaron [PRO$_i$ anécdotas de ellos$_{*i/x}$]
    b. Los niños$_i$ contaron [anécdotas de sí mismos$_i$]
    c. Los niños$_i$ contaron [anécdotas los unos de los otros$_i$]

El patrón de (41)-(42) es sorprendente a primera vista. Obsérvese, para empezar, que en todos los casos son posibles las anáforas tanto reflexivas como recíprocas y que en el grupo de (42) hay distribución complementaria entre anáforas y pronominales. En (41a) —similar en numerosos sentidos a (42a)— sin embargo, es posible la correferencia entre el sujeto y el pronominal, contrariamente a lo que suele ser habitual.

Pero la aparente contradicción entre las dos oraciones con pronominales ((41a) y (42a)) se desvanecerá un tanto si analizamos esas expresiones con algo más de atención. Los hechos podrían caracterizarse del modo siguiente: en las dos oraciones con pronominales el verbo *oír* crea una asociación tal con la palabra *chismes* que el agente del chisme sólo puede ser una persona distinta del que lo oye; *contar*, al contrario de *oír*, suscita la asociación de que el actor de la anécdota puede ser el mismo que el que la cuenta. Naturalmente, estas son asociaciones inducidas sólo por el significado léxico de esos predicados. Estos hechos, y los juicios de gramaticalidad de (41) y (42), autorizan a conjeturar que allí pueda estar presente un sujeto PRO: arbitrario en el primer caso y controlado en el segundo.

Obsérvese que estos efectos paradójicos se encuentran también, aunque con ciertos matices, en otros pares de construcciones con pronominales. En (43) tenemos un contraste parecido al que advertíamos en (41)-(42) y se puede construir una explicación que discurra por cauces similares: el sujeto PRO de estos nominales debe estar controlado en un caso y ser libre en el otro y la oposición de significado entre *observar* (que no suele incluir al que habla) y *narrar* (que puede incluirlo) autoriza a postular esos sujetos. En (44), por otra parte, es el contenido de la nominalización el que determina la naturaleza del PRO sujeto de ese nominal: *retrato* refiere al resultado mientras que *dibujo* alude a la acción que lleva a él:

(43)
a. Pedro$_i$ observó con detenimiento [PRO$_{arb}$ la marcha hacia él$_{i/x}$]
b. Pedro$_i$ narró con emoción [PRO$_i$ el amor hacia él$_{i/x}$]

(44)
a. Irene$_i$ guardaba tenazmente [PRO$_{arb}$ un retrato de ella$_{i/x}$]
b. Irene$_i$ guardaba tenazmente [PRO$_i$ un dibujo de ella$_{i/x}$]

Conviene advertir, en todo caso, que no parece fácil admitir que ese PRO haya de estar presente también en las oraciones con anáforas. Una prueba a favor de esta suposición se encuentra, en primer lugar, en el hecho general de que las anáforas, si son posibles por razones semánticas, aparecen de manera uniforme en muchísimos contextos, como hemos podido ver en las segunda sección de este capítulo. Resulta asimismo revelador el que oraciones como (45), en las que la anáfora estaría controlada por un PRO arbitrario, sean por completo imposibles:

(46)
*Los niños oyeron [chismes sobre uno mismo]

Una conclusión razonable, pues, es la de que la oración es la única categoría rectora pertinente para el ligamiento de las anáforas mientras que los pronominales pueden escoger entre ésta y el sintagma nominal. Y si esta observación empíricamente aceptable es además adecuada como explicación, la causa de esa falta de paralelismo podría atribuirse a la propia naturaleza de los elementos en cuestión: recuérdese que las anáforas *tienen* que tener un antecedente y que se orientan hacia el sujeto en la situación menos marcada. Esto forzaría a buscar como marco idóneo para su ligamiento a la única categoría que tiene SUJETO obligatorio,o sea, a la oración.

6.3.3. Anáforas y pronominales en los SSPP

Nos podemos preguntar ahora si la hipótesis que acabamos de articular explica la también compleja interpretación de anáforas y pronominales en numerosos sintagmas encabezados por preposiciones. Desde Chomsky (1965) (pero cf. también Chomsky,1981) se había construido para estos casos una línea de explicación parcialmente similar, esto es, se había pensado en la posible naturaleza «oracional» de ciertos sintagmas preposicionales para dar razón del hecho de que en construcciones como la de (47a) no sean posibles las anáforas, y los pronominales admitan una lectura correferencial con el sujeto oracional.

Para explicar esta acepción se puede suponer, en efecto, que la estructura subyacente de (47a) es (47b). En (47b) el PRO es un sujeto no controlado del sintagma preposicional y la categoría rectora tanto para el pronombre como para la anáfora es el propio SP en el que el pronombre, por lo tanto, está libre (como establece el principio B) y la anáfora no tiene un antecedente posible (violándose así, por consiguiente, el principio A). Los hechos de (47) se deducen, pues, correctamente. En (48) se enumeran ejemplos equivalentes del español:

(47)
a. John$_i$ saw a snake near *himself/him$_{i/x}$
b. John saw a snake [PRO near him]

(48)
   a. Luis$_i$ vio un pájaro [junto a él$_i$ / *sí mismo]
   b. Juana encontró una serpiente [cerca de ella$_i$ / *sí misma]
   c. José puso la manta [encima de él$_i$ / *sí mismo]

El problema con esta manera de ver el ligamiento en los SSPP es que resulta indecuada en muchos otros casos. Para empezar, en todas las construcciones siguientes se da una estricta distribución complementaria entre anáforas y pronominales en el seno de un sintagma preposicional:

(49)
   a. Pedro$_i$ abusó [de él$_{*i}$ / sí mismo]
   b. Juan soñó [con él$_{*i}$ / consigo mismo]
   c. Dionisio se atuvo [a él$_{*i}$ / sí mismo]
   d. Stella discrepó [de ella$_{*i}$ / sí misma]
   e. María influyó [en/ sobre ella$_{*i}$ /sí misma]

Si miramos estos hechos con un poco de atención advertiremos que los SSPP de (48) difieren de los de (49) en un aspecto importante: los primeros son constituyentes adjuntos o no seleccionados semánticamente por el verbo matriz, en (49), por el contrario, nos encontramos con verbos preposicionales, esto es, con estructuras en las que un verbo subcategoriza un SP, lo selecciona semánticamente (cf. 5.5. para una caracterización más estricta de estos verbos preposicionales). Por consiguiente, parece que una distinción necesaria para dar cuenta de los hechos precedentes es la que se establece entre constituyentes adjuntos y verdaderos argumentos. La generalización descriptiva que podría caracterizar adecuadamente los hechos de (48)-(49) es, pues, (50):

(50)
   Los SSPP adjuntos quedan fuera de la teoría del ligamiento.

Esta generalización sería precisamente la que justifica la presencia de un PRO en los SSPP de (48): ese SP adjunto vendria a ser un predicado accesorio del SV y, en cuanto predicado, tiene que tener un sujeto. En el otro caso la preposición es la materialización de un papel temático o, dicho de una manera algo laxa, otra manera de «enlazar» un argumento con el predicado que lo escoge (cf.*supra* 5.5.). Estos SSPP subcategorizados, como todos los demás argumentos, parecen atenerse sin más a los principios A y B. La formulación de (50), por otra parte, no implica ninguna modificación de la noción de ligamiento sino sólo la aceptación de que un constituyente adjunto, por definición, no está mandado-c, probablemente porque no está dominado por todos los segmentos de la proyección máxima en la que se encuentra, sino sólo por el segmento adjunto, por lo cual, la proyección máxima a la que se adjunta un constituyente en realidad no lo domina. Esta intuición se formaliza en Chomsky (1986b) quien, basándose en May (1985), establece que «alfa está dominado por beta si y sólo si está dominado por todos los segmentos de beta» (Chomsky, 1986b: 7).

Tras aceptar (50) aparecen, de todos modos, nuevos datos problemáticos. En (51), en efecto, en el seno de un SP subcategorizado coexisten, con el mismo valor semántico, anáforas y pronominales.

(51)
a. Juan$_i$ habló de él$_i$ / sí mismo$_i$ toda la tarde
b. Luisa sólo piensa en ella$_i$ / sí misma$_i$
c. ?Enrique duda de él$_i$ / sí mismo$_i$

Otra situación conflictiva con la generalización de (50) es la que suscita (52) donde se encuentra el paradigma característico de los SSPP subcategorizados (i.e. la distribución complementaria) aunque se trata, en realidad, de un SP adjunto.

(52)
a. Juan$_i$ habló con él$_{*i}$ /consigo mismo$_i$
b. Elena$_i$ trabaja con ella$_{*i}$ /consigo misma$_i$

Con respecto a (51), sólo cabe pensar que de la misma manera que algunas anáforas morfológicas son en realidad pronominales en su comportamiento sintáctico (recuérdense los datos de (32)), así ciertos pronombres morfológicos son en realidad anáforas sintácticas. Un dato relevante en favor de esta suposición proviene del hecho de que añadiendo el adjetivo enfático *mismo* a los pronombres de (51) no se modifica en absoluto el significado de esa expresión. Por el contrario, tal adición es imposible cuando el pronominal tiene referencia disyuntiva respecto del posible antecedente.

Una hipótesis plausible en relación con (52) consiste en suponer que, en ciertas condiciones determinadas por factores de carácter léxico, un constituyente adjunto se reanaliza con el núcleo predicativo que lo rige y, como consecuencia de ello, pasa a tener la conducta característica de los constituyentes subcategorizados. No exploraremos aquí, no obstante, las implicaciones de esta suposición.

En todo caso, el SP no parece someterse a las mismas condiciones que constriñen la aparición de anáforas y pronominales en los sintagmas nominales y no puede afirmarse que los SSPP, por el mero hecho de ser tales, sean categorías rectoras. Sólo cuando están adjuntos y equivalen, por lo tanto, a oraciones adverbiales podrían contener un sujeto y constituirse en dominio de ligamiento.

Los fenómenos del ligamiento, en suma, configuran un dominio empírico de singular complejidad cuya verdadera naturaleza y su ubicación general dentro del sistema de principios están, en nuestra opinión, pendientes aún de un correcto esclarecimiento. De la somera presentación de las páginas precedentes se sigue con bastante nitidez que son más, acaso, los problemas que las soluciones. En esta contradicción está probablemente su intrínseco atractivo.

7.
Las categorías vacías

7.1. El principio de proyección y la necesidad de categorías vacías

El «Criterio Temático» y el «Principio de Proyección» definen las condiciones básicas que garantizan la correcta formación sintáctica de las oraciones. El primero establece que toda posición de argumento tiene que recibir un papel temático y, paralelamente, que todo papel temático que deba atribuirse se tiene que asignar a una posición de argumento (cf. *supra* 3.2.). El segundo señala que los requisitos de subcategorización de las piezas léxicas deben satisfacerse en todos los niveles del análisis de la oración (cf. *supra* 2). Es en virtud de la interacción entre estos principios, por lo que un hablante sabe cabalmente que la oración (1b) está relacionada con (1a):

(1)
a. Luisa comió algo.
b. ¿Qué comió Luisa?

(1a), en efecto, contiene los dos argumentos Agente y Paciente que se asocian al predicado *comer* en la correspondiente entrada léxica y los «enlaza», o realiza sintácticamente, en las posiciones en las que característicamente se sitúan: la de sujeto y objeto, respectivamente. En (1b) nos encontramos también con estos argumentos, pero uno de ellos aparece en una posición externa a la proposición. Ahora bien, el Principio de proyección predice que (1b) no puede ser analizada solamente en términos de lo que se ve: si la estructura categorial tiene que reflejar la estructura temática en *todos* los niveles de representación de la oración, en (1b) tiene que haber algo en la posición de objeto. A ese elemento silencioso, aunque pertinente sintácticamente, es a lo que se ha denominado *categoría vacía*. (En el caso concreto de (1b) la categoría vacía presente en la posición de objeto es una «huella», como hemos estudiado en el capítulo 4). Por último, el «Principio de proyección extendido» —que da razón del hecho de que toda oración ha de tener un sujeto— nos permite imaginar que si en una configuración oracional no aparece un sujeto explícito, el sujeto de esa oración habrá de ser una categoría vacía.

Pero la existencia de categorías vacías no es una cuestión de necesidad lógica o de imperativo impuesto por la estructura general del sistema de principios; lo realmente interesante es que se puede comprobar que las categorías vacías tienen una fuerte razón de ser empírica. En este capítulo nos ocuparemos precisamente de mostrar que las propiedades y el comportamiento sintáctico de las diversas categorías vacías están claramente definidos, y que existen procedimientos para identificarlas y para establecer con qué características específicas satisface cada una de ellas el Principio de Proyección.

¿Cuál es el inventario de categorías vacías?, ¿existe algo en el propio sistema de principios que nos permita anticipar cuáles son tales categorías? Con lo dicho unas líneas más arriba, en efecto, hemos adelantado ya parte de la respuesta a estas preguntas. Si la necesidad de tales categorías se sigue del Principio de Proyección, del Principio de Proyección Extendido y del Criterio Temático, esas unidades aparecerán en las posiciones donde se asigne papel temático, así como en la posición externa; por otra parte, existirán categorías vacías correspondientes a los actores de tales principios, esto es, a los predicados y a los argumentos.

Asimismo, si las categorías vacías se corresponden con los argumentos, con los elementos que reciben papel temático (dejaremos de lado aquí, al menos en este capítulo, las correspondientes a los asignadores de papel temático), entonces la hipótesis menos costosa será la de que existen tantas categorías vacías como categorías plenas argumentales haya . Sobre esta última cuestión tenemos ya algún conocimiento previo puesto que en los dos capítulos precedentes hemos hablado de las diversas variantes de los SSNN o argumentos realizados fonéticamente.

La teoría del ligamiento, como hemos podido ver, expresa de una manera formal la necesidad de distinguir tres clases de elementos argumentales: las anáforas, los pronominales y las expresiones referenciales. Estas subclases, que pueden distinguirse entre sí por medio de los rasgos [+/− pronominal], [+/− anafórico], están sometidas a los principios A, B y C de la teoría del ligamiento que definen en qué condiciones sintácticas pueden estar *ligadas* o deben ser *libres*.

Como anticipábamos brevemente en el capítulo anterior, es posible mostrar que existen categorías vacías correspondientes a esas tres clases de elementos: el *pro* (pequeño) equivalente a un pronominal, la anáfora o huella del movimiento de SSNN, y la huella de movimiento de CU, equiparable a una expresión referencial. A ellas se añade una cuarta, el elemento PRO (grande), cuya existencia se sigue del cruce de los rasgos [+ pronominal], [+ anafórico], pero cuya materialización como categoría llena es imposible en virtud de la teoría del Caso (cf. *supra* 6.1.2). Es posible mostrar asimismo —y ello es, en gran medida, lo que haremos en este capítulo— que estas categorías vacías también están sometidas a los principios A, B y C de la teoría del ligamiento.

Conviene señalar, aunque sea muy de paso, que al definir de esta manera a las categorías nulas, esto es, al asignar a algunas de ellas —a las generadas en la base— rasgos que delimitan su contenido intrínseco, y al sostener que todas ellas se someten a los principios de ligamiento, no estamos adoptando el criterio de determinación conocido como «hipótesis de la determinación funcional de las categorías vacías» (véase Koopman y Sportiche,1982, Chomsky,1982 y Lasnik y Uriagereka, 1988). No entraremos en esta materia aquí y sólo queremos indicar al lector interesado las fuentes fundamentales de ese debate.

En este capítulo estudiaremos con algún detalle cada una de estas cuatro categorías vacías: presentaremos pruebas de su paralelismo con las categorías plenas, trataremos de las circunstancias en que ese paralelismo deja de ser tal y nos ocuparemos de las características específicas del *pro*, un tipo de categoría vacía que no se presenta en todas las lenguas sino particularmente en las que corresponden al Parámetro del Sujeto Nulo —al cual pertenecen la mayoría de las lenguas romances, pero también el japonés, el hebreo y muchas otras en apariencia muy diferentes— o, más en general, en las que cuentan con elementos licenciadores de ese *pro* (volveremos sobre esta cuestión). En las secciones que siguen, hablaremos en primer lugar de las categorías vacías que se forman a lo largo de la derivación, de las huellas, y nos ocuparemos luego de las que se insertan en la estructura-P.

7.2. Las huellas de SSNN: su naturaleza anafórica

El desplazamiento de los SSNN —el subcaso de «Muévase alfa» que hemos estudiado en 4.1.2. y 5.3.— da lugar a configuraciones como la oración pasiva que presentamos en (2):

(2)
Juana$_i$ fue homenajeada t_i por sus alumnos

Si indagamos por el estatuto de esa huella en relación con los principios del ligamiento debemos descartar que sea un pronominal, puesto que, contrariamente a lo que cabe esperar de tal categoría, está ligada en su categoría rectora. Podemos estar seguros, por otro lado, de que no se trata de una expresión-r(eferencial) ya que en este caso debería estar libre. Lo que sí parece evidente, en cambio, es que esa huella satisface plenamente la definición de anáfora: posee un antecedente coindizado con ella (*Juana*) y este antecedente está situado en una posición argumental (posición A) desde la cual ejerce mando-c sobre la categoría vacía. La única diferencia entre (2) y las construcciones con anáforas léxicas del tipo de (3)

(3)
Luis$_i$ se quiere a sí mismo$_i$

es que en (3) el antecedente de la anáfora tiene un papel temático independiente y allí la anáfora *sí mismo* es un verdadero argumento, ya que posee Caso y papel temático. Esto, sin embargo, no afecta a la condición formal de ser una anáfora sino que se deduce de un hecho independiente: (2) es una estructura derivada mientras que (3) es una configuración de la base. En (2), por consiguiente, el antecedente y la anáfora forman una *cadena* (una conexión entre dos posiciones, donde el Caso se asigna en la cabeza y el papel temático en la coda);

(4)
(Juana$_i$, t_i)

en (3) nos encontramos con dos cadenas de un solo miembro:

(5)
(Luis$_i$), (se-sí mismo$_i$)

La huella t_i de (2), en suma, es una anáfora no argumental que carece de Caso, debido a que el morfema de pasiva probablemente no lo asigna, y también de papel temático ya que *Juana* «hereda» el papel temático de la posición θ de su huella (cf. Chomsky, 1982: Cap. 2).

La huella de ascenso del sujeto configura otra prueba clara de que las huellas de sintagmas nominales son anáforas. En (6), como veíamos en 5.3.1, la barrera O' se ha reducido a O; como O no impide la rección, la huella de ascenso del sujeto queda regida por el verbo matriz. Esta es la única explicación de que podemos echar mano si queremos explicar el hecho de que en esas estructuras no se produzca violación del Principio de la Categoría Vacía. No obstante, el movimiento de *Juan* se tiene que llevar a cabo, en aras de la Visibilidad de ese SN, porque *parecer* es un verbo intransitivo, incapaz por ello de asignar Caso:

(6)
$_{O2}$[Juan$_i$ parece $_{O1}$[t_i vivir contento]]

Este razonamiento lleva consigo, nuevamente, que la huella t_i es una anáfora: esta huella tiene su rector en O_2, que se constituye por lo tanto en el ámbito adecuado para el ligamiento de esa categoría vacía. Recordemos que una categoría rectora para alfa es toda O o SN mínimos que contiene a alfa, *a la categoría léxica que rige a alfa* y que posee un SUJETO accesible.

Un análisis en la misma línea —aunque con la diferencia importante de que el verbo *believe*, en contraste con nuestro *parecer*, sí es asignador de Caso— es el que explica la aparición de anáforas en la posición de sujeto de las oraciones inglesas de «Marcado excepcional de Caso» como (7a). La misma configuración de (7a) se encuentra en (7b) donde la anáfora, nuevamente, es la huella del movimiento de un SN (nótese que el movimiento es forzoso en (7b) porque el verbo subordinado es infinitivo y el verbo matriz tiene morfología pasiva, por lo cual no puede asignar caso como en (7a)):

(7)
a. John$_i$ believes [himself$_i$ to be intelligent]
John cree   sí mismo ser   inteligente
'John se cree inteligente'

b. John$_i$ was believed [t_i to be intelligent]
John fue creído   ser inteligente
'Creían a John inteligente'

En estricto paralelismo, una vez más, con las anáforas léxicas las huellas de sintagmas nominales no pueden aparecer en la posición de sujeto de oraciones temporalizadas. Así como en (8a) la anáfora no es posible porque carece de antecedente en su categoría rectora, en (8b) no puede haber movimiento de SSNN: la huella no puede encontrar un antecedente en la oración temporalizada en la que está situada, y de ahí la agramaticalidad:

(8)
a. *Juan$_i$ cree [que sí mismo$_i$ está contento]
b. * [Enrique y Luisa]$_i$ parecieron [que t_i fueron asaltados]

7.3. Las huellas CU y su condición de variables

A pesar de su común condición de huellas, las trazas del movimiento de CU no son equivalentes a las huellas de SSNN. La oración (9) muestra que la huella del objeto desplazado no puede ser correferencial con ninguna de las expresiones referenciales subrayadas; expresiones éstas situadas en posiciones A desde las que mandan-c a la huella CU:

(9)
*A quién$_i$ dijo ella$_i$ que su hermana$_i$ saludó t_i

Este tipo de construcción, estudiada por vez primera por Postal (1970), ejemplifica el fenómeno de cruce fuerte [strong crossover] así denominado porque se supone que lo que hace agramatical (en verdad, fuertemente agramatical) a una estructura como la anterior es el hecho de que el sintagma CU cruza por encima de otro u otros elementos correferenciales con él.

Si reexaminamos estos hechos desde el punto de vista de la teoría del ligamiento y comparamos la categoría vacía de (9) con la de (2) podemos afirmar ahora que las huellas CU —a diferencia de las de SSNN— deben estar libres: no pueden tener ningún antecedente coindizado que las mande c ni en su dominio local ni más allá de él. El principio que alude a esta condición, como se recordará, es el principio C que trata de la condición de las expresiones referenciales y que reiteramos en (10):

(10)
Las expresiones-r deben estar libres.

Este principio es el que da razón de que en (11) María no pueda ser correferencial con el pronombre de la oración superior:

(11)
*Ella$_i$ dijo que María$_i$ la quería.

En suma, las huellas de movimiento de CU parecen ser equivalentes a las expresiones referenciales y, como ellas, están sometidas al principio C de la teoría del ligamiento.

Lo característico de las huellas CU es, no obstante, no sólo el que no puedan estar ligadas desde una posición argumental (ligadas-A) sino el que *deben* estar ligadas desde una posición *no*-argumental (ligadas-A'). Con otras palabras, las huellas del movimiento de CU son expresiones referenciales con valor de *variable* porque, por no tener contenido fijo, requieren la coindización con un elemento situado en una posición externa a la oración, en una posición no argumental, para poder ser interpretadas de una manera completa. Siguiendo a Chomsky (1975 y 1986a, entre otros lugares) diremos que una oración interrogativa como la de (12a) tendrá en la Forma lógica la representación de (12b) —similar al análisis lógico de las expresiones regulares con un cuantificador— donde el elemento situado en la posición externa a la proposición se suele denominar un *operador* que liga a la variable, un término que da valor a esa variable:

(12)
a. Quién$_i$ piensa él que t_i es responsable
b. Para qué persona x, él piensa que x es responsable

La afirmación de que las huellas CU son expresiones referenciales y, por ello, entidades sometidas al principio C, permite a su vez refinar la formulación de este principio. Como hace ver Chomsky (1986a: 3.3.3.1), lo que indican los datos que estamos considerando es que estar libres significa estar libres-A, no libres en general, puesto que las variables, de hecho, tienen que estar ligadas-A' por un operador. Por añadidura, y de acuerdo con lo que esperábamos, las expresiones referenciales no variables también tienen que estar sólo libres-A: esto es lo que está en la base del hecho de que sólo podamos tener epítetos en posiciones adjuntas como la de (13a), pero no en estructuras en las que una expresión referencial con el mismo significado manda c al epíteto (véase (13b)):

(13)
a. *Mi hermana* se fue en tren a Dinamarca porque *la muy miedosa* no se atreve a hacerlo en avión.
b. *Mi hermana* dijo que *la muy miedosa* no viajaría en avión.

A la vista de estas consideraciones, el principio C formulado en 6.2. y reiterado en (10) (más arriba) debe reenunciarse de la manera siguiente:

(14)
Las expresiones referenciales deben estar libres-A (en el dominio de su operador) (Chomsky, 1986a: 86)

(Véase Chomsky, 1986 3.3.3.1 para la clarificación del contenido del paréntesis de (14)).

Al postular que el comportamiento de las huellas CU se deduce de su condición de expresiones-r sometidas al Principio C de la teoría del ligamiento, no podemos caracterizar, no obstante, otro fenómeno también típico de la conducta de las variables: el efecto de «cruce débil» [*weak crossover*] que se ilustra por medio de las oraciones de (15):

(15)
a. *A quién$_i$ visitó su$_i$ madre t_i
b. *Su$_i$ madre visitó a muchos niños$_i$

En las dos oraciones de (15) es imposible interpretar el pronombre *su* como correferencial tanto en el caso de la oración con objeto cuantificado, (15b), como en el caso de la oración con un objeto-variable, como (15a). La interpretación correferencial, sin embargo, es posible en (15c), una oración simple sin variable ni cuantificador:

(15)
c. Su$_i$ madre visitó a Juan$_i$

Una generalización descriptiva que da razón de ese paradigma es la que afirma que una huella no puede tener como antecedente un pronombre situado a su izquierda. Esta generalización cubre a las oraciones (15a) y (15b) si suponemos, tal como es habitual, que en ambas oraciones hay movimiento de CU: en la sintaxis en el caso de (15a), en la FL, como Ascenso del Cuantificador (cf. May, 1976 y 1985) en (15b). La estructura derivada de (15b) en la FL, paralela a la «visible» (15a), es (16):

(16)
$_O$[[Muchos niños$_i$] $_O$[su madre visitó t_i]]

En (15c), por último, la interpretación correferencial no estaría prohibida porque no se produce movimiento alguno y el *su* del sujeto puede correferir (o no correferir) con la expresión referencial puesto que esta expresión se encuentra libre ya que ese pronominal no la manda c. La suposición estándar, en suma, es que los especificadores están en posiciones no-argumentales.

Esta última observación acerca de los especificadores es la que debe hacer ver que los hechos de correferencia relacionados con las expresiones de (15a) y (15b) no se pueden explicar por medio del principio C aún cuando en esas oraciones concurran variables. La razón de esta agramaticalidad parece que tiene que ver con un «Principio de Biyección» que regula el hecho de que un operador no puede ligar a dos variables a la vez; pero no nos extenderemos aquí en esta cuestión (véanse Higginbotham, 1980 y, en particular, Koopman y Sportiche, 1982).

7.4. La categoría *pro*

7.4.1. *Pro* y su habilitación e interpretación

Una afirmación generalmente aceptada es que la categoría vacía *pro* es el correlato silencioso de los pronominales plenos y que, por consiguiente, posee las propiedades interpretativas de los pronombres regulares; esto se ilustra en los ejemplos que siguen, donde el pronominal vacío —en consonancia con el principio B— está libre en su categoría rectora:
(17)
   a. *pro* iremos al cine mañana.
   b. Me gustan estas casas. *pro* tienen un jardín precioso.

Ahora bien, ¿en qué construcciones aparece *pro*? ¿lo encontramos efectivamente en todas aquellas en que podemos tener un pronombre regular? La primera generalización establecida a este respecto era la de que *pro* aparecía sólo en la posición del sujeto de oraciones pertenecientes a lenguas que poseen un «sistema flexivo muy rico» (véase Chomsky, 1981 : 241). Esta idea —que se origina en Taraldsen (1979)— se articula bajo la afirmación de que existen grupos de lenguas, las que escogen la opción positiva del parámetro del *pro drop*, que hacen un empleo crucial del elemento Conc(ordancia): «la idea intuitiva es que donde haya una concordancia explícita el sujeto se puede eliminar puesto que esa elisión será recuperable» (Chomsky, 1981: 241). En lenguas del tipo del italiano, con un sistema flexivo más rico, el elemento Conc permite la caída del sujeto mientras que una lengua como el francés no la permite» (Chomsky, 1981: 241).

Para extender esta observación general, podemos adoptar una distinción de Rizzi (1986), y afirmar que la teoría de la legitimación de los elementos nulos pone en juego dos tipos de condiciones: las relativas a la «habilitación» [*licensing*] de esos elementos y las condiciones para su «interpretación». Por condiciones de habilitación se entiende los elementos del contexto que hacen formalmente posible esa categoría. Las de interpretación, por su parte, especifican la manera como se determina o «recupera», a partir del entorno de elementos fonéticamente realizados, el contenido de esa categoría vacía (v.Rizzi, 1986:518).

Estas condiciones —que no tienen por qué coincidir, como veremos más abajo— se unifican en el caso que estamos considerando. En efecto, podemos afirmar que Conc habilita formalmente a *pro,* en tanto en cuanto este pronominal no puede aparecer si no hay rasgos de concordancia, y le otorga también parte de su contenido, puesto que se entiende que *pro* tiene los mismos rasgos de número y persona que la concordancia. En ningún caso, en una oración como (17b), se podría interpretar que la categoría vacía alude a la tercera o segunda persona del singular, por ejemplo.

Una consecuencia de que *pro* se habilite en la posición de sujeto en las lenguas de sujeto nulo es que a veces ese elemento será puramente expletivo, esto es, no poseerá valor argumental ni tendrá papel temático. Ello ocurrirá cuando, por razones intrínsecas, un predicado no asigne papel temático a la posición de sujeto, como en (18a), o cuando el sujeto se mueva a una posición A' adjunta al SV, proceso que, de nuevo, es posible sólo en las lenguas de sujeto nulo que permiten la posposición del sujeto (véase (18b)):

(18)
a. *pro* parece que este año habrá sequía.
b. *pro* telefoneó Juan.

Aunque expletivos, los dos *pros* de las oraciones anteriores no tienen el mismo origen. El primero está generado como tal en la estructura-P. El segundo, es el resultado de un movimiento a una posición adjunta que deja una huella con el rasgo [+p], o sea, un pronominal puro. La cadena (CADENA con mayúscula según Chomsky 1986a: 178) que se forma tras ese movimiento es atípica, es un par *expletivo-argumento,* y, por ello, daría lugar a un nuevo movimiento en la FL (pero véase Chomky, 1986a: 177 y ss, a este respecto).

Entre las lenguas de sujeto nulo, por otra parte, el español permite un tercer tipo de *pro,* el ejemplicado en (19), al que se ha denomina el *pro* arbitrario (reconocido, ciertamente, por casi toda la tradición gramatical) cuyos tipos básicos y propiedades características se establecen inicialmente en Suñer (1983). Distingue esta autora dos subclases de *pro* arbitrario, las que se ilustran en (19a) y (19b):

(19)
a. *pro* llaman a la puerta.
b. *pro se* dice que va a llover.

En (19a) tenemos un *pro* arbitario de tercera persona del plural. Las oraciones con sujetos plurales arbitrarios —como ha hecho ver Jaeggli (1986) con base en Hurtado (1984)— tienen las mismas condiciones de verdad que las que contienen SSNN existencialmente cuantificados en la posición de sujeto: (19a) se glosa adecuadamente con «Alguien llama a la puerta» (véase Jaeggli, 1986, para una explicación de los mecanismos que habilitan este tipo de pronominal). (19b) es una construcción de *se* impersonal en la que la posición de sujeto está ocupada por una categoría vacía que, a diferencia del caso antes comentado, recibe una interpretación genérica. Otero (1986) argumenta que en estructuras como la de (19b) el clítico *se*, un elemento sin Caso ni papel temático y generado en una Inflexión finita, «absorbe» el valor [+definido] de ésta.

Ahora bien, lo relevante a nuestros efectos en este capítulo, es que a pesar de la naturaleza pronominal de todos estos tipos de *pro*, este elemento, en el caso canónico ilustrado en (17), no aparece en todas las circunstancias en que podemos tener un pronombre regular, ni lo encontramos tampoco sólo en la posición de sujeto. Veremos, en efecto, que el *pro* y los pronombres fonéticamente realizados no alternan libremente y también que ciertas posiciones vacías correspondientes a objetos directos o indirectos parecen estar ocupadas en algunas ocasiones por la categoría vacía *pro*, en otras concurre en ellas una variable.

7.4.2. La alternancia entre *pro* y los pronombres fonéticamente realizados.

Fernández Soriano (1989) —siguiendo líneas trazadas inicialmente por Luján (1987) y Rigau (1988b)— ha examinado la supuesta variación libre de los pronombres tónicos del español y la categoría vacía *pro*, así como la suposición de que tales pronominales nulos se usan en los mismos contextos en los que en las lenguas no *pro drop* (el inglés y el francés son ejemplos de ellas) aparecen las correspondientes formas fuertes de los prononmbres personales. La suposición convencional, como anticipábamos, es que las tres oraciones de (20) son completamente equivalentes:

(20)
a. *El* estudia matemáticas.
b. *pro* estudia matemáticas.
c. *He / she* studies Mathematics.

Lo cierto es que, en las lenguas romances, los pronombres tónicos, en contraste con los nulos, tienen un claro matiz distintivo y lo que se espera en la situación regular o no marcada es que la oración se enuncie sin pronombre tónico; la verdad de esta observación general se puede comprobar fácilmente examinando un trozo de lengua escrita o prestando atención a una conversación. En el mismo sentido, Luján (1987) había identificado ciertas construcciones en que *pro* y los pronombres tónicos no poseían una interpretación paralela. La generalización descriptiva, que se ilustra en (21), es que el pronombre tónico situado en una oración adverbial no puede correferir con el sujeto de la matriz mientras que el pronominal vacío tiene que hacerlo (para Luján esta generalización se satisface sólo en los casos en que la oración adverbial precede a la matriz):

(21)
a. Cuando pro_i /*el_i trabaja, Juan$_i$ no bebe.
b. MI madre$_i$ no se calla, aunque pro_i / *$ella_i$ no tenga razón.

Por otra parte, el hipotético paralelismo entre las oraciones de (20) se desvanece si se contrastan nuestros pronominales nulos con los pronombres fuertes del inglés en lo que respecta a las posibilidades de interpretar un pronombre como variable ligada. Lo que muestran las oraciones de (22) —fundadas en los contrastes establecidos por Montalbetti(1984)— es que sólo los pronombres fuertes de las lenguas no-*pro drop* y los nulos de las *pro drop* pueden ser ligados por un cuantificador; los pronombres tónicos de nuestra lengua se interpretan únicamente como correferenciales. Con otras palabras, sólo en la oración inglesa y en la variante castellana con pronombre nulo puede entenderse que cada uno de los chicos del conjunto de chicos afirmó que no lo había hecho, en la oración castellana con pronombre tónico los chicos hicieron esa afirmación todos a la vez:

(22)
a. Muchos chicos dijeron que *pro* / *ellos* no lo habían hecho.
b. Many boys said that they did not do it.

Fernández Soriano (1989) a dar razón de estas propiedades a través de la adopción de una versión renovada del antiguo «Principio» de evitación del pronombre» (Chomsky,1981; Jaeggli, 1982) que establecía que debía evitarse el pronombre si PRO era posible (en aquel momento no se había descubierto aún la categoría *pro*). La nueva versión es la que exponemos en (23):

(23)
Pro es obligatorio cuando está licenciado y completamente identificado.

Ahora bien, si (23) es un enunciado correcto, la suposición consiguiente es que en los casos en que pueda haber un *pro* debidamente licenciado e identificado, el pronombre explícito será meramente un elemento que lo dobla o reitera, y de aquí provendría el matiz distintivo al que antes aludía y probablemente el que no pueda ser ligado por un cuantificador. Otra consecuencia de (23) es que cuando no haya elementos del entorno sintáctico que permitan legitimar a la categoría vacía la presencia del pronombre explícito será requerida. Ello explica probablemente que los pronombres deban ser necesariamente explícitos en los SSPP, como se ve en (24), así como en ciertas construcciones de gerundio donde no hay Conc que permita identificar a la potencial categoría vacía, véase (25)):

(24)
*Luis habló sobre e

(25)
Muchas personas consideran que, estando *(ellas) bien situadas, da igual que los demás sufran.

7.4.3. Los objetos nulos: *pro* y variable

7.2.3.1. Rizzi (1986): objetos nulos «pro»

Mientras no se conoció la existencia de la categoría vacía *pro* la posición de objeto del verbo era considerada simplemente el lugar distribucional típico donde PRO no podía aparecer debido a que, por definición, este segundo tipo de categoría vacía no puede estar regida. Esta restricción, claro es, no surge con el *pro* pequeño pues la única constricción a la aparición de este constituyente será la que se deduzca del Principio de proyección y de la subteoría del licenciamiento de *pro*.

En este sentido, en un estudio de Rizzi (1986) se trajo a colación la existencia de ciertas construcciones en las que un objeto nulo o «implícito» parecía, ciertamente, estar presente y ser activo desde el punto de vista sintáctico. Siguiendo a Rizzi (1986) mencionaremos ejemplos del italiano, pero las glosas correspondientes en nuestra lengua han de hacer ver que el castellano posee esas mismas construcciones:

(26)
a. Il bel tempo invoglia ___ a [PRO restare]
    'El buen tiempo invita ___ a [PRO descansar]'

b. La buona musica riconcilia ____ con se stessi.
   'La buena música reconcilia ———— con uno mismo'.
c. Di solito, Gianni fotografa ____ seduti.
   ?? 'Con frecuencia, Gianni fotografía ____ sentado'
d. Questa musica rende [____ allegri]
   'Esta música hace [____ feliz]

Las oraciones de (26) —el echo de que sean legítimas— muestran que un objeto implícito puede actuar como controlador del sujeto PRO de la subordinada: (26a), puede ligar a una anáfora: (26b), actuar como sujeto de un predicado secundario orientado hacia el objeto: (26c), o como sujeto de una cláusula reducida: (26d). Estos datos, por otra parte, se entienden mejor si recordamos que las oraciones de (26) son completamente equivalentes a las de (27) donde tal objeto aparece explicitado:

(27)
a. Il bel tempo invoglia *la gente* [PRO a restare.]
   El buen tiempo invita a la gente a descansar.
b. La buona musica riconcilia *la gente* con se stessi.
   La buena música reconcilia a la gente consigo misma.

o si nos fijamos en que las anáforas resultan agramaticales en oraciones que no pueden tener antecedentes para esas anáforas:

(28)
*Un buen tratamiento psicoanalítico interesa a uno mismo.

Por otra parte, las oraciones inglesas equivalentes a las de (26) son agramaticales (véanse (29a) y (30a)), si bien existen versiones aceptables de ellas con objetos explícitos (véanse (29b) y (30b) y ello sugiere que la habilitación de una categoría vacía correspondiente al objeto puede ser una cuestión de variación paramétrica. Rizzi (1986), en efecto, propone que la regla que haría posible la ulterior interpretación de una categoría vacía («Asígnese *arb* al papel temático directo», *op. cit.*: 509) se satura en el léxico en el caso del inglés y por eso dicha categoría no está estructuralmente presente, mientras que en el italiano y lenguas similares actuaría en la sintaxis; pero no nos detendremos aquí en esta cuestión que nos alejaría de los objetivos de este capítulo:

(29)
a. *A good weather invites to rest.
b. A good weather invites people to rest.
   El buen tiempo invita a la gente a descansar.

(30)
a. *Good music reconciles with oneself.
b. Good music reconciles people with oneself.
La buena música reconcilia con uno mismo.

Una última propiedad descriptiva de las construcciones que nos conciernen —señalada también por Rizzi (1986)— es que tales oraciones son posibles únicamente cuando el tiempo del enunciado es genérico: ese elemento vacío, por tanto, tiene siempre una interpretación arbitraria y lleva asociados los rasgos [+genérico, +humano , +/−plural]. Este elemento, está licenciado, como hemos sugerido, por una posición temática no visible, presente en la matriz temática del verbo, con la que se coindiza.

La cuestión relevante a nuestros efectos es cuál es la naturaleza de esa categoría vacía; obsérvese que si bien tenemos razones de principio para descartar que sea un PRO (puesto que estaría regido) o que se trate de una anáfora (tendría que tener un antecendente coindizado en su categoría rectora), no hay ninguna razón a priori que nos impida suponer que pueda ser tanto un pronominal como una variable. Rizzi (1986) va a defender la hipótesis de que esta categoría vacía es un *pro*(nominal) arbitrario y va a intentar mostrar que en cuanto tal está dentro del ámbito del principio B.

Una prueba en favor de esta suposición parecen proporcionarla oraciones como la de (31). Según Rizzi (1986) estas oraciones son ambiguas en italiano: el PRO arbitrario que controla a la categoría vacía puede referirse bien al mismo grupo de gente al que alude el argumento implícito bien o a otro grupo distinto. Esta interpretación caracterizaría inequívocamente a la categoría vacía como un pronominal ya que, en cuanto tal, está libre en su categoría rectora y por ello puede o no vincularse referencialmente a otro SN situado en una oración superior:

(31)
E una illuzione [PRO$_{arb}$ sperare [che un buon pranzo possa riconciliare ──$_{arb}$ con se stessi]]
'Es una ilusión esperar que una buena comida pueda reconciliar con uno mismo'.

Más aún, si fuera una variable, indica Rizzi (1986), debería tratarse tal vez de un operador nulo que se hubiese movido en la sintaxis (cf. Chomsky, 1980 y Campos, 1986, sobre el que volveremos) y se hubiese situado en el COMP; pero si ello es así lo que cabe esperar es que no pueda coaparecer con otros operadores explícitos o implícitos. Esta

211

expectativa no se satisface, como nos indica (32), donde un objeto nulo del italiano es perfectamente compatible con un operador CU sugiriendo, de nuevo, que no se trata de una variable:

(32)
Quale musica riconcilia ⎯⎯ con se stessi?

7.2.3.2 Authier (1989): objetos nulos como «variables libres»

Authier (1989), sin embargo, va a poner de relieve que estos objetos arbitrarios —a diferencia de los sujetos arbitrarios, estudiados por Jaeggli (1986)— tienen «fuerza cuantificacional». Más estrictamente, si comparamos (33a) con (33b) veremos que la categoría nula en posición de sujeto de la primera oración es un SN existencialmente cuantificado, por tanto, con la lectura (34a), mientras que el objeto nulo es incompatible con una lectura semejante; este elemento tiene la fuerza cuantificacional universal representada en (34b):

(33)
a. *pro* te llaman por teléfono.
b. La buena música reconcilia *e* con uno mismo.

(34)
a. Hay un x, x una persona, tal que x te llama por teléfono
b. Para todo x, x una persona, la buena música reconcilia a x con x.

Basándose en las propiedades cuantificacionales de estos objetos nulos, Authier (1989) propone que se trata de variables ligadas «no-selectivamente» (cf. Hernanz, 1989, para un muy elaborado análisis de las estructuras de *tu* arbitrario del español como variables ligadas por un operador no selectivo). Para fundamentar su suposición se apoya este lingüista en datos del francés en cierta medida contradictorios con los de (31); a su juicio, en oraciones semejantes a la de (35), con dos objetos nulos arbitrarios, la única interpretación disponible es aquella en la que los dos objetos se refieren al *mismo* grupo de individuos, ya que éstos tienen que tener referencias «enlazadas». Este efecto de referencia enlazada se atribuye en Lebeaux (1984) a la presencia de un operador nulo (los ejemplos franceses son de Authier, 1989):

(35)
Une thérapeutique qui rende *e* intelligent est une thérapeutique qui rend *e* sur de soi
Una terapia que hace inteligente es una terapia que hace seguro de sí mismo.

En favor de la idea de que los objetos nulos del francés están ligados desde una posición A' y son, por consiguiente, variables, aduce Authier (1989) dos razones. La primera es que los objetos nulos arbitrarios del francés se comportan como variables en los fenómenos del *PRO puente*. Obsérvese, para empezar, que en francés hay efectos de cruce débil:

(36)
?*Qui$_i$ est-ce que [son$_i$ ambition rend t_i vulnerable]
quién es que su ambición hace vulnerable
'A quién hace vulnerable su ambición'

En (37a), sin embargo, el efecto de cruce débil desaparece y ello se atribuye a que el pronominal *son* —que en este caso sí puede coindizarse con el pronombre interrogativo— está ligado-A por un PRO controlado por la variable que deja el movimiento del operador CU en la estructura-S. Obsérvese que la misma oración es agramatical si ese PRO no se interpreta como controlado. Omitiendo detalles que no son relevantes a nuestros efectos, podemos analizar la estructura con objeto nulo (37b) de manera similar y suponer que la no existencia de efecto de cruce débil se debe a que la categoría vacía está ligada por un operador, en este caso invisible, situado en una posición A':

(37)
a. Qui$_i$ est-ce que [PRO$_i$ / *PRO$_{arb}$ laver sa$_i$ voiture] a ennuye t_i
quíen es que lavar su coche ha aburrido
'A quién le ha aburrido lavar su coche'
b. [PRO$_{arb}$ /*PRO$_{arb'}$ laver sa$_{arb}$ voiture / rend e enragé
lavar su coche pone furioso
'Lavar el coche pone furioso'

La segunda prueba en favor del carácter de variable de estos objetos nulos se encuentra en que en oraciones en las que estos objetos coexisten con sujetos cuantificados parecen darse fenómenos de «ambigüedad de alcance» semejantes a los que tienen lugar en estructuras con dos cuantificadores (cf. también May, 1985). En una oración como (38), en efecto, se puede entender tanto que «existe un hecho x, tal que ese hecho lleva a toda persona a violar el reglamento» (alcance amplio del cuantificador existencial) como que «para todo x que sea una persona habrá hechos que los lleven a violar el reglamento» (alcance ancho del cuantificador universal):

(38)
Dans ce camp militaire, quelque chose pousse e à PRO enfeindre le règlement quand on est faux-jeton.
En este campamento, algo obliga a infringir el reglamento cuando se es hipócirta.

Para dar cuenta de estas propiedades, como anticipábamos líneas más arriba, Authier sugiere que en estas construcciones estamos frente a una variable ligada no-selectivamente (cf. Lewis, 1975), esto es, por un operador al que se le permite ligar a más de una variable. Estos objetos nulos, pues, se generan en la base como tales variables libres y es en la FL donde quedan ligados por ese operador no selectivo. En un sentido estricto, estos elementos 'como variables' no son expresiones cuantificadas estándar, más específicamente: no tienen fuerza cuantificacional propia sino que la obtienen de un elemento adverbial con fuerza cuantificacional presente en la oración —donde esos adverbios de cuantificación son seleccionados por un determinado subconjunto de los tiempos verbales.

Rizzi (1986) también había notado el hálito cuantificacional de las categorías vacías que estamos considerando; sin embargo, descarta este lingüista que deban ser tratados como variables no sólo por la razón que ilustrábamos a través de (32) sino porque no parecen ir a la par, en ciertos entornos, con las expresiones cuantificadas. Concretamente los cuantificadores explícitos como *tutti* y los objetos nulos difieren en su comportamiento bajo la negación: mientras que en expresiones cuantificadas como la de (39a) la negación tiene alcance sobre el cuantificador (i.e. da lugar a la representación de (40a)), el sujeto nulo de la claúsula reducida de (39b) tiene alcance sobre la negación de la matriz (la lectura es la de (40b); los ejemplos son de Rizzi, 1986):

(39)
a. Questa decisione non rende [tutti felici]
b. Questa decisione non rende [e felici]

(40)
a. *No* es el caso de que, para todo *x*, esta decisión haga a *x* feliz.
b. Para todo *x*, esta decisión *no* hace a *x* feliz.

Authier (1989) con consideraciones internas a la teoría descartará, a su vez, que ese contraste tenga que ver con la naturaleza cuantificacional del elemento en sí, otros factores derivacionales serían responsables de los fenómenos de alcance.

Resulta, en suma, que parece haber fuertes razones para dar por buena tanto una como otra caracterización de las categorías vacías en posición de objeto. La cuestión está pues sobre el tapete y hacen falta datos adicionales y, sobre todo, un análisis más en profundidad de las diferencias entre variables y pronominales para dar por zanjada esta cuestión. Para concluir nuestra presentación nos referiremos a una tercera manera de ver algunos pronominales nulos en posición de objeto, la suscitada por Campos, (1986).

7.4.3.3. Campos (1986): objetos nulos como variables ligadas por un operador que se ha movido en la sintaxis

Chomsky (1980) es quien formula inicialmente la idea de que existen cadenas A', resultados del movimiento sintáctico, cuya cabeza es una categoría vacía; esta idea será recogida por Raposo (1986) y Campos (1986) quienes la tomarán como base para la caracterización de los objetos nulos del portugués y del español, respectivamente.

Como señala Campos (1986) —y como hemos puesto de manifiesto al comienzo de este capítulo— el Principio de Proyección predice que en la posición de objeto de la oración (41b) tiene que haber una categoría vacia. La agramaticalidad de (42b) en tanto que respuesta posible a (42a) nos indica que esa categoría vacía se interpreta como un indefinido:

(41)
a. —¿Compraste café?
b. —Sí, compré e

(42)
a. —¿Compraste el libro?
b. *—Sí, compré

Obsérvese que estos objetos nulos no son completamente equivalentes a los tratados en los apartados anteriores. En primer lugar, los objetos recién mencionados pueden aparecer tanto con verbos afectadores, como el del ejemplo anterior, como con verbos que no tienen esa característica:

(43)
a. —¿Viste cigüeñas en tu viaje a Extremadura?
b. —Sí, vi e

Por otra parte, tales objetos no poseen una interpretación genérica fija como aquellos otros sino que su interpretación se define contextualmente, con la restricción particular de que deben ser indefinidos.

Apoyándose en esta última característica, Campos (1986) descarta que esa categoría (que, por las razones expuestas más arriba no puede ser ni un PRO ni una anáfora) pueda ser, sin embargo, un *pro*: «*pro* es siempre definido en referencia... (y) estas construcciones son posibles sólo con objetos directos "indefinidos"» (*op. cit.:* 355). La única posibilidad que resta, a su juicio, es que se trate de una variable o huella-CU. Pero como no hay operador CU visible, Campos —en línea con Huang, 1984 y Raposo, 1986— supone que lo que se mueve es un operador invisible que da lugar a una estructura como la de (44):

(44)
OP_i [yo compré t_i]

Puesto que este operador se mueve en la sintaxis, el proceso que lleva a la formación de (44) estará sometido a todas las restricciones que se aplican a las reglas de movimiento. Los ejemplos de (45) (tomados de Campos, 1986, al igual que los juicios de gramaticalidad) parecen satisfacer esta expectativa. En efecto, (45a) sugiere que este movimiento respeta la «Restricción del SN complejo» (Ross, 1967); (45b) muestra su sometimiento a la «Restricción de la oración sujeto» (Ross, 1967); (45c) nos dice que las construcciones con objeto indefinido ausente obedecen la «Restricción del COMP doblemente lleno» (Chomsky y Lasnik, (1977)) y (45d) que se satisface la «Condición sobre los dominios de extracción» (Huang, 1982) puesto que no pueden encontrarse objetos nulos en claúsulas adjuntas:

(45)
    a.   —¿Quién trajo cerveza a la fiesta?
           *—No conozco $_{SN}$[al muchacho que trajo e]
    b.   —¿Pepe necesita gafas?
           *—$_O$[Que necesita e] es obvio
    c.   —¿María traerá ponchos del Perú?
           *—¿A quién le traerá e ?
    d.   —¿Encontraron entradas para la película?
           *—Sí, pudimos entrar al cine porque encontramos e

Con independencia de la elegancia del análisis de Campos (1986), de la calidad e interés intrínseco de los datos que proporciona y de nuestro acuerdo con la intuición general en la que se basa, no está claro, desde nuestro punto de vista, que los casos anteriores y otros similares ilustren el sometimiento de las construcciones de objeto indefinido a las varias restricciones que operan sobre las reglas de movimiento, ni tampoco que por ser indefinido ese elemento no pueda ser *pro*.

Empezando por lo segundo —que es sin duda incidental— parece bastante incontrovertido que existen *pro*'s no definidos tales como los sujetos de las oraciones de sujeto indefinido de tercera persona del plural (recuérdense (19) y (33a)). En cuanto a la segunda cuestión, prácticamente en todos los casos que se ilustran a través de (45) es posible encontrar oraciones paralelas en que la gramaticalidad aumenta de forma considerable. (46a), por ejemplo, donde también debería haberse desplazado un operador desde un SN complejo, es mucho mejor que (45a), sugiriendo que el problema de aquella oración es de otra naturaleza; (46b), como respuesta a una oración en que *Pepe* fuese sustituido por *Quién* es completamente normal, como lo es asimismo (46d) —la homóloga de (45d)—. Tampoco parece tan claro que estas oraciones estén sometidas a la restricción sobre el COMP doblemente lleno, pero en este caso los juicios son más vacilantes:

(46)
a. No me creo [esa suposición de que alguien traerá e]
b. [Que María necesita e] es obvio
d. No, no pudimos entrar al cine porque no encontramos e

Los datos de (45) y (46) tomados conjuntamente parecen apuntar a que este operador, que —según los análisis convencionales— se mueve en la sintaxis, tal vez no se desplaza en la forma como lo hacen los elemento-CU; ciertamente estos operadores podrían sustituir a COMP tanto como adjuntarse a él (v.Authier, 1989). Por otra parte, dado que estos objetos están contextualmente determinados es probable que sobre ellos operen restricciones pragmáticas de las que podrían seguirse tal vez algunos de los contrastes anteriores. Nuevamente, es esta una cuestión pendiente que investigaciones ulteriores habrán de esclarecer.

Referencias

AARSLEF, Hans (1967): *The Study of Language in England. 1780-1860*. Princeton.
ABNEY, Steven P. (1987): *The English Noun Phrase in its Sentential Aspect*. Tesis doctoral inédita, MIT.
ALCINA FRANCH, Juan, y BLECUA, José Manuel (1975): *Gramática española*. Ariel, Barcelona.
ALEXANDER, Matt (1989) «θ-marking configurations in «non-configurational» languages». *MIT Working Papers in Linguistics*, 10; 1-42.
ANDERSON, Mona (1983): «Prenominal genitive NP's». *The Linguistic Review, 3;* 1-24.
AOUN, Joseph, y SPORTICHE, Dominique (1983): «On the formal theory of government». *The Linguistic Review, 2;* 211-236.
ARNAULD, V., y LANCELOT, V. (1660): *Grammaire générale et raisonnée*. Publications Paulet, París, 1969.
AUTHIER, J. Marc (1989): «Arbitrary null objects and unselective binding». En: O. Jaeggli y K. Safir (eds.) *The Null Subject Parameter*. Reidel, Dordrecht; 45-67.
BAKER, Mark (1988): *Incorporation. A Theory of Grammatical Function Changing*. The University of Chicago Press, Chicago.
BEAUZEE, M. (1767): *Grammaire Générale, ou exposition raisonnée des elements nécessaires du langage*. París.
BELLETTI, Adriana (1987): «Los inacusativos como asignadores de caso». En V. Demonte y M. Fernández Lagunilla (eds.); 167-230. (Versión inglesa «The Case of unaccusatives». *Linguistic Inquiry, 19;* 1-34.)
BELLETTI, Adriana, y RIZZI, Luigi (1987): «Los verbos psicológicos y la teoría temática». En V. Demonte y M. Fernández Lagunilla (eds.); 60-122. (Versión inglesa «Psychological verbs and θ-theory». *Natural Language and Linguistic Theory, 6;* 291-352.)
BERWICK, R. C., y WEINBERG, A. S (1984): *The Grammatical Basis of Linguistic Performance*. MIT Press, Cambridge, Mass.
BORER, Hagit (1986): «I-Subjects». *Linguistic Inquiry, 17;* 375-416.
BOSQUE, Ignacio (1983): «El complemento del adjetivo en español». *Lingüística española actual, 5;* 1-14.

BOSQUE, Ignacio (1985): «On distributive anaphors». Manuscrito inédito, Universidad Complutense de Madrid.
BOUCHARD, Denis (1983): *On the Content of Empty Categories*. Foris, Dordrecht.
BRESNAN, Joan (1970): *On Complementation*. Tesis doctoral del MIT.
BRUCART, José M. (1987): *La elisión sintáctica en español*. Publicaciones de la Universidad Autónoma de Barcelona, Barcelona.
BURZIO, Luigi (1981): *Intransitive Verbs and Italian Auxiliaries*. Tesis doctoral del MIT, Cambridge (Massachusetts).
BURZIO, Luigi (1986): *Italian Syntax: A Government Binding Approach*. Reidel, Dordrecht.
CAMPOS, Héctor (1986): «Indefinite object drop». *Linguistic Inquiry, 17;* 354-359.
CARRIER-DUNCAN, Jill (1985): «Linking of thematic roles in derivational word formation». *Linguistic Inquiry, 16;* 1-34.
CHOMSKY, Noam (1957): *Syntactic Structures*. La Haya, Mouton. Trad. cast: *Estructuras sintacticas*. Siglo XXI, México, 1974.
CHOMSKY, Noam (1965): *Aspects of the Theory of Syntax*. MIT Press, Cambridge (Masschusetts). Trad. cast: *Aspectos de la teoría de la sintaxis*. Aguilar, Madrid, 1970.
CHOMSKY, Noam (1970): «Remarks on nominalizations». En R. Jacobs y P. Rosenbaum (eds.) *Readings in English Transformational Grammar*. Blaisdell, Waltham, Mass.
CHOMSKY, Noam (1973): «Conditions on transformations». En S. Anderson y P. Kiparsky (eds.) *A Festschrift for Morris Halle*. Holt, Rinehart and Winston, Nueva York; 232-286.
CHOMSKY, Noam (1976): «Conditions on rules of grammar».*Linguistic Analysis, 2;* 303-351.
CHOMSKY, Noam (1977): «On Wh-movement». En P. Culicover, T.Wasow y A.Akmajian (eds.) *Formal Syntax*. Academic Press, Nueva York; 71-132.
CHOMSKY, Noam (1980): *Rules and Representations*. Columbia University Press, Nueva York.
CHOMSKY, Noam (1981): *Lectures on Government and Binding*. MIT Press, Cambridge (Massachusetts).
CHOMSKY, Noam (1982): *Some Concepts and Consequences of the Theory of Government and Binding*. MIT Press, Cambridge, Mass. Trad. cast.:*La nueva sintaxis. Teoría de la rección y el ligamiento*. Paidós, Barcelona.
CHOMSKY, Noam (1986a): *Knowledge of Language. Its Nature, Origin and Use*. Pantheon, New York.
CHOMSKY, Noam (1986b): *Barriers*. MIT Press, Cambridge (Massachusetts).
CHOMSKY, Noam (1988): *Language and Problems of Knowledge*. MIT Press, Cambridge, Mass. Trad. cast.: *El lenguaje y los problemas del conocimiento*. Visor, Madrid, 1989.
CHOMSKY, Noam (1989a): *Language and Politics* (ed. por Carlos Otero). Black Rose Books, Montréal.
CHOMSKY, Noam (1989b): «Some Notes on economy of derivation and representation». *MIT Working Papers in Linguistics, 10;* 43-74.

CHOMSKY, Noam, y LASNIK, Howard (1977): «Filters and Control».*Linguistic Inquiry, 8;* 425-504.
CINQUE, Guglielmo (1980): «On extraction from NP in Italian». *Journal of Italian Linguistics, 5;* 47-100.
CINQUE, Guglielmo (1988): «On *si* Constructions and the theory of *arb*». *Linguistic Inquiry, 19:4;* 521-582.
CINQUE, Guglielmo (1989): «Long Wh-movement and referentiality». Ponencia al *II Princeton Workshop on comparative syntax.*
CONDILLAC, Etienne B. de (1799): *Essais sur l'origin des connaissances humaines.* En: *Ouvres complétes de Condillac*, Tomos I y II, París.
CONTRERAS, Heles (1987): «Small clauses in Spanish and English». *Natural Language and Linguistic Theory, 5;* 225-244.
CUERVO, Rufino J. (1953): *Diccionario de construcción y régimen de la lengua castellana.* Instituto Caro y Cuervo, Bogotá.
DAVIDSON, David (1967): «The logical form of action sentences». En N. Rescher (ed.) *The Logic of Decision and Action.* University of Pittsburgh Press, Pennsylvania. Reimpreso en D. Davidson (1980) *Essays on Action and Events.* Clarendon Press, Oxford.
DEMONTE, Violeta (1982): «El falso problema de la posición del adjetivo. Dos análisis semánticos». *BRAE*, LXII; 453-485.
DEMONTE, Violeta (1985): «Papeles temáticos y sujeto sintáctico en el sintagma nominal». *Rivista di grammatica generativa, 9-10;* 265-331.
DEMONTE, Violeta (1986): «Predication and passive». En I.Bordelois, H.Contreras y K.Zagona (eds.) *Generative Studies on Spanish Syntax.* Foris, Dordrecht; 51-66.
DEMONTE, Violeta (1987a): «C-command, prepositions and predication». *Linguistic Inquiry, 18;* 147-157.
DEMONTE, Violeta (1987b): «Rección y minimidad en el sintagma nominal». En V. Demonte y M. Fernández Lagunilla (eds.) *Sintaxis de las lenguas románicas;* 252-290.
DEMONTE, Violeta (1988a): «Remarks on secondary predicates: C-command, extraction and reanalysis». *The Linguistic Review, 6;* 1-39.
DEMONTE, Violeta (1988b): «Transitividad, intransitividad y papeles temáticos». En B. Garza y V. Demonte (eds.) *Estudios de Lingüística de España y de México.* México, El Colegio de México- UNAM.
DEMONTE, Violeta (1988c): «El "artículo en lugar del posesivo" y el control de los sintagmas nominales». *NRFH*, XXXVI; 89-108.
DEMONTE, Violeta (1989): «Linking and Case. The case of prepositional verbs». Ponencia en el *XIX Linguistic Symposium on Romance Languages*, Columbus, Ohio. En prensa en T. Morgan y Ch. Laeufer (eds.) *Selected Papers from the Linguistic Symposium on Romance Languages.* John Benjamins, Amsterdam.
DEMONTE, Violeta y FERNANDEZ LAGUNILLA, Marina (eds.) (1987): *Sintaxis de las lenguas románicas.* El Arquero, Madrid.
DIDEROT, Denis (1751): *Lettres sur les sourds et muets. A l'usage de ceux qui entendent et qui parlent. Adresée a Mxx Diderot.*

DOWTY, David (1979):*Word Meaning and Montague Grammar*. Reidel, Dordrecht.
EGUREN, Luis (1988): *La frase nominal en español: la hipótesis de la frase determinante*. Tesis doctoral de la Universidad de Valladolid.
EMONDS, Joe (1976):*A Transformational Approach to English Syntax*. Nueva York, Academic Press.
EMONDS, Joe (1978):«The verbal complex V'-V in French». *Linguistic Inquiry, 9;* 151-175. Trad. cast.:«El complejo verbal V'-V en francés». En *La teoría estándar extendida*. Cátedra, Madrid,1979.
EVANS, Gareth (1980): «Pronouns». *Linguistic Inquiry, 11;* 337-362.
FARMER, Ann K.(1984): *Modularity in Syntax. A Study of Japanese and English*. MIT Press, Cambridge, Mass.
FERNANDEZ SORIANO, Olga (1989): «Strong pronouns in null-subject languages and the Avoid Pronoun Principle». *MIT Working Papers in Linguistics* 11; en prensa.
FIENGO, Robert (1974): *Semantic Conditions on Surface Structure*. Tesis doctoral del MIT, Cambridge (Massachusetts).
FILLMORE, Charles (1968): «The case for Case». En E.Bach y R. Harms (eds.) *Universals in Linguistic Theory*. Holt, Nueva York; 1-90.
FODOR, James A.: (1983): *The Modularity of Mind*. MIT Press, Cambridge, Mass.
FUKUI, Naoki (1986): *A Theory of Category Projections and its Applications*. Tesis doctoral inédita, MIT.
FUKUI, Naoki y SPEAS, Margaret (1986) «Specifiers and projections». *MIT Working Papers in Linguistics, 8;* 128-172.
GARFIELD, Jay L. (ed.) (1987): *Modularity in Knowledge Representation and Natural-language Understanding*. MIT Press, Cambridge, Mass.
GIORGI, Alessandra (1987): «La noción adecuada de mando-c y la teoría del ligamiento: Pruebas a partir de los SSNN». En V. Demonte y M. Fernández Lagunilla (eds.); 356-370.
GIORGI, Alessandra, y LONGOBARDI, Giuseppe (en prensa): *The Syntax of Noun Phrases. Configuration, Parameters and Empty Categories*. Cambridge University Press, Cambridge.
GREENBERG, Joseph (1963): «Some universals of grammar with particular reference to the order of meaningful elements». En J. Greenberg (ed.) *Universals of language*. MIT Press, Cambridge, Mass.; 73-113.
GRIMSHAW, Jane (1979): «Complement selection and the lexicon». *Linguistic Inquiry, 10;*
GRIMSHAW, Jane (1988): «Adjuncts and argument structure». *Lexicon Project Working Papers, 21*. Center for Cognitive Science of MIT, Cambridge, Mass.
GRIMSHAW, Jane (en prensa): *Argument Structure*. MIT Press, Cambridge, Mass.
GRIMSHAW, Jane, y VIKNER, Sten (1989): «Obligatory adjuncts and the structure of events». Conferencia de J. Grimshaw en el Instituto Universitario Ortega y Gasset. Madrid.
GRUBER, Jerold (1965): *Studies in Lexical Relations*. Tesis doctoral del MIT, Cambridge, Mass.

GRUBER, Jerold (1976) *Lexical Structure in Syntax and Semantics*. North Holland, Amsterdam.
HALE, Ken (1983):«Warlpiri and the grammar of non-configurational languages». *Natural language and linguistic theory, 1.1;* 5-48.
HERNANZ, M. Lluisa (1988): «En torno a los sujetos arbitrarios de segunda persona del singular». En: B. Garza y V. Demonte (eds.) *Estudios de lingüística de España y de México*. El Colegio de México-UNAM, en prensa.
HERNANZ, M. Lluisa, y BRUCART, José M. (1987): *La sintaxis. 1.Principios teóricos. La oración simple*. Crítica, Barcelona.
HIGGINBOTHAM, James (1980): «Pronouns and bound variables». *Linguistic Inquiry, 11;* 679-708.
HIGGINBOTHAM, James (1985): «On Semantics». *Linguistic Inquiry, 16:4;* 547-594.
HIGGINBOTHAM, James (1987): «Elucidations of meaning». *Lexicon Project Working Papers, 19*. Center for Cognitive Science, MIT, Cambridge, Mass.
HORNSTEIN, Norbert (1984): *Logic as Grammar*. MIT Press, Cambridge, Mass.
HORNSTEIN, Norbert y David LIGHTFOOT (1981): «Introduction». En N. Hornstein y D. Lightfoot (eds.) *Explanation in Linguistics*. Longman. Londres.
HUANG, Cheng-Tem J. (1982): *Logical relations in Chinese and the theory of grammar*. Tesis doctoral inédita, MIT.
HURTADO, Alfredo (1984): «Pseudo-plurals». Conferencia en el Dpto. de Lingüística del MIT, noviembre de 1984.
JACKENDOFF, Ray (1972): *Semantic Interpretation in Generative Grammar*. MIT Press, Cambridge, Mass.
JACKENDOFF, Ray (1977): *X'Syntax. A Study of Phrase Structure*. MIT Press, Cambridge, Mass.
JACKENDOFF, Ray (1983) *Semantics and Cognition*. MIT Press, Cambridge, Mass.
JACKENDOFF, Ray (1987): «The status of thematic relations in linguistic theory». *Linguistic Inquiry, 18;* 369-411.
JAEGGLI, Osvaldo (1982): *Topics in Romance Syntax*. Foris, Dordrecht.
JAEGGLI, Osvaldo (1986a): «Passive». *Linguistic Inquiry, 17;* 587-622.
JAEGGLI, Osvaldo (1986b): «Arbitrary plural pronominals». *Natural Language and Linguistic Theory, 4;* 43-76.
KAYNE, Richard (1981): «On certain differences between French and English». *Linguistic Inquiry, 12;* 349-372. Cap. 5 de Kayne, R. (1984):*Connectedness and Binary Branching*. Foris, Dordrecht.
KEMPCHINSKY, Paula (1987): «The subjunctive disjoint reference effect». En: C.Neidle y R. Núñez-Cedeño (eds.) *Studies in Romance Languages*. Foris, Dordrecht; 123-140.
KEYSER, Jay, y ROEPER, Thomas (1984): «On the middle and ergative constructions in English». *Linguistic Inquiry, 15;* 381-416.
KOOPMAN, Hilda (1984): *The Syntax of Verbs*. Foris, Dordrecht.
KOOPMAN, Hilda, y SPORTICHE, Dominique (1982): «Variables and the bijection principle». *The Linguistic Review, 2;* 135-170.
KOOPMAN, Hilda, y SPORTICHE, Dominique (1988): «Subjects». Manuscrito inédito. UCLA.

KOSTER, Jan (1984): «On Binding and control». *Linguistic Inquiry, 15;* 417-460.
LARSON, Richard (1988): «On the double object construction». *Linguistic Inquiry, 19;* 335-392.
LASNIK, Howard, y SAITO, Mamoru (1984): «On the nature of proper government». *Linguistic Inquiry, 15;* 235-290.
LASNIK, Howard, y URIAGEREKA, Juan (1988): *A Course in GB Syntax. Lectures on Binding and Empty Categories.* MIT Press, Cambridge, Mass.
LEBEAUX, David (1984): «Anaphoric Binding and the Definition of PRO». En *Procedings of NELS 14,* University of Massachusetts, Amherst.
LEVIN, Beth, y RAPPAPORT, Malka (1986): «The formation of adjectival passives». *Linguistic Inquiry, 17;* 623-662.
LEWIS, David (1975): «Adverbs of quantification». En: E. Keenan (ed.) *Formal Semantics and Natural Language.* Cambridge University Press, Cambridge.
LIGHTFOOT, David, y WEINBERG, Amy (1988): «Review article: *Barriers*». *Language, 64;* 366-383.
LONGOBARDI, Giuseppe (1987) «Las oraciones copulativas en la teoría sintáctica actual». En V. Demonte y M. Fernández Lagunilla (eds.); 233-251.
LUJAN, Marta (1980): *Semántica y sintaxis del adjetivo.* Cátedra, Madrid.
LUJAN, Marta (1987): «Los pronombres implícitos y explícitos del español». *Revista Argentina de Lingüística, 3;* 19-54.
MANZINI, M. Rita (1983):«On control and control theory». *Linguistic Inquiry, 14;* 421-446.
MARANTZ, Paul (1984): *On the Nature of Grammatical Relations.* MIT Press, Cambridge, Mass.
MARTINEZ GARCIA, Hortensia (1986): *El suplemento en español.* Gredos, Madrid.
MASSAN, Diane (1985): *Case Theory and the Projection Principle.* Tesis doctoral del MIT, Cambridge (Massachusetts).
MAY, Robert (1976): *The Grammar of Quantification.* Tesis doctoral del MIT.
MAY, Robert (1985): *Logical Form. Its Structure and Derivation.* MIT Press, Cambridge, Mass.
MIGUEL, Elena de (1989): *El aspecto verbal en una gramática generativa del español.* Tesis doctoral de la Universidad Autónoma de Madrid.
MONTALBETTI, Mario (1984): *After Binding. On the Interpretation of Pronouns.* Tesis doctoral inédita. MIT, Cambridge, Mass.
NEWMEYER, Frederick (1980): *Linguistic Theory in America.* Academic Press, Nueva York. Trad. cast: *El primer cuarto de siglo de la gramática generativa.* Alianza, Madrid, 1982.
OTERO, Carlos (1986): «Arbitrary subjects in finite clauses». En: I. Bordelois, H. Contreras y K. Zagona (eds.) *Generative Studies in Spanish Syntax.* Foris, Dordrecht; 81-110.
PARSONS, Terence (1972): «Some problems concerning the logic of grammatical modifiers». En: D. Davidson y G. Harman (eds.) *Semantics and natural languages.* Reidel, Dordrecht.
PERLMUTTER, David (1971): *Deep and Surface Constraints in Syntax.* Holt, Rinehart and Winston, Nueva York.
PERLMUTTER, David (1978): «Impersonal passives and the unaccusative hypot-

hesis». *Proceedings of the Fourth Annual Meeting of the Berkeley Linguistics Society.* University of California, Berkeley; 157-189.

PESETSKY, David (1983): *Paths and Categories.* Tesis doctoral del MIT. Cambridge, Mass.

PIERA, Carlos (1987): «Sobre la estructura de las claúsulas de infinitivo». En V. Demonte y M. Fernández Lagunilla (eds.); 148-166.

POLLOCK, Jean-Yves (1989): «Verb movement, universal grammar and the structure of IP». *Linguistic Inquiry, 20;* 365-424.

POSTAL, Paul (1970): *Cross-over Phenomena.* Holt, New York.

PUSTEJOVSKY, James (1988): «The geometry of events». En C. Tenny (ed.) *Studies in generative approaches to aspect. Lexicon Project Working Papers* 24. Center for Cognitive Science, MIT, Cambridge (Massachusetts); 19-39.

RADFORD, Andrew (1981): *Transformational Syntax.* Cambridge University Press, Cambridge.

RADFORD, Andrew (1988) *Transformational Grammar.* Cambridge University Press, Cambridge.

RAPOSO, Eduardo (1985): «Some asymmetries in the binding theory in Romance». *The Linguistic Review, 5;* 75-110.

RAPOSO, Eduardo (1986):«On the null object in European Portuguese». En: O. Jaeggli y C. Silva-Corvalán (eds.) *Studies in Romance Linguistics.* Foris, Dordrecht; 373-390.

RAPOSO, Eduardo (1987a): «Case theory and Infl-to-Comp: The inflected infinitive in European Portuguese».*Linguistic Inquiry, 18;* 85-110.

RAPOSO, Eduardo (1987b): «Romance infinitival clauses and Case Theory». En C. Neidle y R. Núñez Cedeño (eds.) *Studies in Romance languages.* Foris, Dordrecht.

REINHART, Tanya (1976): *The Syntactic Domain of Anaphora.* Tesis doctoral del MIT, Cambridge (Massachusetts).

RIEMSDIJK, Henk van (1978): *A Case Study in Syntactic Markedness: The Binding Nature of Prepositional Phrases.* The Peter de Ridder Prees, Lisse.

RIEMSDIJK, Henk van y WILLIAMS, Edwin (1986) *Introduction to the Theory of Grammar MIT Press. Cambridge (Massachusetts).*

RIGAU, Gemma (1988a): *«Predication holistique et sujet nul».* En A. Rouveret y P. Sauzet (eds.) *Revue des langues romaines*; en prensa.

RIGAU, Gemma (1988b): «Strong Pronouns», *Lingüistic Inquiry,* 19, 503:510.

RIVERO, María Luisa (1980): «On left dislocation and topicalization in Spanish». *Linguistic Inquiry, 11;* 363-394.

RIZZI, Luigi (1981): «Nominative marking in Italian infinitives». En F. Heny (ed.) *Binding and Filtering.* Croom Helm, Londres.

RIZZI, Luigi (1982): *Issues in Italian syntax.* Foris, Dordrecht.

RIZZI, Luigi (1985): «Two notes on the linguistic interpretation of Broca's aphasia». En M. L. Kean (ed.) *Agrammatism.* Academic Press, Nueva York.

RIZZI, Luigi (1986): «Null objects in Italian and the theory of *pro*». *Linguistic Inquiry, 17;* 501-557.

RIZZI, Luigi (1988a): «Relativized minimality». Manuscrito inédito. Universidad de Ginebra.

RIZZI, Luigi (1988b):«On the Status of Referential Indices». Manuscrito inédito, Universidad de Ginebra.
RIZZI, Luigi y ROBERTS, Ian (1989):«Complex inversion in French». *Probus, 1;* 1-30.
ROBERTS, Ian (1987): *The Representation of Implicit and Dethematized Subjects.* Foris, Dordrecht.
ROSS, John (1967): *Constraints on Variables in Syntax.* Tesis doctoral inédita. MIT, Cambridge (Massachusetts).
ROTHSTEIN, Susan (1983): *The Syntactic Forms of Predication.* Tesis doctoral inédita del MIT, Cambridge, Mass.
ROUVERET, Alain y VERGNAUD, Jean-Roger (1980): «Specifying reference to the subject». *Linguistic Inquiry, 11;* 97-102.
RUWET, Nicolas (1979):«On a verbless predicate construction in French». *Papers in Japanese Linguistics, 6;* 225-285. Cap.4 de Ruwet, N. (1982): *Grammaire des insultes et autres études.* Editions de Seuil, París.
SAFIR, Ken (1981): *Syntactic Chains and the Definiteness Effect.* Tesis doctoral del MIT. Publicado como *Syntactic Chains.* Cambridge University Press, Cambridge, 1985.
SAFIR, Ken (1987): «The syntactic projection of lexical thematic structure». *Natural Language and Linguistic Theory, 5;* 561-602.
SELLS, Peter (1985): *Lectures on Contemporary Syntactic Theories.* Center for the study of language and information, Stanford. Trad. cast. *Teorías sintácticas actuales.* Teide, Barcelona, 1989.
SIEGEL, Muffy (1976): *Capturing the Adjective.* Tesis doctoral inédita. University of Massachusetts, Amherst.
STOWELL, Timothy (1981): *Origins of Phrase Structure.* Tesis doctoral del MIT, Cambridge (Massachusetts).
STOWELL, Timothy (1983): «Subjects across categories» *The Linguistic Review, 2;* 258-312.
SUÑER, Margarita (1983): «*pro* arb». *Linguistic Inquiry, 14;* 188-191.
SUÑER, Margarita (1986): «Lexical subjects of infinitives in Caribbean Spanish». En: O.Jaeggli y C. Silva-Corvalán (eds.): *Studies in Romance Linguistics.* Foris, Dordrecht; 189-203.
SZABOLCSI, Anna (1984): «The possesor that ran away from home». *The Linguistic Review, 3;* 89-102.
TARALDSEN, T. (1979): «On the NIC, Vacuous Application and the *that*-trace Filter», ms. Bloomington, Indiana, Indiana University Linguistics Club.
TORREGO, Esther (1984): «On inversion in Spanish and some of its effects». *Linguistic Inquiry, 15;* 103-129.
TORREGO, Esther (1985): «On empty categories in nominals». Manuscrito inédito. University of Massachusetts, Boston.
TORREGO, Esther (1988): «Unergative-unaccusative alternations in Spanish». *MIT Working Papers in Linguistics, 10;* 253-272.
TRAVIS, Lisa (1984): *Parameters and Effects of Word Order Variation.* Tesis doctoral inédita, MIT.
VENDLER, Zeno (1967): *Linguistics and Philosophy.* Cornell University Press, Ithaca, N.York.

VERGNAUD, Jean-Roger (1985): *Dépendances et niveaux de représentation en syntaxe*. John Benjamins, Amsterdam.
WILLIAMS, Edwin (1980): «Predication». *Linguistic Inquiry, 11;* 203-238.
WILLAMS, Edwin (1981): «Argument structure and morphology». *The Linguistic Review, 1;* 81-114.
WILLIAMS, Edwin (1985): «PRO and subject of NP». *Natural Language and Linguistic Theory, 3;* 317-340.
ZAGONA, Karen (1988): *Verb Phrase Syntax. A Parametric Study of English and Spanish*. Kluwer Academic Publishers, Dordrecht.
ZUBIZARRETA, M. Luisa (1987): *Levels of Representation in the Lexicon and in the Syntax*. Foris, Dordrecht.

Índice analítico

Aarslef, H., 14
Abney, S., 50, 55
Adjetivos, 41, 52-53
   y asignación de papeles-θ, 73, 77
   étnicos, 76
Adjunciones, 46, 113, 123, 128
Adjunto, 38, 120
   constituyente iterado o, 46-48
   extracciones de un elemento, 121
   obligatorio, 100-102
Adyacencia (estricta), 43, 142
Alcance, 18, 109-111, 174
Alcina, J., 101
Alexander, M., 39
Ambigüedad (estructural), 29
Anáforas, 67, 176
   distribución complementaria de anáforas y pronominales, 190
   huellas de SN como, 199
Anderson, M., 67, 86
Aoun, J., 136, 139
Argumental (estructura), 63-64
Argumento, 62
   asimetría adjunto-argumento, 120
   externo, 64-65, interno, 63
   extracción de un, 120
   posición A (de argumento), 68, 72-73, 145
   posición A' (no argumental), 57, 72, 203
Arnauld, V., 15
Ascenso
   del sujeto, 153-156
   verbos de, 59, 70, 105-106
Aspecto
   (aktionsart), 95
   estructura aspectual, 96-102
Authier, J. M., 212-214, 217

Baker, M., 39, 112, 172
Barrera, 31, 119, 127, 131
   inherente, 129
   por herencia, 129
   por minimidad, 130
Beauzèe, M., 15
Belletti, A., 70, 96, 100, 126, 165-167, 169, 189-190
Berwick, R., 21
Blecua, J. M., 101
Borer, H., 126
Bosque, I., 74, 176
Bresnan, J., 107
Brucart, J. M., 42, 47, 171
Bouchard, D., 184, 186
Burzio, L., 69-70
   generalización de, 71, 157, 167

Cadena, 88-89, 152, 155, 159, 200, 215
Campos, H., 211, 215-217
Carrier-Duncan, J., 96
Caso
   definición de, 140-141
   dirección de la asignación de, 44-45
   como coindización entre el núcleo y Esp., 171
   filtro del, 91, 140-141
   estructural, 162
   inherente, 162
   genitivo, 51, 164
   nominativo, 55, 112, 141, 164
   oblícuo, 141
   partitivo inherente, 164
   reglas de asignación de, 141
   marcado excepcional de, 146-152, 201
   transmisión de, 146, 159
Categoría de bloqueo, 129
Categoría rectora,
   definición de, 182-184
Categoría vacía, 197
   (ver Principio de las, huellas, PRO y Pro)
Causativas (costrucciones), 70
Chomsky, N., 13, 16, 20, 28, 34, 40, 49, 65, 68, 89, 91, 93, 103, 107-109, 111, 112, 113, 120, 126, 127-131, 141, 143, 150;

156, 159, 162, 171, 180, 183, 191, 193, 203-204, 205, 209
Ciclicidad sucesiva, 117
Cinque, G., 67, 101-102, 131
Cláusula mínima, 80, 147-149
  sujeto de cláusulas mínimas, 167
  predicado de cláusulas mínimas, 169
Clíticos
  en verbos psicológicos, 186-187
  que ligan anáforas, 188
Coaparición, 29
Coindización, 136, 171
COMP(lementante), 107-108, 121-124
  sintagma complementante, 41, 50
  rección de COMP, 150
Complemento, 34, 50
Conc (ordancia), 112, 115, 143-144, 205
  núcleo-especificador, 128
Condición (sobre) los dominios de estracción, 119, 125
Condición de la oración temporalizada, 183
Condición del sujeto especificado, 182
Condición de uniformidad
  (para la asignación de Caso inherente), 163, 167
Condillac, E., 18
Configurativas (lenguas), 39-40
Constituyente, 30
Contreras, H., 147
Criterio temático, 62, 65, 68, 89, 107, 111, 113, 152, 197
Cruce débil (efectos de), 204, 213
Cruce fuerte (efectos de), 202
CU (movimiento de), 106-112
Cuantificador (ascenso del), 110-112
Cuervo, R. J., 74

Davidson, D., 97
Davidsoniano (argumento), 97-98
Demonte, V., 42, 54, 66, 67, 75, 79, 81-82, 95, 100-101, 168, 169, 170, 191
Determinante, 41, 42, 55, 56
  sintagma determinante, 50, 52-55
Diderot, D., 18
Ditransitivas (construcciones), 160, 164
Dominio (local), 31, 33, 136
Dowty, D., 95, 97

Eguren, L., 54
Endocentricidad, 36
Emonds, J., 112, 113

Ergativos (v. inacusativos),
Especificador, 34, 50-51, 52, 57, 108-109, 150
Estructura sintagmática,
  esquema canónico de, 34
Estructuralismo, 27-28
Existenciales (oraciones), 165
Expletivo (elemento), 68, 145, 206
  expletivo-argumento (par), 159
Expresión referencial, 176, 203
Externo (argumento)
  (V. argumento),
Evans, G., 176
Evento
  estructura del, 85, 95, 99
  posición E, 97

Farmer, A., 39
Fernández Soriano, O., 207-209
Fiengo, R., 106
Filtro *that*-huella, 120, 124, 131
Fillmore, Ch., 96
Fodor, J., 22
Fraternidad estructural, 135-136
Fukui, N., 50, 54, 55, 59-60, 72, 105
Función (rasgos de), 55-56
Funcionales (categorías), 40, 49, 50-58

Garfield, J., 21
Genitivo (complemento) 85-86
  (v. Caso),
Giorgi, A., 42, 44, 67, 76, 180
Gramática, 13, 14, 15, 17
Gramática nuclear, 20
Gramática universal, 17, 19, 20
Greenberg, J., 43
Grimshaw, J., 67, 83, 84, 89, 91, 96, 99-100
Gruber, J., 64

Hale, K., 39, 40
Hernanz, M. L., 42, 47, 212
Higginbotham, J., 97, 205
Hornstein, N., 37, 175
Huang, J., 18, 45, 109-110, 119
Huella, 87
  de SSNN, 153, 199-202
  CU, 153, 202-205
Hurtado, A., 207

Inacusativos (o ergativos), 69-72, 98-99, 165-166
  inergativos, 98
Incorporación, 39, 112-113

Infinitivas (oraciones), 143, 145, 147, 151
Infl(exión),
  sintagma Infl., 40, 41, 50, 52
  complemento de I, 49
  asignación de Caso por la, 56, 141, 142, 144
  infinitiva, 143
Inherente (v. Caso, v. barrera),
Intensificador, 41, 42, 47, 53
Interno (v. argumento),
Isla-CU,
  extracción desde una, 121, 130-131

Jackendoff, R., 35, 41-42, 47-49, 90, 96, 175
Jaeggli, O., 70, 160-162, 207, 208
Jerarqía estructural, 30, 135

Kayne, R., 151-152
Keyser, J., 100-101
Koopman, H., 44-45, 58, 109, 199, 205
Koster, J., 187

Larson, R., 96
Lasnik, H., 107, 120, 122, 126, 145, 184, 199
Lebeaux, D., 212
Lenguaje-E (xteriorizado), 15-16
Lenguaje-I (nteriorizado), 15-16
Levin, B., 97
Lewis, D., 214
Ligado-A, 203
Ligado-A', 203
Ligamiento, 135, 137
  noción de, 179
  Principio A del, 159, 178, 180, 199
  Principio B del, 178, 180
  Principio C del, 178, 202, 203
Lightfoot, D., 37-38, 131
Longobardi, G., 42, 44, 67, 73, 76, 145
Luján, M., 75, 207, 208

Mando-C, 136, 139, 178, 179, 188
Manzini, R., 187
Maranz, P., 97
Marcado-L, 128, 129
Martínez García, H., 167
Massan, D., 150-151
May, R., 112, 204, 213
Mentalismo, 14-15
Miguel, E. de, 79, 99, 102
Módulo-Modularidad, 22, 23
Montalbetti, M., 208
Muévase-α, 102, 106

Newmeyer, F., 104
Niveles (internos en el sintagma), 30, 37, 42
Niveles de representación, 22
Nombres, 34
  y asignación de papel-θ, 82-87
  deverbales o abstractos, 82
Núcleo, 34, 195
  núcleo inicial y final (parámetro del), 43-46

Objeto nulo, 66, 209-217
Operador, 19, 78, 81, 82, 88, 110, 203
Otero, C., 207

Parámetros (de la GU), 19-21
Parámetro-del-sujeto-nulo, 21-22, 66, 125, 158-159, 199, 205
Parsons, T., 81
Pasiva(s), 88, 156-162
  propiedades teóricas de las construcciones, 156
  pasivas de verbos intransitivos, 160
  propiedades argumentales de la morfología pasiva, 161, 162
Perlmutter, D., 67, 157
Pesetsky, D., 89, 91, 93
Piera, C., 145
Pollock, J. Y., 113-116
Postal, P., 202
Precedencia, 29, 30
Predicación, 66
  holística, 80
  (v. principio)
Predicado, 66, 78
  secundario, 75, 210
Preposiciones, 34
  y asignación de papel temático, 77-82
  falsas, 78
Principio de la Categoría Vacía, 104, 116, 122-127, 130
Principio de evitación del pronombre, 208
Principio de Predicación, 66, 68
Principio de Proyección, 33, 43, 50, 66, 72, 90, 105, 107, 152, 197
Principio de Proyección Extendido, 68, 72
Principio de la Suyacencia, 104, 116-120, 127, 129
Pro,
  condiciones de habilitación e interpretación, 205
  expletivo, 206
  arbitrario, 70-71, 206

PRO, 139, 145, 177, 199
  en los SSNN, 191-192
  en los SSPP, 193
  puente, 213
Pronombres tónicos, 207
  ligados por un cuatificador, 208
Pronominales, 176
  distribución complementaria de anáforas y pronominales, 190
Proyección (v. Principio de),
Proyección máxima, 34, 50-51
Pustejovsky, J., 99

Radford, A., 37, 39, 47
Rapapport, M., 97
Raposo, E., 143-144, 151, 191, 214
Relalización estructural canónica, 91
Rección, 63, 122, 126, 135, 137
  léxica, 122
  por antecedente, 122
Reinhart, T., 136, 180
Restricción de la oración sujeto, 117-118
Restricción de la rama izquierda, 117-118
Restricción del sintagma nominal complejo, 117
Riemsdijk, H. van, 35, 89, 104
Rigau, G., 80-81, 205
Rivero, M. L., 106
Rizzi, L., 70, 75, 96, 100, 118, 125, 131, 151, 152, 169, 180, 189-190, 205, 209-212, 214
Roberts, I., 157, 161-162
Roeper, T., 100
Ross, J., 103, 117, 216
Rothstein, S., 62
Rouveret, A., 157
Ruwet, N., 151

Saito, M., 107, 122, 126, 128
Safir, K., 82, 84, 146
Se,
  impersonal, 70-71, 101-102
  en construcciones ergativas, 100-101
  medio, 100-101
Selección categorial, 90
Selección semántica, 62, 89-91
Sells, P., 143
Siegel, M., 35
Sintagmas nominales,
  estructura argumental de los, 67, 83
  extracción desde los, 53-55
  movimiento de, 104-106, 152, 199

pesados, desplazamiento de, 166
Speas, M., 50, 54, 55, 72, 105
Sportiche, D., 58, 59, 136, 138, 139, 199, 205
Stowell, T., 35-36, 42-44, 54, 89, 148
Subcategorizado (constituyente), 38
Subcategorización, 90, 136
Subyacencia (v. principio de),
Sujeto, 31, 53-54
  en los SSNN, 67-68, 139
  expletivo, 68
  SUJETO, 183
  SUJETO accesible, 184
Suñer, M., 143, 206
Sustitución, 111-112
Szabolcsi, A., 55

Taraldsen, T., 205
Temático(s),
  papel, 61, 64
  asignación de papel, 55, 57-58, 62-64, 68, 71
  dirección en la asignación de papel, 45-46
  relaciones temáticas, 61
  posición no temática, 57, 68, 71, 105
  jerarquía temática, 96
  marcado temático, 97
Tiempo, 115, 142
Torrego, E., 41, 54, 98, 115, 117
Travis, L., 44, 112

Universales, 18-19, 43
Uriagereka, J., 145, 184, 199

Variable, 19, 88, 203-204, 209, 212
Vendler, Z., 95, 97
Verbo(s),
  movimiento de V a I, 59, 112-116
  anteposición del, 111
  modales, 41, 53
  preposicionales, 70, 81, 93-95, 167-171, 192
  proposicionales, 91-93
  psicológicos, 189-190
Vergnaud, J. R., 157
Vikner, S., 84, 100
Weinberg, A., 21
Williams, E., 63, 64, 66, 89, 104, 191

X-con-barras, 33, 34-49

Zagona, K., 41
Zubizarreta, M. L., 67, 83, 161